W0070627

WAGENBACHS TASCHENBÜCHEREI

Doctor Faustus.

Faust. Ein deutscher Mann

Die Geburt einer Legende und
ihr Fortleben in den Köpfen.

Lesebuch von *Klaus Völker*

Verlag Klaus Wagenbach   Berlin

Wagenbachs Taschenbücherei 2

7.–11. Tausend
© 1975 Verlag Klaus Wagenbach, Berlin 31, Jenaer Straße 6
Satz: Georg Appl, Wemding. Druck: aprinta, Wemding
Bindung: R. Oldenburg, Augsburg. Ausstattung: Bernd Zimmer
Printed in Germany. Alle Rechte vorbehalten.
ISBN 3 8031 2002 0

Wenn Sie unseren Jahresalmanach: ZWIEBEL regelmäßig haben wollen, dann
schreiben Sie uns eine Karte.

Inhalt

Faust.   Ein deutscher Mann.

Deutschland? Aber wo liegt es? Ich weiß das Land
nicht zu finden. Wo das gelehrte beginnt, hört das
politische auf.   *Schiller & Goethe*, Xenien

Hier möchten wir zu bemerken nicht unterlassen,
daß ein ursprüngliches Interesse der Deutschen für
ihre Literatur natürlich nicht besteht, dasselbe vielmehr erst durch Parasiten und Bakterien kritischer
Art vermittelt werden muß. Das so erzeugte Interesse ist, wie ohne weiteres klar, ein krampf- und
krankhaftes, denn es entsteht durch Bildung, als
welche ein äußerst unangenehmer und penetranter
Aussatz ist.   *Franz Blei*

Faust, Wagner und eine dt. Kleinstadt (nach Karl Gustav Carus)

Friedrich Engels
Die Zeit,
die Riesen brauchte und Riesen zeugte

Die moderne Naturforschung, die einzige, die es zu einer wissenschaftlichen, systematischen, allseitigen Entwicklung gebracht hat im Gegensatz zu den genialen naturphilosophischen Intuitionen der Alten und zu den höchst bedeutenden, aber sporadischen und größtenteils resultatlos dahingegangenen Entdeckungen der Araber – die moderne Naturforschung datiert wie die ganze neuere Geschichte von jener gewaltigen Epoche, die wir Deutsche, nach dem uns damals zugestoßenen Nationalunglück, die Reformation, die Franzosen die Renaissance und die Italiener das Cinquecento nennen, und die keiner dieser Namen erschöpfend ausdrückt. Es ist die Epoche, die mit der letzten Hälfte des 15. Jahrhunderts anhebt. Das Königtum, sich stützend auf die Städtebürger, brach die Macht des Feudaladels und begründete die großen, wesentlich auf Nationalität basierten Monarchien, in denen die modernen europäischen Nationen und die moderne bürgerliche Gesellschaft zur Entwicklung kamen; und während noch Bürger und Adel sich in den Haaren lagen, wies der deutsche Bauernkrieg prophetisch hin auf zukünftige Klassenkämpfe, indem er nicht nur die empörten Bauern auf die Bühne führte – das war nichts Neues mehr –, sondern hinter ihnen die Anfänge des jetzigen Proletariats, die rote Fahne in der Hand und die Forderung der Gütergemeinschaft auf den Lippen. In den aus dem Fall von Byzanz geretteten Manuskripten, in den aus den Ruinen Roms ausgegrabenen antiken Statuen ging dem erstaunten Westen eine neue Welt auf, das griechische Altertum; vor seinen lichten Gestalten verschwanden die Gespenster des Mittelalters; Italien erhob sich zu einer ungeahnten Blüte der Kunst, die wie ein Widerschein des klassischen Altertums erschien und die nie wieder erreicht wurde. In Italien, Frankreich, Deutschland entstand eine neue, die erste moderne Literatur; England und Spanien erlebten bald darauf ihre klassische Literaturepoche. Die Schranken des alten Orbis terrarum wurden durchbrochen, die Erde wurde eigentlich jetzt erst entdeckt und der Grund gelegt zum späteren Welthandel und zum Übergang des Handwerks in die Manufaktur, die wieder den Ausgangspunkt bildete für die moderne große Industrie. Die geistige Diktatur der Kirche wurde gebrochen; die germanischen Völker warfen sie der Mehrzahl nach direkt ab und nahmen den Protestantismus an, während bei den Romanen eine von den Arabern übernommene und von der neuentdeckten griechischen Philosophie genährte heitre Freigeisterei mehr und mehr Wurzel faßte und den Materialismus des 18. Jahrhunderts vorbereitete.

Es war die größte progressive Umwälzung, die die Menschheit bis dahin erlebt hatte, eine Zeit, die Riesen brauchte und die Riesen zeugte, Riesen an Denkkraft, Leidenschaft und Charakter, an Vielseitigkeit und Gelehrsamkeit. Die Männer, die die moderne Herrschaft der Bourgeoisie begründeten, waren alles, nur nicht bürgerlich beschränkt. Im Gegenteil, der abenteuernde Charakter der Zeit hat sie mehr oder weniger angehaucht. Fast kein bedeutender Mann lebte damals, der nicht weite Reisen gemacht, der nicht vier bis fünf Sprachen sprach, der nicht in mehreren Fächern glänzte ... Die Heroen jener Zeit waren eben noch nicht unter die Teilung der Arbeit geknechtet, deren beschränkende, einseitig machende Wirkungen wir so oft an ihren Nachfolgern verspüren. Was ihnen aber besonders eigen, das ist, daß sie fast alle mitten in der Zeitbewegung, im praktischen Kampf leben und weben, Partei ergreifen und mitkämpfen, der mit Wort und Schrift, der mit dem Degen, manche mit beidem. Daher jene Fülle und Kraft des Charakters, die sie zu ganzen Männern macht. Stubengelehrte sind die Ausnahme: entweder Leute zweiten und dritten Rangs oder vorsichtige Philister, die sich die Finger nicht verbrennen wollen.

Drei Ansichten über die Kunst der Magie

Pico della Mirandola (1463–1494)

Ich will hier eine Bemerkung über Herkunft und Bedeutung des Wortes »Magier« anschließen. Das Wort stammt aus dem Persischen und deckt sich vollkommen mit der griechischen Bezeichnung »Philosoph«, so daß Magier so viel wie »Weiser« bedeutet. Bei den verschiedenen Völkern wechselt nun diese sprachliche Bezeichnung. So nennen die Gallier ihre Weisen Druiden, die Hebräer Propheten, Synhedristen, Pharisäer oder Kabbalisten. Bei den Indern heißen sie Gymnosophisten und bei den Ägyptern einfach Priester. Ergibt es sich aus diesen Angaben, daß Magie dasselbe wie Weisheit bedeutet, dann trägt der praktische Teil der Naturwissenschaft, der uns die exakte Kenntnis aller natürlichen Dinge übermittelt, und der gleichsam die Krone und Zinne der ganzen Philosophie darstellt, völlig mit Recht den Titel Magie, d.h. Weisheit schlechthin, in derselben Weise wie man Rom einfach die Stadt, Vergil den Dichter und Aristoteles den Philosophen nennt. Wem aber schon das Wort Magier Grauen einflößt, wie es bei einigen meiner Gegner der Fall zu sein scheint, der kann ja jene Stelle des Evangeliums nicht ruhig mit anhören, die da lautet: Es kamen Magier aus dem Morgenlande, um Christum anzubeten. Die Männer, von denen hier die Rede ist, waren doch weder Schwarzkünstler noch Verbündete des Teufels. Die Weisheit Gottes war in ihnen lebendig, und sie kamen zu dem, der alles Bösen Gegner und aller Teufelsgeister Feind war. Und aus diesem Grunde erachte ich es für nützlich, daß alle Gläubigen den wahren Sinn der Bezeichnung Magier erfassen. Statt der Verwirrung, die meine Thesen, wie man behauptet hat, in den Köpfen der Frommen angerichtet haben sollen, können sie vielmehr ein tieferes Verständnis und eine wertvolle Aufklärung in den Geistern hervorrufen.

Alle Philosophen vertreten die von mir ausgesprochene Ansicht, daß gewissen Figuren und Zahlen in der Magie eine besondere Wirksamkeit zukomme, und daß ihnen eine geheimnisvolle Bedeutung zugrunde liege.

Heinrich Cornelius Agrippa (1486–1535)

Wenn somit ein tüchtiger Magier natürliche Philosophie und Mathematik und sämtliche diesen beiden verwandte Hilfswissenschaften, als Arithmetik, Musik, Geometrie, Optik, Astronomie, die Eigenschaften der Gewichte, Maße, Verhältnisse, Gliederungen und Verbindungen, sowie die aus solchen hervorgehende Mechanik gründlichst kennen muß, wie kann man sich wundern, daß ein solcher, den übrigen Menschen an Kunst und Geistesbildung weit voranstehender Mann viel Staunenswertes bewirke, das auch von sonst ganz verständigen und klugen Leuten für unmöglich gehalten wurde? Gibt es denn nicht noch heut zu Tage Überbleibsel von alten Werken, wie von den Säulen des Herkules, Alexanders, die caspischen ehernen Tore, durch eiserne Balken verriegelt, so daß kein Witz, keine Kunst sie zu öffnen vermag? Und Julius Cäsars Pyramide neben dem Vatikan zu Rom? Und die mitten im Meere künstlich aufgetürmten Berge und darauf erbauten Schlösser, – steinerne Dämme, mit unglaublicher Kunst ausgeführt, wie ich sie selbst in Britannien sah? – Bei treuen Geschichtsschreibern lesen wir von durch gleiche Kunstanwendung gespaltenen Felsen, ausgefüllten Tälern, geebneten Bergen, durchhöhlten Steinlagen, dem Meere erschlossenen Vorgebirgen, den ausgewühlten Eingeweiden der Erde, abgeleiteten Flüssen, vereinigten Meeren, zurückgedrängten Fluten, durchsuchten Meerestiefen, ausgeschöpften Seen, trockengelegten Sümpfen, von Schöpfungen neuer Inseln und von Verbindung anderer mit dem Festlande. Wiewohl nun dieses alles mit der Natur zu streiten scheint, so ist es dennoch geschehen, und noch heute erkennen wir davon die Spuren. Das Volk schreibt solche Werke, deren Art der Ausführung, sowie die Namen ihrer Verfertiger nicht auf uns gekommen sind, und weil niemand sich vorfindet, der sie verstände und begriffe, dem Teufel selber zu. Ist dies aber nicht selbst eine wunderbare Erscheinung, daß man das, was man nicht versteht, den Dämonen überläßt oder für Wunder ausschreit, während dies alles bloß Erzeugnisse natürlicher oder mathematischer Wissenschaften sind?

Paracelsus (1493–1541)

Magica ist an ihr selbst die verborgenste Kunst und größte Weisheit übernatürlicher Dinge auf Erden. Und was menschlicher Vernunft zu erfahren und zu ergründen unmöglich ist, das kann durch diese Kunst der magica erfahren und ergründet werden. Denn sie ist eine große und verborgene Weisheit, während die Vernunft eine große öffentliche Torheit ist. Darum auch wäre es gut und hoch von nöten, daß die theologi auch etwas davon zu sagen wüßten, und auch erführen was magica wäre, und sie nicht so unbilligerweis, unergründet eine Zauberei nennten. Denn magica wäre ihnen, alldieweil sie ja der Schrift doctores und Meister sein wollen, wie sie sich selbst überreden, sehr dienlich. Wiewohl ich nicht meine, daß sie in magica laborieren oder sich derselben gebrauchen sollten, sondern daß sie darin eine gute Kenntnis hätten und ihren Effekt und Tugend wüßten – wegen der hohen großen Mysterien, die in der Hl. Schrift verborgen, und durch die Apostel, Propheten und durch Christentum selbst geredet worden sind, welches wir mit unserer Vernunft weder verstehen noch ergründen können.

Denn welcher theologus, (der nicht auch magiam verstanden hat), hat einen Teufel ausgetrieben oder sonst einen Geist vertrieben oder zu sich gebracht? Oder, was noch viel weniger und geringer ist, daß er einen Kranken gesund gemacht hätte oder sonst eine Hilfe getan, allein durch seinen Glauben? Ich schweige, daß er mit ihm einen großen Berg versetzt und gar ins Meer geworfen hätte. Daraus folgt, daß sie diesen Glauben, von dem Christus spricht, selbst weder wenig noch viel verstehen, und fährt ihnen doch täglich im Maul herum; sie reden und lehren viel davon und wissen ihn doch selbst nicht zu probieren und mit ihm ein Zeichen zu tun, so daß man sagen könnte, sie verstünden den Glauben und wüßten denselbigen zu gebrauchen und zu bewähren. Und wann ein anderer kommt, der durch ihn ein Zeichen tut, es sei gleich gut oder bös, heißen sie ihn einen Zauberer; alldieweil es über ihre Vernunft und menschliche Weisheit ist, und wissen magiam und Zauberei nit zu unterscheiden.

Aber da ist Aufmerkens hoch von nöten, daß derselbige Glaube nicht zu einem Aberglauben oder Mißbrauch werde, dem Menschen zum Verderben und Schaden. Denn so wird eine Zauberei daraus, und wird alsdann von männiglich nit unbillig Zauberei genannt. Wie denn alle Hexen tun, die sich in diese Kunst eingeflickt, sich darinnen geübt, und sich mit ihr umgeben, wie eine Sau im Kot.

Wenn Faust auch nicht die philosophisch-naturwissenschaftliche Bedeutung eines Agrippa und eines Paracelsus erreichte, können wir heute sagen, daß er nicht der gewöhnliche Scharlatan war, wie bisher immer behauptet wurde. Faust nimmt eine Zwischenstellung zwischen den Gauklern und fahrenden Gesellen und den Naturphilosophen seiner Zeit ein.

Faust wird bewundert, nicht nur seiner geheimnisvollen Gaben wegen, sondern weil in ihm das Bild eines besseren Daseins des Menschen verkörpert scheint. Ohne standesmäßige Vorurteile und Reichtümer zu besitzen, wächst Faust aus der Enge und Gebundenheit des mittelalterlichen Denkens heraus. Dies wird letzten Endes der Grund dafür sein, daß sein Leben und Treiben im Volke lebendig blieb, daß sich an seine Gestalt zahlreiche Anekdoten und Erzählungen anschlossen und sogar von Paracelsus, Trithemius und Agrippa von Nettesheim auf ihn übertragen wurden.

Hans Henning

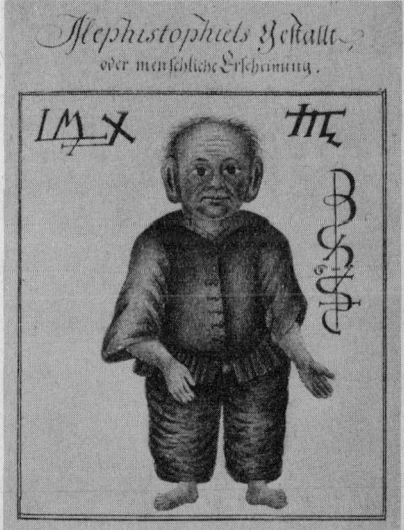

Fausts Ende

STECKBRIEF DES GEORG (ODER JOHANN) FAUST

1480	Geboren in Knittlingen (Württemberg)
1506	Aufenthalt in Gelnhausen
1507	Schulmeister in Kreuznach
1513	Besuch in Erfurt
1520	Betätigung in Bamberg
1528	Ausweisung aus Ingolstadt
1532	Aufenthalt in Nürnberg
1532/33	Wirken in der Kölner Gegend
1534/36	Auftauchen in Nürnberg und Würzburg
1540	Gestorben in Staufen (Breisgau)

Trithemius (1462–1516) war Theologe, Physiker und Humanist. Er stammte aus dem Dorf Trittenheim bei Trier und hieß eigentlich Johannes Heidenberg. Er studierte in Heidelberg als Schüler von Celtis und Reuchlin und wurde 1485 Abt des Klosters Sponheim bei Kreuznach, später war er Abt des Schottenklosters St. Jakob zu Würzburg. Der Verfasser großer literarhistorischer Arbeiten und von Zauberbüchern, die sich durch phantastische und geistvolle Konstruktionen auszeichnen, neigte in seiner Renommiersucht mitunter zu Übertreibungen und Fälschungen. Über seine Zauberkünste waren allerlei kuriose Legenden im Umlauf.

Jener Mensch, über welchen du mir schreibst, Georg Sabellicus, welcher sich den Fürsten der Nekromanten zu nennen wagte, ist ein Landstreicher, leerer Schwätzer und betrügerischer Strolch, würdig ausgepeitscht zu werden, damit er nicht ferner mehr öffentlich verabscheuungswürdige und der heiligen Kirche feindliche Dinge zu lehren wage. Denn was sind die Titel, welche er sich anmaßt, anders als Anzeichen des dümmsten und unsinnigsten Geistes, welcher zeigt, daß er ein Narr und kein Philosoph ist! So machte sich folgenden ihm konvenierenden Titel zurecht: Magister Georg Sabellicus, Faust der Jüngere, Quellbrunn der Nekromanten, Astrolog, Zweiter der Magier, Chiromant, Aeromant, Pyromant, Zweiter in der Hydromantie. – Siehe die törichte Verwegenheit des Menschen; welcher Wahnsinn gehört dazu, sich die Quelle der Nekromantie zu nennen! Wer in Wahrheit in allen guten Wissenschaften unwissend ist, hätte sich lieber einen Narren, denn einen Magister nennen sollen. Aber mir ist seine Nichtswürdigkeit nicht unbekannt. Als ich im vorigen Jahre aus der Mark Brandenburg zurückkehrte, traf ich diesen Menschen in der Nähe der Stadt Gelnhausen an, woselbst man mir in der Herberge viele von ihm mit großer Frechheit ausgeführte Nichtsnutzigkeiten erzählte. Als er von meiner Anwesenheit hörte, floh er alsbald aus der Herberge und konnte von niemand überredet werden, sich mir vorzustellen. Wir erinnern uns auch, daß er uns durch einen Bürger die schriftliche Aufzeichnung seiner Torheit, welche er dir gab, überschickte. In jener Stadt erzählten mir Geistliche, er habe in Gegenwart vieler gesagt, daß er ein so großes Wissen und Gedächtnis aller Weisheit erreicht habe, daß, wenn alle Werke von Plato und Aristoteles samt all ihrer Philosophie durchaus aus der Menschen Gedächtnis verloren gegangen wären, er sie wie ein zweiter Hebräer Esra durch sein Genie sämtlich wieder herstellen wolle. Als ich mich später in Speyer befand, kam er nach Würzburg und soll sich in Gegenwart vieler Leute mit gleicher Eitelkeit gerühmt haben, daß die Wunder unseres Erlösers Christi nicht anstaunenswert seien; er könne alles tun, was Christus getan habe, so oft und wann er wolle. In den Fasten dieses Jahres kam er nach Kreuznach, wo er sich in gleicher großsprecherischer Weise ganz gewaltiger Dinge rühmte und sagte, daß er in der Alchemie von allen, die je gewesen, der Vollkommenste sei und wisse und könne, was nur die Leute wünschten. Während dieser Zeit war die Schulmeisterstelle in gedachter Stadt unbesetzt, welche ihm auf Verwendung von Franz von Sickingen, dem Amtmann deines Fürsten, einem nach mystischen Dingen überaus gierigen Manne, übertragen wurde. Aber bald darauf begann er mit Knaben die schändlichste Unzucht zu treiben und entfloh, als die Sache ans Licht kam, der ihm drohenden Strafe. Das ist es, was mir nach dem sichersten Zeugnis von jenem Menschen feststeht, dessen Ankunft du mit so großem Verlangen erwartest.

PHILIPP MELANCHTHON IN GESPRÄCHEN MIT SEINEM SCHÜLER JOHANN MANLIUS, 1563

Ich habe einen namens Faustus gekannt aus Kundling, einem Städtchen nahe bei meiner Heimat Bretten. Als er zu Krakau studierte, hatte er die Magie erlernt, wie sie dort früher stark getrieben wurde, wo man öffentliche Vorlesungen über diese Kunst hielt. Später schweifte er an vielen Orten umher und sprach von geheimen Dingen. Da er zu Venedig Aufsehen erregen wollte, kündigte er an, er werde in den Himmel fliegen. Der Teufel hob ihn also in die Höhe, ließ ihn aber darauf zur Erde fallen, so daß er von diesem Falle fast den Geist aufgegeben hätte. Vor wenigen Jahren saß dieser Johannes Faustus an seinem letzten Tage sehr betrübt in einem Dorfe des Herzogtums Württemberg. Der Wirt fragt ihn, warum er so betrübt sei wider seine Sitte und Gewohnheit; denn er war sonst ein schändlicher Schelm, der ein liederliches Leben führte, so daß er ein- und das anderemal fast wegen seiner Liebeshändel umgekommen wäre. Darauf erwiderte er dem Wirt in jenem Dorfe: »Erschrick diese Nacht nicht!« In der Mitternacht ward das Haus erschüttert. Da Faustus am Morgen nicht aufgestanden und bereits der Mittag gekommen war, ging der Wirt in sein Zimmer und fand ihn neben dem Bette liegen mit umgedrehtem Gesichte, so hatte ihn der Teufel getötet. Als er noch lebte, führte er einen Hund mit sich, welcher der Teufel war, wie jener Schelm*, welcher von der Eitelkeit der Künste schrieb, auch einen Hund hatte, der mit ihm lief, welcher der Teufel war. Dieser Faustus entwischte in unserer Stadt Wittenberg, als der vortreffliche Fürst, Herzog Johann, den Befehl gegeben hatte, ihn gefangen zu nehmen. Auf ähnliche Weise soll er auch in Nürnberg entwischt sein. Beim Anfange des Mahles ward es ihm warm; er stand sogleich vom Tische auf und bezahlte dem Wirt, was er schuldig war. Kaum war er vor der Türe, als die Häscher kamen und nach ihm fragten. Dieser Zauberer Faustus, eine schändliche Bestie, eine Kloake vieler Teufel, prahlte, alle Siege, welche die Kaiserlichen Heere in Italien erfochten, habe er durch seine Magie ihnen verschafft, was die unverschämteste Lüge war.

* Anspielung auf Heinrich Cornelius Agrippa von Nettesheim, an den sich wie an Trithemius oder Paracelsus, viele Zauber- und Teufelsbündnersagen anlehnten. Man behauptete, der Teufel habe Agrippa in Gestalt eines Hundes begleitet, der bei seinem Tode verschwunden sei. Was von solchen Hundegeschichten zu halten ist, hat Johannes Wierus, ein Schüler des Agrippa, sehr einleuchtend erklärt: »Diesen Hund, der auf den Namen Monsieur hörte, kannte niemand besser, als ich, da ich ihn, wenn ich hinter Agrippa ging, an einem Stricke zu führen pflegte. Er war ein natürlicher Hund männlichen Geschlechts, dem Agrippa zuweilen in meiner Gegenwart eine Hündin, die er Mademoiselle nannte, zuführte. Jene Sage entstand, wie ich glaube, teils daher, weil Agrippa diesen Hund fast kindisch liebte, ihn oft küßte, bei Tische neben sich hatte, auch wohl nachts im Bette unter der Decke litt –, teils auch, weil er, obgleich er immer in seinem Studierzimmer steckte, so daß er kaum in acht Tagen einmal ausging, dennoch meist wußte, was in allen Ländern vorging. Dieses schrieben Einfältige schon, als ich bei ihm war, diesem Hunde zu, der ein Dämon sei, da er doch täglich Briefe von den gelehrtesten Männern aus allen Ländern erhielt.«

Johannes Wierus DIESER SCHURKE FAUST, 1568

Johann Faust, aus dem Städtchen Kundling gebürtig, erlernte zu Krakau die Magie, welche dort öffentlich gelehrt ward und übte dieselbe kurz vor 1540 unter großer Bewunderung mit Lügen und Trug an verschiedenen Orten Deutschlands. Mit seiner eitlen Anmaßung vermochte er alles. Von welcher Art diese Kunst gewesen, will ich durch ein Beispiel deutlich machen, doch unter der Bedingung, daß der Leser mir vorher verspreche, es nicht nachmachen zu wollen. Dieser Schurke war zu Batenburg an der Maas auf der geldrischen Grenze in Abwesenheit des Freiherrn Hermann gefangen genommen, aber von dessen Kaplan Dr. Johann Dorsten zu mild behandelt worden, weil er diesem guten, aber nicht sehr klugen Manne die Kenntnis vieler Dinge und manche Künste mitzuteilen versprach. Dieser reichte ihm deshalb auch Wein, von welchem Faust ein großer Freund war, solange bis das Faß leer war. Als Faust dies vernahm und hörte, daß dieser nach Grave gehen müsse, um sich den Bart abnehmen zu lassen, versprach er ihm, wenn er noch für Wein sorgen werde, von neuem eine besondere Kunst, durch welche man sich ohne Hilfe eines Schermessers den Bart abnehmen könne. Da dieser darauf einging, so sagte er ihm, er solle den Bart mit Arsenik einreiben, ohne irgend zu bemerken, wie er denselben zubereiten müsse. Auf diese Einreibung erfolgte eine solche Entzündung, daß nicht bloß die Haare, sondern auch Haut und Fleisch weggingen. Mit Unwillen hat dieser selbst mir dieses mehr als einmal erzählt. Als ein anderer, mir nicht unbekannter Mann, der einen schwarzen Bart und ein etwas dunkles und melancholisches Gesicht hatte (er war nämlich milzsüchtig) einst zu Faust kam, sagte dieser ungesäumt: »Wahrlich, ich hatte dich für meinen Schwager gehalten; ich habe deshalb auf deine Füße gesehen, ob du lange gekrümmte Klauen hättest.« Er hatte diesen also mit dem Teufel verwechselt, von dem er glaubte, er werde zu ihm kommen und den er als seinen Verwandten zu bezeichnen pflegte. Dieser wurde endlich in einem Dorfe des Herzogtums Württemberg tot neben seinem Bett gefunden; der Hals war ihm umgedreht und das Haus, wie man sagt, in der vorhergehenden Mitternacht erschüttert worden. Ein Schulmeister zu Goslar hatte von Faust die Kunst, den Satan in ein Glas einzusperren, gelernt. Um von niemand gestört zu werden, ging er eines Tages in den

Wald, wo ihm, da er in der Beschwörung etwas versehen hatte, der Teufel in furchtbarer Gestalt erschien, mit flammenden Augen, die Nase gekrümmt, wie ein Kuhhorn, mit langen Zähnen eines Ebers, mit Backen einer Katze und überhaupt gar schrecklich anzusehen. Der Schulmeister wurde durch diese Erscheinung vor Schrecken niedergeworfen und blieb einige Zeit besinnungslos daliegen. Erst nach einem Jahre erhielt er die Sprache wieder und erzählte die Geschichte.

AUS DER HAUS-CHRONIK DES GRAFEN CHRISTOPH FROBEN VON ZIMMERN AUF DAS JAHR 1541

Es ist auch um die Zeit der Faustus zu oder doch nicht weit von Staufen, dem Städtlein im Breisgau, gestorben. Der ist bei seiner Zeit ein wunderbarlicher Nigromanta gewest, als er bei unsern Zeiten hat mögen in deutschen Landen erfunden werden, der auch soviel seltsamer Händel gehabt hin und wieder, daß er in vielen Jahren nicht leicht vergessen werden wird. Ist ein alter Mann worden und, wie man sagt, elendiglich gestorben. Viele haben allerhand Anzeigungen und Vermutungen noch vermeint, der böse Geist, den er in seinen Lebzeiten nur seinen Schwager genannt, habe ihn umgebracht. Die Bücher, die er hinterließ, sind dem Herrn von Staufen, in dessen Herrschaft er abgangen, zu handen worden, darum doch hernach viele Leute haben geworben und daran meines Erachtens einen sorglichen und unglückhaftigen Schatz und Gabe begehrt. Den Mönchen zu Lüxheim im Wassichin hat er ein Gespenst in das Kloster verbannet, dessen sie in vielen Jahren nicht haben konnten abkommen.

Johann Gast VON DEM NEKROMANTEN FAUST, 1545

Einst kehrte er in ein sehr reiches Kloster ein, um dort zu übernachten. Ein Bruder setzt ihm gewöhnlichen, schwachen, nicht wohlschmeckenden Wein vor. Faust bittet ihn, ihm aus einem andern Fasse bessern Wein zu geben, den er den Vornehmen zu reichen pflegte. Der Bruder sagt darauf: »Ich habe die Schlüssel nicht. Der Prior schläft, und ich darf ihn nicht aufwecken.« Faust erwidert: »Die Schlüssel liegen in jenem Winkel; nimm sie und öffne jenes Faß an der linken Seite und bringe mir den Trunk!« Der Bruder weigert sich; er habe keine Erlaubnis vom Prior, den Gästen andern Wein zu geben. Als Faust dies hört, spricht er: »In kurzer Zeit wirst du Wunderdinge erleben, du ungastfreundlicher Bruder!« Am frühesten Morgen ging er voll Erbitterung weg, ohne zu grüßen, und sandte in das Kloster einen wütenden Teufel, der Tag und Nacht lärmte und in der Kirche, wie in den Zimmern der Mönche alles in Bewegung setzte, so daß sie keine Ruhe hatten, was sie auch anfingen. Endlich berieten sie sich, ob sie das Kloster verlassen oder es ganz zerstören sollten. Sie meldeten also dem Pfalzgrafen ihr Mißgeschick. Dieser nahm das Kloster unter seinen Schutz, indem er die Mönche heraustrieb, denen er jährlich, was sie bedürfen, zukommen läßt, indem er das Übrige für sich behält. Einige behaupten, daß auch jetzt noch, wenn Mönche ins Kloster kommen, ein solcher Tumult sich erhebe, daß die Einwohner keine Ruhe haben. Solches weiß der Teufel zu veranstalten.

Johann Gast   FAUST IN BASEL

Als ich zu Basel mit Faust im großen Collegium speiste, gab er dem Koch Vögel verschiedener Art, von denen ich nicht wußte, wo er sie gekauft oder wer sie ihm gegeben hatte, da in Basel damals keine verkauft wurden, und zwar waren es Vögel, wie ich keine in unserer Gegend gesehen habe. Er hatte einen Hund und ein Pferd bei sich, die, wie ich glaube, Teufel waren, da sie alles verrichten konnten. Einige sagten mir, der Hund habe zuweilen die Gestalt eines Dieners angenommen und ihm Speise zugebracht. Der Elende endete auf schreckliche Weise; denn der Teufel erwürgte ihn; seine Leiche lag auf der Bahre immer auf dem Gesichte, obgleich man sie fünfmal umdrehte.

Drei Faust-Erzählungen von Augustin Lercheimer, 1585

Also fuhr Faust einmal in der Fastnacht mit seiner Gesellschaft, nachdem sie daheim zunacht gessen hatten, zum Schlaftrunk aus Meissen in Bayern gen Salzburg ins Bischofs Keller über sechzig Meil, da sie den besten Wein trunken. Und da der Kellermeister ungefähr hinein kam, sie als Dieb ansprach, machten sie sich wieder davon, nahmen ihn mit, bis an einen Wald, da setzt ihn Faust auf eine hohe Tanne und ließ ihn sitzen, flog mit den seinen fort.

Der unzüchtig teuflische Bub Faust hielt sich ein Weil zu Wittenberg, kam etwan zum Herrn Philippo [Melanchthon], der las ihm dann einen guten Text, schalt und vermahnte ihn, daß er von dem Ding beizeit abstünd, es würd sonst ein bös End nehmen, wie es auch geschah. Er aber kehrte sich nicht dran. Nun wars einmal um zehn Uhr, daß der Herr Philippus aus seinem Studorio herunter ging zu Tisch: war Faust bei ihm, den er da heftig gescholten hatte. Der spricht wieder zu ihm, Herr Philippe, ihr fahrt mich allemal mit rauhen Worten an, ich wills einmal machen, wann ihr zu Tisch geht, daß alle Hefen in der Küchen zum Schornstein hinausfliegen, daß ihr mit euern Gästen nichts zu essen werdet haben. Darauf antwortet ihm Herr Philipp. Das sollst du wohl lassen, ich scheiß dir in dein Kunst. Und er ließ es auch.

Zur Zeit Doktor Luthers und Philippi [Melanchthon] hielt sich der Schwarzkünstler Faust, wie obgemeldet, ein Weil zu Wittenberg: das ließ man so geschehen, der Hoffnung, er würde sich aus der Lehr, die da im Schwang ging, bekehren und bessern. Da aber das nicht geschah, sondern er auch andere verführte (deren ich einen gekannt, wann der ein Hasen wollt haben, ging er in Wald, da kam er ihm in die Händ gelaufen), hieß ihn der Fürst einziehen in Gefängnis. Aber sein Geist warnte ihn, daß er davon kam, von dem er nicht lang danach greulich getötet ward, als er ihm vierundzwanzig Jahr gedient hatte.

Philipp Camerarius FAUST ZAUBERT EINEN WEINSTOCK, 1602

Als Faust sich einst unter einigen Bekannten befand, die viel von seinen Zauberkünsten gehört hatten, ersuchten diese ihn, eine Probe seiner Kunst zu zeigen. Nachdem er sich lange geweigert hatte, ließ er sich durch die ungestümen Bitten der nicht mehr ganz nüchternen Gesellschaft bestimmen, ihnen zu willfahren. Er versprach nämlich, er wolle ihnen alles geben, was sie nur wünschten, worauf sie alle einstimmig einen Weinstock voll reifer Trauben begehrten, da sie glaubten, er werde in jener Jahreszeit (es war nämlich Winter) einen solchen nicht schaffen können. Faust versprach ihnen, sofort einen Weinstock aus dem Tische hervorwachsen zu lassen, doch fügte er die Bedingung hinzu, alle sollten tiefes Stillschweigen beobachten und solange ruhig sitzen bleiben, bis er ihnen erlauben würde, die Trauben abzuschneiden; sonst drohe ihnen der Tod. Nachdem sie dies zugesagt hatten, verblendete er die Augen und Sinne der berauschten Gesellschaft, so daß sie so viele Trauben von wunderbarer Größe mit ganz dicken Körnern an einem sehr schönen Weinstocke zu sehen glaubten, als Personen zugegen waren. Durch die Neuheit der Sache gereizt, zugleich vom Rausche durstig, griffen sie zu den Messern, dem Augenblicke entgegenharrend, wo sie die Trauben abschneiden dürften. Längere Zeit ließ Faust sie in ihrem Wahne, bis endlich der Weinstock mit den Trauben in Rauch aufging und sie erkannten, daß sie die Nasen der anderen für Trauben angesehen und das Messer daran gesetzt hatten.

Christoph Motschmann FAUST IN ERFURT

Es machte aber der Mann der Possen so viel, daß die Stadt und das Land von ihm schwatzte, und manche vom Adel auf dem Lande ihn gen Erfurt nachzogen, und begann sich die Sorge zu finden, es möchte der Teufel die zarte Jugend und andere Einfältige verführen, daß sie auch zur schwarzen Kunst Lust bekämen und sie vor eine Geschwindigkeit nur halten mögen, und sich denn der Zauberer im Encker zu einem Junker, der ein Papist war, hielt, als wurde Anleitung gegeben, daß sich doch der benachbarte Mönch Dr. Klinge an ihm versuchen möchte, ob er ihm von Teufel reißen und bekehren könne. Dieser Franziskaner tat es, fand sich mit herbei, redete erst freundlich, so dann hart mit ihm, und erklärte ihm Gottes Zorn und ewige Verdammnis, so ihm auf solchen Wesen stünde, sagte, er wäre ein fein gelehrter Mann und könnte sich mit Gott und Ehren wohl sonsten nähren, drum sollte er sich von solcher Leichtfertigkeit, dazu er sich vielleicht in seiner Jugend den Teufel hätte bereden lassen, abtun und Gott seine Sünde abbitten, sollte hoffen, er würde also Vergebung seiner Sünde erlangen, die Gott keinem noch verschlossen hätte. Dr. Faust sagte: »Mein lieber Herr, ich erkenne, daß ihrs gern gut mit mir sehen möchtet, weiß auch das alles wohl, was ihr mir jetzt vorgesagt, ich habe mich aber zu hoch verstiegen und mich mit meinem eignen Blute gegen den Teufel verschrieben, daß ich mit Leib und Seele ewig sein will sein. Wie kann ich denn nun zurücke, oder wie kann mir geholfen werden?« Dr. Klinge sprach: »Das kann wohl geschehen, wenn ihr Gott um Gnad und Barmherzigkeit ernstlich anruft, wahre Reu und Buße tut, der Zauberei und Gemeinschaft mit dem Teufel euch enthaltet, und niemand ärgert, noch verführet. Wir wollen in unserem Kloster vor euch Messe halten, daß ihr des Teufels wohl los werden solltet.« – »Meß hin, Meß her,« sprach Dr. Faustus, »meine Zusage bindet mich zu hart; so habe ich Gott mutwillig verachtet, bin meineidig und treulos an ihm worden, habe den Teufel mehr geglaubet und getrauet, denn ihm, drum ich zu ihm nicht wiederkommen, noch seiner Gnade, die ich verscherzet, mich getrösten kann. Zu dem wäre es nicht ehrlich noch mir rühmlich nachzusagen, daß ich meinen Brief und Siegel, so doch mit meinem Blut gestellet, widerlaufen sollte; so hat mir der Teufel redlich gehalten, was er mir zugesaget, darum will ich ihm auch redlich halten, was ich ihm habe zugesaget und verschrieben.« – »Ei,« sagte der Mönch, »fahre immer hin, du verfluchtes Teufels Kind, wenn du dir nicht willst helfen lassen und es nicht anders haben!« Ging darauf von ihm zum Rectore Magnifico, zeigte es ihm an. Hierauf ward der Rat auch davon berichtet, und Faust aus Erfurt geschafft.

Das Faustgässchen zu Erfurt

In Erfurt ist ein ganz schmaler Raum zwischen zwei Häusern, mit einer Unratrinne, für keinen Menschen zu passieren, der wird das Dr. Faust-Gäßchen genannt, und die Sage berichtet: Als, wie bekannt und in vielen Büchern zu lesen, Doktor Faustus auch in Erfurt sein Wesen trieb, machte er ein großes Zauberstück, indem er mit einem mächtigen Fuder Heu, an welches ein paar starke Pferde oder Ochsen gespannt waren, durch dieses enge und so schmale Gäßchen fuhr, durch welches kaum ein Kind, geschweige ein Mann, hindurch gehen kann. Als nun alles in Verwunderung ob des Mirakels war, kam ein Mönch des Wegs daher, der nahm ein Ärgernis am Greuel sotaner satanischen Verblendung und sprach einen exorzistischen Bannspruch: da verschwand alsbald das Fuder Heu, und die Pferde oder Ochsen verwandelten sich in zwei rote Hahnen, welche einen Strohhalm zogen und mit großer Schnelle sich unter dem Volk verloren. Der Zauberer wich eilend von dannen, und der Mönch soll kein anderer als Bruder Martin Luther gewesen sein, der zu Doktor Fausts Zeit noch als Custos im Augustiner-Mönchskloster zu Erfurt lebte.

(*Mitgeteilt von Johann Scheible*, 1847)

Inschrift auf einem Bild im Auerbach'schen Keller in Leipzig, 1525

Doktor Faustus Zu Dieser Frist
Aus Auerbachs Keller Geritten Ist.
Auf Einem Faß Mit Wein Geschwind,
Welches Gesehen Viel Mutter Kind.
Solches Durch Seine Subtile Kunst Hat Getan
Und Des Teufels Lohn Empfangen Davon.

Hört, ihr Christen, mit Verlangen
Nun was Neues ohne Graus,
Wie die eitle Welt tut prangen
Mit Johann, dem Doktor Faust,
Von Anhalt war er geboren,
Er studiert mit allem Fleiß,
In der Hoffahrt auferzogen,
Richtet sich nach aller Weis.
Vierzigtausend Geister
Tut er sich zitieren
Mit Gewalt aus der Höllen.
Unter diesen war nicht einer,
Der ihm könnt recht tauglich sein
Als der Mephistophiles, geschwind
Wie der Wind
Gab er seinen Willen drein.
Geld viel Tausend muß er schaffen,
Viel Pasteten und Konfekt,
Gold und Silber, was er wollt,
Und zu Straßburg schoß er dann
Sehr vortrefflich nach der Scheiben,
Daß er haben konnt sein Freud,
Er tät nach dem Teufel schieben,
Daß er vielmal laut aufschreit.
Wann er auf der Post tät reiten,
Hat er Geister recht geschoren,
Hinten, vorn, auf beiden Seiten,
Den Weg zu pflastern auserkoren;
Kegelschieben auf der Donau
War zu Regensburg sein Freud,
Fische fangen nach Verlangen
Ware seine Ergötzlichkeit.
Wie er auf den heiligen Karfreitag
Zu Jerusalem kam auf die Straß,
Wo Christus an dem Kreuzesstamm
Hänget ohne Unterlaß,
Dieses zeigt ihm an der Geist,
Daß er wär für uns gestorben
Und das Heil uns hat erworben,

Und man ihm kein Dank erweist.
Mephistophiles geschwind wie der Wind
Mußte gleich so eilend fort
Und ihm bringen drei Elle Leinwand
Von einem gewissen Ort.
Kaum da solches ausgeredt,
Waren sie schon wirklich da,
Welche so eilends brachte
Der geschwinde Mephistophila.
Die große Stadt Portugal
Gleich soll abgemalet sein;
Dieses geschahe auch geschwind
Wie der Wind:
Dann er malt überall
So gleichförmig
Wie die schönste Stadt Portugal.
»Hör, du sollst mir jetzt abmalen
Christus an dem heiligen Kreuz;
Was an ihm nur ist zu malen,
Darf nicht fehlen, ich sag es frei,
Daß du nicht fehlst an dem Titul
Und dem heiligen Namen sein.«
Diesen konnt er nicht abmalen,
Darum bitt er Faustum
Ganz inständig: »Schlag mir ab
Nicht mein Bitt, ich will dir wiederum
Geben dein zuvor gegebene Handschrift.
Denn es ist mir unmöglich,
Daß ich schreib: Herr Jesu Christ.«
Der Teufel fing an zu fragen:
»Herr, was gibst du für einen Lohn?
Hättst das lieber bleiben lassen,
Bei Gott findst du kein Pardon.«
Doktor Faust, tu dich bekehren,
Weil du Zeit hast noch ein Stund,
Gott will dir ja jetzt mitteilen
Die ewge wahre Huld;
Doktor Faust, tu dich bekehren,
Halt du nur ja dieses aus.
»Nach Gott tu ich nichts fragen
Und nach seinem himmlischen Haus!«

In derselben Viertelstunde
Kam ein Engel von Gott gesandt,
Der tät so fröhlich singen
Mit einem englischen Lobgesang.
Solang der Engel da gewesen,
Wollt sich bekehren der Doktor Faust.
Er täte sich alsbald umkehren,
Sehet an den Höllengraus;
Der Teufel hatte ihn verblendet,
Malt ihm ab ein Venusbild,
Die bösen Geister verschwunden
Und führten ihn mit in die Höll.

HISTORIA

Von D. Johañ

Fausten/ dem weitbeschreyten

Zauberer vnnd Schwartzkünstler/
Wie er sich gegen dem Teuffel auff eine be=
nandte zeit verschrieben/ Was er hierzwischen für
seltzame Abenthewer gesehen/ selbs angerich=
tet vnd getrieben/ biß er endtlich sei=
nen wol verdienten Lohn
empfangen.

Mehrertheils auß seinen eygenen hin=
derlassenen Schrifften/ allen hochtragenden/
fürwitzigen vnd Gottlosen Menschen zum schrecklichen
Beyspiel/ abscheuwlichen Exempel/ vnd treuw=
hertziger Warnung zusammen gezo=
gen/ vnd in den Druck ver=
fertiget.

IACOBI IIII.

Seyt Gott vnderthänig/ widerstehet dem
Teuffel/ so fleuhet er von euch.

CVM GRATIA ET PRIVILEGIO.

Gedruckt zu Franckfurt am Mayn/

durch Johann Spies.

M. D. LXXXVII.

Die Hoffnungen der unterdrückten Schichten werden zunichte gemacht. Was wundert es uns da, wenn das Volk nach einem Ausweg sucht, wenn es sich eine Ausweggestalt schafft, wenn es von einem Ausnahmemenschen träumt, dem es gelingt, sich aus dieser Situation zu befreien, und sei es durch eine Verbindung mit dem Teufel. Diese Ausweggestalt ist Faust.

Hans Henning

Während als Meister der Magie bisher nur derjenige gegolten hatte, der die Höllengeister zu zwingen verstand, ohne sich ihnen auszuliefern, prahlte Faust gerade damit, daß er seine Seele dem Teufel verpfändet habe. Und dieses böse Beispiel machte nun Schule. Zahlreiche Jünglinge verschrieben sich ebenfalls dem Teufel... Vor Zauberern aller Art und selbst vor Teufelsbündlern hatte man keine allzu große Angst; gegen sie kehrte sich kein blinder Haß. Für Hexen aber sollte es keine Schonung und kein Erbarmen geben.

Kurt Baschwitz

Doktor Faustus ein Arzt, und wie er den Teufel beschworen hat

Wie obgemeldt worden, stunde Doktor Fausti Sinn dahin, das zu lieben, das nicht zu lieben war, dem trachtet er Tag und Nacht nach; nahme an sich Adlers Flügel, wollte alle Gründ am Himmel und Erden erforschen, dann sein Fürwitz, Freiheit und Leichtfertigkeit stache und reizte ihn also, daß er auf eine Zeit etliche zäuberische vocabula, figuras, characteres und coniurationes, damit er den Teufel vor sich möchte fordern, ins Werk zu setzen und zu probiern sich fürnahme. Kam also zu einem dicken Wald, wie etliche auch sonst melden, der bei Wittenberg gelegen ist, der Spesser Wald genannt, wie dann Doktor Faustus selbst hernach bekannt hat. In diesem Wald gegen Abend in einem vierigen Wegschied machte er mit einem Stab etliche Zirkel herum, und neben zwen, daß die zween, so oben stunden, in großen Zirkel hineingingen, beschwure also den Teufel in der Nacht zwischen 9 und 10 Uhrn. Da wird gewißlich der Teufel in die Faust gelacht haben und den Faustum den Hintern haben sehen lassen und gedacht: Wohlan, ich will dir dein Herz und Mut erkühlen, dich an das Affenbänklin setzen, damit mir nicht allein dein Leib, sondern auch dein Seel zuteil werde, und wirst eben der Recht sein, wohin ich nit (will), [werde] ich [an] dich meinen Boten senden, wie auch geschah, und der Teufel den Faustum wunderbarlich äfft und zum Narren hielt. Denn als Doktor Faustus den Teufel beschwur, da ließ sich der Teufel an, als wann er nicht gern an das Ziel und an den Reihen käme, wie dann der Teufel im Wald einen solchen Tumult anhub, als wollte alles zugrund gehen, daß sich die Bäum bis zur Erden bogen. Darnach ließ der Teufel sich an, als wann der Wald voller Teufel wäre, die mitten und neben des Doktor Fausti Zirkel her bald darnach erschienen, als wann nichts denn lauter Wägen da wären, darnach in vier Ecken im Wald gingen in Zirkel zu als Bolzen und Strahlen, dann bald ein großer Buchsenschuß, darauf ein Helle erschiene. Und sind im Wald viel löblicher Instrument, Musik und Gesäng gehört worden, auch etliche Tänze, darauf etliche Turnier mit Spießen und Schwertern, daß also Doktor Fausto die Weil so lang gewest, daß er vermeint, aus dem Zirkel zu laufen. Letztlich faßt er wieder ein gottlos und verwegen Fürnehmen und beruhet oder stunde in seiner vorigen Kondition, Gott geb, was daraus möchte folgen, hube gleich wie zuvor an, den Teufel wieder zu beschweren, darauf der Teufel ihm ein solch Geplärr vor die Augen machte, wie folget: Es ließ sich sehen, als wann ob dem Zirkel ein Greif oder Drach schwebet und flatterte. Wann dann Doktor Faustus seine Beschwerung brauchte, da kirrete das Tier jämmerlich. Bald darauf fiel drei oder vier Klafter hoch ein feuriger Stern herab, verwandelte sich zu einer feurigen Kugel, des dann Doktor Faust auch gar hoch erschrake; jedoch gefiel ihm sein Furnehmen, achtet ihm's hoch, daß ihm der Teufel untertänig sein sollte; wie denn Doktor Faustus bei einer Gesellschaft sich selbsten beruhmet, es seie ihm das höchste Haupt auf Erden untertänig und gehorsam. Darauf die Studenten antworteten, sie wüßten kein höher Häupt denn den Kaiser, Papst oder König. Darauf sagt Doktor Faustus: »Das Häupt, das mir untertänig ist, ist höher«, bezeugte solches mit der Epistel Pauli an die Epheser, der Fürst dieser Welt, auf Erden und unter dem Himmel etc. Beschwur also diesen Stern zum ersten, andern und dritten Mal, darauf ging ein Feuerstrom, eines Manns hoch, auf, ließ sich wieder herunter und wurden sechs Lichtlein darauf gesehen. Einmal sprang ein Lichtlein in die Höhe, denn das ander hernieder, bis sich änderte und formierte ein Gestalt eines feurigen Manns; dieser ging um den Zirkel herum ein Vierteilstund lang. Bald darauf ändert sich der Teufel und Geist in Gestalt eines grauen Mönchs, kam mit Fausto zu Sprach, fragte, was er begehrte. Darauf war Doktor Fausti Begehr, daß er morgen um 12 Uhrn zu Nacht ihm erscheinen sollt in seiner Behausung, des sich der Teufel ein Weil weigerte. Doktor Faustus beschwur ihn aber bei seinem Herrn, daß er ihm sein Begehrn sollte erfüllen und ins Werk setzen, welches ihm der Geist zuletzt zusagte und bewilligte.

Doktor Faustus läßt sich das Blut heraus in einen Tiegel, setzt es auf warme Kohlen und schreibt, wie hernach folgen wird

Ich, Johannes Faustus, Doktor, bekenne mit meiner eigen Hand offentlich zu einer Bestätigung und in Kraft dies Briefs: Nachdem ich mir fürgenommen die Elementa zu spekulieren und aber aus den Gaben, so mir von oben herab bescheret und

gnädig mitgeteilt worden, solche Geschicklichkeit in meinem
Kopf nicht befinde und solches von den Menschen nicht erler-
nen mag, so hab ich gegenwärtigem gesandtem Geist, der sich
Mephistophiles nennet, ein Diener des höllischen Prinzen in
Orient, mich untergeben, auch denselbigen, mich solches zu
berichten und zu lehren, mir erwählet, der sich auch gegen mir
versprochen, in allem untertänig und gehorsam zu sein. Dagegen aber ich mich hinwider gegen ihme verspriche und verlobe,
daß so 24 Jahr, von dato dies Briefs an, herum und füruber gelaufen, er mit mir nach seiner Art und Weis, seines Gefallens,
zu schalten, walten, regieren, führen, gut Macht haben solle,
mit allem, es sei Leib, Seel, Fleisch, Blut und Gut, und das in
sein Ewigkeit. Hierauf absage ich allen denen, so da leben, allem
himmlischen Heer und allen Menschen, und das muß sein. Zu
festem Urkund und mehrer Bekräftigung hab ich diesen Rezeß
eigner Hand geschrieben, unterschrieben und mit meinem hie-
für gedrücktem eigen Blut, meines Sinns, Kopfs, Gedanken und
Willen verknüpft, versiegelt und bezeuget etc.

Subscripto   Johann Faustus, der Erfahrne der
                       Elementen und der Geistlichen Doktor

Doktor Faustus wollte sich verheiraten

Doktor Faustus lebt also im epikurischen Leben Tag und
Nacht, glaubet nit, daß ein Gott, Höll oder Teufel wäre, ver-
meinet, Leib und Seele stürbe miteinander, und stach ihn seine
Aphrodisia Tag und Nacht, daß er sich fürnahme, sich ehelich
zu verheiraten und zu weiben. Fragte darauf den Geist, welcher
doch ein Feind des ehelichen Stands, so Gott geordnet und ein-
gesetzt hat, ist, ob er sich verheiraten möchte. Antwortet ihme
der böse Geist, was er aus ihme selbs machen wölle. Item ob
er nicht an seine Zusage gedenke und ob er dieselbige nicht
halten wölle, da er verheißen, Gott und allen Menschen feind
zu sein. Zudem so könnte er in keinen Ehestand geraten, dieweil er nicht zweien Herrn, als Gott und ihme, dem Teufel,
dienen könnte. »Dann der Ehestand ist ein Werk des Höchsten,
wir aber seind dem gar zuwider, denn was den Ehebruch und
Unzucht betrifft, das kommt uns allen zu Gutem. Derohalben,
Fauste, sehe dich fur, wirst du dich versprechen zu verehel-
chen, sollt du gewißlich von uns zu kleinen Stücken zerrissen

werden. Lieber Fauste, bedenke selbsten, was Unruh, Widerwillen, Zorn und Uneinigkeit aus dem ehelichen Stand folget?«
Doktor Faustus gedacht ihme hin und wieder nach, wie aller
Gottlosen Herzen nichts Guts gründen können und der Teufel
dieselbigen leitet und führet. Endlich im Nachdenken forderte
er seinen Mönch, da ohnedas der Mönchen und Nonnen Art
ist, sich nit zu verehelichen, sondern verbieten vielmehr dieselbige, also auch Doktor Fausti Mönch trieb ihn stetigs davon
ab. Darauf sagt Doktor Faustus zu ihme: »Nun will ich mich
verehlichen, es folge draus gleich, was es wölle.« In solchem
Fürhaben gehet ein Sturmwind seinem Haus zu, als wollte es
alles zugrunde gehen. Es sprangen alle Türen auf aus den Angeln, indem wird sein Haus voller Brunst, als ob es zu lauter
Aschen verbrennen wollte. Doktor Faustus gab das Fersengeld
die Stiegen hinab, da erhaschet ihn ein Mann, der wirft ihn wieder in die Stuben hinein, daß er weder Hände noch Füße regen
kunnt. Um ihn ging allenthalben das Feuer auf, als ob er verbrennen wollte. Er schrie seinen Geist um Hülf an, er wollte
nach allem seinen Wunsch, Rat und Tat leben. Da erschiene
ihm der Teufel leibhaftig, doch so grausam und erschrecklich,
daß er ihn nicht ansehen kunnt. Ihm antwort der Teufel, sagende: »Nun sage an, was Sinns bist du noch?« Doktor Faustus
antwortet ihm kürzlich, er habe sein Versprechen nicht geleistet, wie er sich gegen ihm verlobt, und habe solches soweit
nicht ausgerechnet, bate um Gnad und Verzeihung. Der Satan
sagt zu ihm mit kurzen Worten: »Wohlan, so beharre hinfort
darauf. Ich sage dir's, beharre darauf«, und verschwande.
Nach diesem kame der Geist Mephistophiles zu ihme und
sagte zu ihme: »Wo du hinfüro in deiner Zusagung beharren
wirst, siehe, so will ich deinen Wollust anders ersättigen, daß
du in deinen Tagen nichts anders wünschen wirst, und ist dieses: So du nit kannst keusch leben, so will ich dir alle Tag und
Nacht ein Weib zu Bett führen, welche du in dieser Stadt oder
anderswo ansichtig und die du nach deinem Willen zur Unkeuschheit begehren wirst. In solcher Gestalt und Form soll
sie bei dir wohnen.«
Dem Doktor Fausto ging solchs also wohl ein, daß sein Herz
für Freuden zitterte, und reute ihn, was er anfänglich hatte fürnehmen wöllen, geriete auch in eine solche Brunst und Unzucht, daß er Tag und Nacht nach Gestalt der schönen Weiber
trachtete, daß, so er heut mit dem Teufel Unzucht triebe, morgen einen andern im Sinn hatte.

Doktor Fausti dritte Fahrt in etliche Königreich und
Fürstentum, auch fürnehmste Länder und Städte

Doktor Faustus nimmt ihm im 16. Jahr ein Reis oder Pilgram-
fahrt fur und befiehlt also seinem Geist Mephostophili, daß er
ihn, wohin er begehrte, leite und füre. Derhalben sich Mepho-
stophiles zu einem Pferde verkehret und veränderte, doch hatt
er Flügel wie ein Dromedari und fuhr also, wohin ihn Doktor
Faustus hinlenkte. Faustus durchreisete und durchwandelte
manch Fürstentum, als das Land Pannoniam, Österreich, Ger-
maniam, Behem, Schlesien, Sachsen, Meißen, Düringen, Fran-
kenland, Schwabenland, Bayerland, Littau, Livland, Preußen,
Moscowiterland, Friesland, Holland, Westfalen, Seeland, Bra-
bant, Flandern, Frankreich, Hispaniam, Portugal, Welschland,
Polen, Ungern und dann wieder in Düringen, war 25 Tag
außen, darinnen er nit viel sehen konnte, darzu er Lust hätte.
Derhalben nahme er ein Widerfuhr und ritte auf seinem Pferde
aus, kam gen Trier, dann ihm diese Stadt erstlich einfiel zu sehen, weil sie so altfränkisch anzusehen war, da er nichts Son-
derlichs gesehen dann einen Palast, wunderbarlichs Werks,
welcher aus gebacken Ziegeln gemacht und so fest, daß sie keinen Feind zu fürchten haben. Darnach sahe er die Kirchen,
darinnen Simeon und der Bischof Popo begraben war, welche
aus unglaublichen großen Steinen, mit Eisen zusammengefü-
get, gemacht ist. Darnach wendet er sich gen Paris in Frankreich, und gefielen ihm die Studia und Hohe Schul gar wohl.
Was nu dem Fausto für Städt und Landschaften in Sinn fielen,
die durchwandert er. Als unter andern auch Mainz, da der Main
in Rhein fleußt, er saumt sich aber da nicht lang und kam in
Campanien, in die Stadt Neapolis, darinnen er unsäglich viel
Klöster und Kirchen gesehen und so große hohe und herrliche
gezierte Häuser, daß er sich darob verwundert. Und darinnen
ist ein herrlich Kastell oder Burg, so neu gebauet, welches für
allen anderen Gebäuen in Italia den Preis hat, der Höhe, Dicke
und Weite halb, mit mancherlei Zierde der Türme, Gemäuer,
Päläst und Schlafkammern. Dabei ein Berg liegt, Vesuvius genannt, der voller Weingärten, Ölbäum und etlicher andern
fruchtbaren Bäume und solchen Wein, den man den griechischen Wein nennet, so herrlich und gut. Bald fällt ihm Venedig
ein, verwundert sich, daß es geringsherum im Meer lag, da er
dann alle Kaufmannschaft und Notdurft zur menschlichen

Unterhaltung gesehen, dahin zu schiffen, sahe und wundert ihn, daß in einer solchen Stadt, da schier gar nichts wächst, dennoch ein Überfluß ist. Er sahe auch ab die weite Häuser und hohen Türme und Zierde der Gottshäuser und Gebäu, mitten in dem Wasser gegründet und aufgerichtet. Weiters kommt er [von] Welschland gen Padua, die Schul da zu besichtigen. Diese Stadt ist mit einer dreifächtigen Mauer befestiget, mit mancherlei Gräben und umlaufenden Wassern, darinnen ist eine Burg und Feste, und ihr Gebäu ist mancherlei, da es auch hat eine schöne Domkirche, ein Rathaus, welches so schöne ist, daß keines in der Welt diesem zu vergleichen sein soll. Ein Kirche, Sankt Antonii genannt, ist allda, daß ihresgleichen in ganz Italia nit gefunden wird. Fürders kam er gen Rom, welche liegt bei einem Fluß, Tiberis genannt, so mitten durch die Stadt fleußt, und jenseit der rechten Seiten begreift die Stadt sieben Berg um sich, hat eilf Pforten und Tor, Vaticanum, ein Berg, darauf Sankt Peters Münster oder Dom ist. Dabei liegt des Papsts Palast, welcher herrlich mit einem schönen Lustgarten umfangen. Dabei die Kirchen Lateranensis, darinnen allerlei Heiltums, und Apostolische Kirch genannt wird, welche auch gewiß eine köstliche und berühmte Kirchen in der Welt ist. Desgleichen sahe er viel heidnische zerfallene Tempel. Item viel Säulen, Steigbogen etc., welches alles zu erzählen zu lang wäre, also daß Doktor Faustus sein Lust und Kurzweil dran sahe. Er kam auch unsichtbar für des Papsts Palast, da sahe er viel Diener und Hofschranzen und was Richten und Kosten man dem Papst auftruge, und so überflüssig, daß Doktor Faustus darnach zu seinem Geist sagte: »Pfui, warum hat mich der Teufel nicht auch zu einem Papst gemacht?« Doktor Faustus sahe auch darinnen alle seinesgleichen, als Übermut, Stolz, Hochmut, Vermessenheit, Fressen, Saufen, Hurerei, Ehebruch und alles gottloses Wesen des Papsts und seines Geschmeiß, also daß er hernach weiters sagte: »Ich meint, ich wäre ein Schwein oder Sau des Teufels, aber er muß mich länger ziehen. Diese Schwein zu Rom sind gemästet und alle zeitig zu braten und zu kochen.« Und dieweil er viel von Rom gehört, ist er mit seiner Zauberei drei Tag und Nacht, unsichtbar, in des Papsts Palast blieben, und hat der gute Herr Faustus seithero nicht [wieder so] viel Guts gessen noch getrunken. Stunde also vor dem Papst unsichtbar einmal, wann der Papst essen wollt, so macht er ein Kreuz vor sich. Sooft es dann geschahe, blies Doktor Faustus ihm in das Angesicht. Einmal lachte Doktor Faustus, daß man's im ganzen Saal hörete, dann weinete er, als wenn es ihm ernst wäre, und wußten die Aufwarter nit, was das wäre. Der Papst beredet das Gesinde, es wäre ein verdammte Seele und bete um Ablaß; darauf ihr auch der Papst Buße auferlegte. Doktor Faustus lachte darob, und gefiel ihm solche Verblendung wohl. Als aber die letzte Richten und Kosten auf des Papsts Tisch kamen und ihn, Doktor Faustum, hungert, hub er, Faustus, seine Hand auf, alsbald flogen ihm Richten und Kosten mitsamt der Schüssel in die Hand, und verschwand also damit samt seinem Geist auf einen Berg zu Rom, Capitolium genannt, aße also mit Lust. Er schickte auch seinen Geist wieder dahin, der mußt ihm nur den besten Wein von des Papsts Tisch bringen samt den silbern Bechern und Kanten. Da nun der Papst solchs alles gesehen, was ihm geraubt worden, hat er in derselbigen Nacht mit allen Glocken zusammen läuten lassen, auch Meß und Fürbitt für die verstorbene Seel lassen halten, und auf solchen Zorn des Papsts den Faustum oder verstorbenen Seel in das Fegfeuer kondemniert und verdammt. Doktor Faustus aber hätte ein gut Fegen mit des Papstes Kosten und Trank. Solchs Silbergeschirr hat man nach seinem Abschied bei ihm gefunden. Als es nun mit Mittnacht ward und Faustus sich von solcher Speis gesättigt hatte, ist er mit seinem Geist wiederum in die Höhe aufgeflogen und gen Mailand in Italiam kommen, welches ihn ein gesunde Wohnung dauchte, dann es ist da kein Anzeigung der Hitze, auch sind da frische Wasser und 7 gar schöne See. Auch hat er da viel ander schöne Flüß und Wasser gezählet und abgenommen. Es sind auch darinnen schöne, feste, wohl erbauete Tempel und königliche Häuser, doch altfränkisch. Ihme gefiele auch die hohe Burg oder das Schloß mit ihren Festen, der köstliche Spital zu Unser Frauen. Florenz besichtiget er auch, er wunderte sich dieses Bistums, der künstlichen Zierde von den schönen Schwibbogen und Gewölben, des schönen gezierten Baumgarten zu Sankt Maria. Der Kirchen, so allda im Schloß liegt, mit schönen köstlichen Umgängen bekleidet, auch einen ganz aufgerichten marmelsteinen Turm, das Tor, dadurch man gehet, mit Glocken- oder Erzspeis gemacht, darinnen die Historien des Alten und Neuen Testaments gegraben. Die Gegend darum trägt guten Wein, auch kunstfertige Leut und Hantierung darinnen. Item Leon in Frankreich, zwischen zweien Bergen liegend und zweien Flussen umfangen, dabei ein Tempel

trefflicher Würdigkeit, daneben auch ein herrliche Säul mit
schönen gehauen Bildern. Von Leon wendt er sich gen Cölln,
am Rheinstrom gelegen, darin ist ein Stift, das Hohe Stift genannt, da die 3 König, so den Stern Christi gesucht, begraben
liegen. Als Doktor Faustus solchs sahe, sagt er: »O ihr gute
Männer, wie seid ihr so irr gereiset, da ihr sollt in Palästinam
gen Bethlehem in Judäa ziehen und seid hieher kommen«, oder
seid vielleicht nach euerm Tod ins Meer geworfen, in Rheinstrom geflößt und zu Cölln aufgefangen und allda begraben
worden.« Allda ist auch der Teufel zu Sankt Ursula mit den
11000 Jungfrauen. Sonderlich gefiel ihm da die Schönheit der
Weiber. Nit weit davon liegt die Stadt Ach, ein Stuhl des Kaisers. In dieser Stadt ist ein ganz marmelsteiner Tempel, so der
groß Kaiser Carolus soll gebaut haben und geordnet, daß alle
seine Nachkommen die Kron darinnen empfangen sollen. Von
Cölln und Ach begibt er sich wieder ins welsche Land gen
Genf, die Stadt zu besichtigen, welche ist ein Stadt in Saphoy,
liegt in der Gegend des Schweizerlands, ein schöne und große
Gewerbstadt, hat gute fruchtbare Weinwachs, und wohnt ein
Bischof da. Er kam auch gen Straßburg, und hat Doktor Faustus erfahren, warum es Straßburg genannt wird, nämlich von
viele der Wege, Eingäng und Straßen, davon sie den Namen
bekommen, hat allda ein Bistum. Von Straßburg kame er gen
Basel in Schweiz, da der Rhein schier mitten durch die Stadt
rinnet, und wie er von seinem Geist erfahren, soll diese Stadt
den Namen von einem Basilisken, so allda gewohnt, haben. Die
Maur ist mit Ziegelsteinen gemacht und mit tiefen Gräben gezieret. Es ist auch ein weit fruchtbar Land, da man noch viel
alte Gebäue siehet. Da ist auch eine Hohe Schul, und gefiel ihm
kein schöne Kirch darinnen, denn das Carthäuser Haus. Von
dannen kam er gen Costnitz, da ist ein schöne Brücken von
der Stadtpforten über den Rhein gemacht. »Dieser See«, sagt
der Geist zu Fausto, »ist 20000 Schritt lang und 15000 Schritt
breit. Diese Stadt hat von dem Constantino den Namen empfangen.« Von Costnitz gen Ulm, der Namen Ulma ist vom
Feldgewächs entsprungen, dahin die Donau fleußt. Aber durch
die Stadt geht ein Fluß, die Blau genannt, hat ein schöns Münster und Pfarrkirchen zu Sankt Maria, hat Anno 1377 angefangen ein zierlich, köstlich und künstlich Gebäu, dergleichen
kaum gesehen wird, darinnen sind 52 Altär und 52 Pfrunden,
so ist auch ein künstlich und köstlich Sakramenthaus darinnen.

Als nu Doktor Faustus von Ulm wieder umkehren und weiter wollt, sagte sein Geist zu ihm: »Mein Herr, sehet die Stadt an, wie Ihr wöllt; sie hat drei Grafschaften mit barem Geld an sich bracht und mit allen ihren Privilegien und Freiheiten erkauft.« Von Ulm aus, als er mit seinem Geist in die Höhe kam, sahe er von fernen viel Landschaften und Städte, darunter auch eine große Stadt und dabei ein großes und festes Schloß. Dahin begibt er sich, und war Würzburg, die bischofliche Hauptstadt in Franken, daneben der Fluß Main herfleußt. Da wächst guter, starker, wohlschmackender Wein, und sonsten von Getreide auch fruchtbar. In dieser Stadt hat es viel Orden, als Bettelorden, Benediktiner, Stephaner, Carthäuser, Johannser und Teutschen Orden. Item es hat allda drei carthäuserische Kirchen, ohn die bischofliche Domkirchen, 4 Bettelorden, 5 Frauenklöster und 2 Spital zu Sankt Maria, die dann am Tor ein wunderbarlich Gebäu hat. Doktor Faustus, als er die Stadt überall besichtiget, ist er zu Nachts in des Bischofs Schloß auch kommen, das allenthalben besehen und allerlei Proviant darinnen gefunden. Als er nu die Felsen besichtiget, sahe er ein Kapellen darinnen gehauen, und als er allerlei Wein versuchte, ist er wiederum davongefahren und gen Nürenberg kommen. Da sagt ihm der Geist unterwegen: »Fauste, wisse, daß Nürnberg der Name von Claudio Tiberio Nerone entspringt und von Nero Nürnberg genannt worden.« Darinnen sind zwei Pfarrkirchen, Sankt Seboldt, der da begraben liegt, und Sankt-Lorenz-Kirchen, darinnen hangt des Kaisers Zeichen, als der Mantel, Schwert, Zepter, Apfel und Kron des großen Kaisers Caroli. Es hat auch drinnen ein schönen uberguldten Brunnen, der schön Brunn genannt, so auf dem Markt steht. Darinnen ist oder soll sein der Speer, so Longinus Christo in die Seiten gestochen, und ein Stück vom heiligen Kreuz. Diese Stadt hat 528 Gassen, 116 Schöpfbrunnen, 4 großer und 2 kleiner Schlaguhrn, 6 großer Tor und 2 kleiner Törlin, 11 steinern Brücken, 12 Berge, 10 geordnete Märkt, 13 gemeiner Badstuben, 10 Kirchen, darin man predigt. In der Stadt hat es 68 Mühlräder, so das Wasser treibt, 132 Hauptmannschaft, 2 große Ringmaurn und tiefe Gräben, 380 Türme, 4 Basteien, 10 Apotheken, 68 Wächter, 24 Schützen oder Verräter, 9 Stadtknecht, 10 Doctores in jure und 14 in medicina. Von Nürnberg gen Augspurg, da er morgens frühe, als der Tag erst anbrach, hinkame, fraget er seinen Diener, wo Augspurg ihren Namen her habe. Er sprach: »Augspurg, die Stadt hat etliche Namen gehabt, dann sie erstlich, als sie erbauen, Vindelica genannt worden, darnach Zizaria, dann Eisenburg und endlich von Augusto Octaviano, dem Kaiser, Augusta genannt worden.« Und dieweil sie Doktor Faustus zuvor auch gesehen, ist er fürüber gefahren und sich begeben gen Regenspurg. Dieweil Doktor Faustus auch fürüber wollte reisen, sagt der Geist zu ihm: »Mein Herr Fauste, dieser Stadt hat man 7 Namen geben, als nämlich Regenspurg, den Namen, so sie noch hat, sonst Tiberia, Quadrata, Hyaspolis, Reginopolis, Imbripolis und Ratisbona: das ist [1. nach] Tiberius, Augusti Sohne, zum 2. die vierecket Stadt, zum 3. von wegen der groben Sprach der naheliegenden Nachbarschaft, zum 4. Germanos, Teutschen, zum 5. Königsburg, zum 6. Regenspurg, zum 7. von Flößen und Schiffen daselbsten. Diese Stadt ist fest, stark und wohl erbaut; bei ihr läuft die Donau, in welche bei 60 Flüß kommen, schier alle schiffreich. Da ist Anno 1115 ein künstliche, berühmte, gewelbte Brück aufgerichtet worden, wie auch ein Kirch, die zu rühmen ist, zu Sankt Remigien, ein künstlich Werk.« Doktor Faustus ist aber bald wieder fortgeruckt und [hat] sich nit lang da gesäumt. Allein hat er einen Diebstahl getan und einem Wirt Zum hohen Busch den Keller besucht, darnach sich gewendt und kommen gen München ins Bayerland, ein recht fürstlich Land. Die Stadt ist neu anzusehen mit schönen weiten Gassen und wohlgezierten Häusern. Von München aus gen Salzburg, ein bischofliche Stadt, im Bayerland liegend, welche auch anfangs etliche Namen gehabt. Diese Gegend hat Weiher, ebene Hügel, See, Berge, darvon sie Weidvögel und Wildbret bekommen. Von Salzburg gen Wien in Österreich. Dann er sahe die Stadt von ferne, und wie ihn der Geist bericht, soll nit bald ein älter Stadt gefunden werden und vom Flavio, dem Landvogt, also genennt sein. Diese Stadt hat einen großen weiten Graben mit einem Wall, hat auch im Umkreis der Maura 300 Schritt und [ist] wohl befestigt. Die Häuser sind gemeiniglich all gemalt, und neben der kaiserlichen Wohnung eine Hohe Schul ufgericht. Diese Stadt hat zur Oberkeit nur 18 Personen. Item man braucht zum Weinlesen 1200 Pferd. So hat diese Stadt auch weite ungegründete Keller, die Gassen mit harten Steinen, die Häuser mit lüstigen Gemachen und Stuben, weit an Stallungen und sonst mit allerlei Gezierden. Von Wien reiset er in die Höhe und siehet von der Höhe herab ein Stadt, die doch fern lag. Das war Prag, die Hauptstadt in Behem. Diese Stadt ist groß und in drei Teil geteilt, nämlich Alt-Prag, Neu-Prag und Klein-Prage. Klein-Prag aber begreift in sich die linke Seiten und der Berg, da der königliche Hof ist, auch Sankt Veit, die bischofliche Domkirchen. Alt-Prag liegt auf der Ebne, mit großen gewaltigen Gräben geziert. Aus dieser Stadt kommt man zur kleinen Stadt Prag über ein Brücken. Diese Brück hat 24 Schwibbogen. So ist die neu Stadt von der alten Stadt mit eim tiefen Graben abgesöndert, auch ringsum mit Mauren verwahrt. Daselbst ist das Collegium der Hohen Schule. Die Stadt ist mit einem Wall umfangen. Doktor Faustus reiset auf Mitternacht zu und siehet wieder ein andere Stadt. Und da er sich von einer Ebne herabließ, war es Cracaw, die Hauptstadt in Polen, eine schön und gelehrte Schul allda. Diese Stadt ist die königliche Wohnung in Polen und hat von Craco, dem polnischen Herzogen, den Namen empfangen. Diese Stadt ist mit hohen Türmen, auch mit Wällen und Gräben umfangen. Derselbigen Gräben sind etliche mit Fischwassern umgeben. Sie hat 7 Pforten und viel schöner großer Gottshäuser. Diese Gegend hat große mächtige hohe Felsen und Berge, drauf sich Doktor Faustus heruntergelassen, deren einer so hoch ist, daß man meinet, er halte den Himmel auf. Allda Doktor Faustus auch in die Stadt hat sehen können, hat also Doktor Faustus in dieser Stadt nit einkehret, sonder unsichtbar um die Stadt herumgefahren. Von diesem Hügel, darob Doktor Faustus etliche Tag geruhet, begibt er sich wieder in die Höhe gen Orient zu und reiset für viel Königreich, Städt und Landschaften, wandelte also auch auf dem Meer etliche Tage, da er nichts dann Himmel und Wasser sahe, und kame in Thraciam oder Griechenland, gen Constantinopel, die jetzund der Türk Teucros nennet, allda der türkische Kaiser hofhält, und vollbracht daselbst viel Abenteur, wie hernach etlich erzählt werden, so er dem türkischen Kaiser Solimanno zugefugt. Constantinopel hat ihren Namen von dem großen Kaiser Constantino. Diese Stadt ist mit weiten Zinnen, Türmen und Gebäuen aufgericht und geziert, daß man's wohl Neu-Rom mag nennen, und fleußt neben an beiden Orten das Meer. Diese Stadt hat 11 Pforten, 3 königliche Häuser oder Wohnungen. Doktor Faustus besahe etliche Tage des türkischen Kaisers Macht, Gewalt, Pracht und Hofhaltung, und auf einen Abend, als der türkische Kaiser über der Tafel saß und aße, macht ihm Doktor Faustus ein Affenspiel und Abenteur, denn in des türkischen Kaisers Saal herum gingen große Feuerstromen, daß ein jeglicher zulief zu löschen, indem hub es an zu donnern und blitzen. Er verzaubert auch den türkischen Kaiser so sehr, daß er weder aufstehen oder man ihn von dannen tragen konnt. Indem wurde der Saal so hell, als wann die Sonnen darinnen wohnete, und Doktor Fausti Geist trat in Gestalt, Zierde und Geschmuck eins Papsts für den Kaiser und spricht: »Gegrüßet seist du, Kaiser, der je so gewürdiget, daß ich, dein Mahomet, vor dir erscheine.« Mit solchen kurzen Worten verschwand er. Der Kaiser fiel nach dieser Bezauberung auf die Knie nieder, rüft also seinen Mahomet an, lobt und preist ihn, daß er ihn so gewürdiget und vor ihm erschienen wäre. Morgen am andern Tage fuhr Doktor Faustus in des Kaisers Schloß ein, darinnen er seine Weiber und Hurn hat und niemand daselbst innen wandeln darf als verschnittene Knaben, so dem Frauenzimmer aufwarten. Dieses Schloß verzauberte er mit einem solchen dikken Nebel, daß man nichts sehen kunnte. Doktor Faustus, wie auch vor sein Geist, nahmen solche Gestalt und Wesen an und gab sich vor den Mahomet aus, wohnet also 6 Tag in diesem Schloß, so war der Nebel so lang da, als lang er da wohnete. Wie auch der Türk diesmal sein Volk vermahnet, diese Zeit mit viel Zeremonien zu begehen. Doktor Faustus, der aß, trank, war gutes Muts, hatt seinen Wollust, und nachdem er solchs vollbracht, fuhre er im Ornat und Zierde eines Papsts in die Höhe, daß ihn männiglich sehen konnte. Als nun Doktor Faustus wiederum hinweg und der Nebel vergangen war, hat sich der Türk in das Schloß verfüget, seine Weiber gefordert und gefragt, wer allda gewesen wäre, daß das Schloß so lang mit einem Nebel umgeben gewest. Sie berichten ihn, es wäre der Gott Mahomet gewest und wie er zu Nacht die und die gefordert, sie beschlafen und gesaget, es wurde aus seinem Samen ein groß Volk und streitbare Helden entspringen. Der Türk nahm solchs für ein groß Geschenk an, daß er ihm seine Weiber beschlafen, fraget auch hierauf die Weiber, ob er auch eine gute Prob, als er sie beschlafen, bewiesen, ob es menschlicherweise wäre zugangen. Ja, antworteten sie, es wäre also zugangen. Er hätt sie geliebet, gehälset und wäre mit dem Werk wohl gestaffiert, sie wollten solches alle Tage annehmen. Zudeme so wäre er nackend bei ihnen geschlafen und in Gestalt eines Mannsbilds, allein sein Sprach hätten sie nit verstehen können. Die Priester beredten den Türken, er sollte es nit glauben, daß es der Mahomet wäre, sonder ein Gespenst. Die Weiber aber sagten: Es seie ein Gespenst oder nit, er hätte sich freundlich zu ihnen gehalten und zu Nacht einmal oder sechs und je mehr sein Prob meisterlich bewiesen und wäre in summa wohl gestaffiert etc. Solchs machte dem türkischen Kaiser viel Nachdenkens, daß er in großem Zweifel stunde. Doktor Faustus wendet sich gegen Mitternacht zu in die große Hauptstadt Alkair, die vormals Chayrum oder Memphis genannt worden, darinnen der ägyptische Soldan sein Schloß oder Hofhaltung hat. Da teilet sich der Fluß Nilus in Ägypten, ist der größte Fluß in der ganzen Welt, und so die Sonne im Krebs geht, so begeußt und befeuchtigt er das ganze Land Ägypten. Darnach wendet er sich wieder gegen Aufgang und Mitternacht wärts gen Ofen und Sabatz in Ungern. Ofen, diese Stadt ist und war die königliche Hauptstadt in Ungern. Dies ist ein fruchtbar Land, allda hat es Wasser, wann man Eisen darein senkt, so wird es zu Kupfer. Es hat Gruben allda von Gold, Silber und allerlei Metall. Die Stadt nennen die Ungern Start, welchs auf teutsch Ofen genannt, ein große Feste und mit einem trefflichen schönen Schloß gezieret. Von dannen wandte er sich gen Magdeburg und Lübeck in Sachsen. Magdenburg, ein bischoflicher Stuhl, in dieser Stadt ist der 6 Krüg einer aus Cana in Galiläa, darinnen Christus Wein aus Wasser machte. Lübeck ist auch ein bischoflicher Stuhl in Sachsen etc. Von Lübeck kam er in Düringen gen Erfurt, da ein Hohe Schul ist. Von Erfurt begibt er sich wiederum auf Wittemberg zu und kam also, da er anderhalb Jahr außen war, wieder heim und hatt also viel Landschaften gesehen, so nit alle zu beschreiben sind.

Am Aschermittwochen der rechten Fasnacht

Am Aschermittwochen der rechten Fasnacht, kamen die Studenten als berufen Gäste wiederum in Doktor Fausti Haus, da er ihnen ein herrlich Mahl gab und sie tapfer sangen, sprangen und alle Kurzweil trieben. Als nu die hohe Gläser und Becher herumgingen, hebt Doktor Faustus sein Gaukelspiel an, also daß sie in der Stuben allerlei Saitenspiel hörten und doch nit wissen kunnten, woher es kame. Dann sobald ein Instrument aufhörete, kam ein anders, da ein Orgel, dort ein Positiv, Lauten, Geigen, Zithern, Harpfen, Krummhörner, Posaunen,

Schwegel, Zwerchpfeifen, in summa, allerlei Instrumenta waren vorhanden. Indem huben die Gläser und Becher an zu hüpfen. Darnach nahme Doktor Faustus einen Hafen oder zehen, stellete die mitten in die Stuben, die huben alle an zu tanzen und aneinanderzustoßen, daß sie sich alle zertrümmerten und untereinander zerschmetterten, welches ein groß Gelächter am Tisch gabe. Bald hebt er ein ander Kurzweil an. Dann er ließ einen Gockel im Hof fangen, den stellt er auf den Tisch. Als er ihm nun zu trinken gab, hube er natürlich an zu pfeifen. Darnach hub er ein ander Kurzweil an, setzte ein Instrument auf den Tisch, da kam ein alter Aff in die Stuben, der machte viel schöner Tänze darauf. Als er nun solche Kurzweil triebe bis in die Nacht hinein, bat er die Studenten, sie wollten bei ihme bleiben und mit ihme zu Nacht essen. Er wollte ihnen ein Essen Vögel geben, hernach mit ihnen in der Mummerei gehen, welche sie ihme auch leichtlich bewilligten. Da nahme Doktor Faustus ein Stangen, reckte die für das Fenster hinaus, alsbald kamen allerlei Vögel dahergeflogen, und welche auf die Stangen saßen, die mußten bleiben. Da er nun ein guten Teil der Vögel gefangen hätte, halfen die Studenten ihme, dieselbigen würgen und ropfen. Das waren Lerchen, Krammatsvögel und vier Wildenten. Als sie nun abermals tapfer gezecht, seind sie miteinander in die Mummerei gangen. Doktor Faustus befahle, daß ein jeder ein weiß Hemd anziehen sollte und ihn alsdann machen lassen. Solches geschah. Als nun die Studenten einander ansahen, gedäuchte einen jeglichen, er hätte keinen Kopf, gingen also in etliche Häuser, darob die Leut sehr erschraken. Als nun die Herrn, bei welchen sie das Küchlein geholet, zu Tisch gesetzt, da hatten sie ihr Aussehen wiederum und kennete man sie darauf alsbald. Bald darnach veränderten sie sich wiederum und hatten natürliche Eselsköpf und Ohren. Das trieben sie bis in die Mitternacht hinein und zogen alsdann ein jeder wieder in sein Haus, machten auf diesen Tag ein End an der Fasnacht und gingen schlafen.

Am Weißen Sonntag von der bezauberten Helena

Am Weißen Sonntag kamen oftgemeldte Studenten unversehens wieder in Doktor Fausti Behausung zum Nachtessen, brachten ihr Essen und Trank mit sich, welche angenehme Gäst

waren. Als nu der Wein eininge, wurde am Tisch von schönen
Weibsbildern geredt. Da einer unter ihnen anfing, daß er kein
Weibsbild lieber sehen wollte dann die schöne Helenam aus
Graecia, derowegen die schöne Stadt Troja zugrund gangen
wäre; sie müßte schön gewest sein, dieweil sie ihrem Mann ge-
raubet worden und dagegen solche Empörung entstanden
wäre. Doktor Faustus antwortete: »Dieweil ihr dann so begierig seid, die schöne Gestalt der Königin Helenae, Menelai
Hausfrau, oder Tochter Tyndari und Ledae, Castoris und Pol-
lucis Schwester (welche die schönste in Graecia gewesen sein
solle) zu sehen, will ich euch dieselbige fürstellen, damit ihr
persönlich ihren Geist in Form und Gestalt, wie sie im Leben
gewesen, sehen sollet. Dergleichen ich auch Kaiser Carolo
Quinto auf sein Begehren mit Fürstellung Kaisers Alexandri
Magni und seiner Gemählin willfahrt habe.« Darauf verbote
Doktor Faustus, daß keiner nichts reden sollte noch vom Tisch
aufstehen oder sie zu empfahen anmaßen, und gehet zur Stuben
hinaus. Als er wieder hineingehet, folgete ihm die Königin Helena auf dem Fuß nach, so wunderschön, daß die Studenten
nit wußten, ob sie bei ihnen selbsten wären oder nit, so verwirrt
und inbrunstig waren sie. Diese Helena erschiene in einem
köstlichen schwarzen Purpurkleid, ihr Haar hatt sie herabhan-
gen, das schön, herrlich als Goldfarb schiene, auch so lang, daß
es ihr bis in die Kniebiegen hinabginge, mit schönen kohl-
schwarzen Augen, ein lieblich Angesicht, mit einem runden
Köpflein, ihre Lippen rot wie Kirschen, mit einem kleinen
Mündlein, einen Hals wie ein weißer Schwan, rote Bäcklin wie
ein Röslin, ein überaus schön gleißend Angesicht, ein länglichte
aufgerichte gerade Person. In summa, es war an ihr kein Untäd-
lin zu finden. Sie sahe sich allenthalben in der Stuben um mit
gar frechem und bübischem Gesicht, daß die Studenten gegen
ihr in Liebe entzündet waren, weil sie es aber für einen Geist
achteten, verginge ihnen solche Brunst leichtlich, und ginge
also Helena mit Doktor Fausto wiederum zur Stuben hinaus.
Als die Studenten solches alles gesehen, baten sie Doktor Faustum, er sollte ihnen so viel zu Gefallen tun und [sie] morgen
wiederum fürstellen, so wollten sie einen Maler mit sich bringen, der sollte sie abkonterfeiten, welches ihnen aber Doktor
Faustus abschlug und sagte, daß er ihren Geist nicht allezeit
erwecken könnte. Er wollte ihnen aber ein Konterfei davon
zukommen lassen, welches sie die Studenten abzeichnen

möchten lassen. Welches dann auch geschahe, und die Maler hernacher weit hin und wider schickten, dann es war ein sehr herrlich Gestalt eins Weibsbilds. Wer aber solches Gemäld dem Fausto abgerissen, hat man nicht erfahren können. Die Studenten aber, als sie zu Bett kommen, haben sie vor der Gestalt und Form, so sie sichtbarlich gesehen, nicht schlafen können. Hieraus dann zu sehen ist, daß der Teufel oft die Menschen in Lieb entzündet und verblendet, daß man ins Hurenleben gerät und hernacher nit leichtlich wiederum herauszubringen ist.

Von der Helena aus Griechenland, so dem Fausto Beiwohnung getan in seinem letzten Jahre

Damit nun der elende Faustus seines Fleisches Lüsten genugsam Raum gebe, fällt ihm zu Mitternacht, als er erwachte, in seinem 23. verloffenen Jahr die Helena aus Graecia, so er vormals den Studenten am Weißen Sonntag erweckt hatt, in Sinn. Derhalben er morgens seinen Geist anmahnet, er sollte ihm die Helenam darstellen, die seine Konkubina sein möchte, welches auch geschahe. Und diese Helena war ebenmäßiger Gestalt, wie er sie den Studenten erweckt hatt, mit lieblichem und holdseligem Anblicken. Als nun Doktor Faustus solches sahe, hat sie ihm sein Herz dermaßen gefangen, daß er mit ihr anhube zu buhlen und für sein Schlafweib bei sich behielt, die er so liebgewann, daß er schier kein Augenblick von ihr sein konnte. Ward also in dem letzten Jahr schwangers Leibs von ihme, gebar ihm einen Sohn, dessen sich Faustus heftig freuete und ihn Justum Faustum nennete. Dies Kind erzählt Doktor Fausto viel zukünftige Ding, so in allen Ländern sollten geschehen. Als er aber hernach um sein Leben kame, verschwanden zugleich mit ihm Mutter und Kind.

Doktor Fausti Weheklag, daß er noch in gutem Leben und jungen Tagen sterben müßte

Diese Traurigkeit bewegte Doktor Faustum, daß er seine Weheklag aufzeichnete, damit er's nicht vergessen möchte, und ist dies auch seiner geschriebenen Klag eine.
Ach, Fauste, du verwegenes und nicht wertes Herz, der du

deine Gesellschaft mit verführest in ein Urteil des Feuers, da
du wohl hättest die Seligkeit haben können, so du jetzunder
verlierst! Ach, Vernunft und freier Will, was zeihest du meine
Glieder, so nichts anders zu versehen ist dann Beraubung ihres
Lebens! Ach, ihr Glieder und du noch gesunder Leib, Vernunft
und Seel beklagen mich, dann ich hätte dir es zu geben oder
zu nehmen gehabt und mein Besserung mit dir befriedigt! Ach,
Lieb und Haß, warum seid ihr zugleich bei mir eingezogen,
nachdem ich euer Gesellschaft halb solche Pein erleiden muß?
Ach, Barmherzigkeit und Rach, aus was Ursach habt ihr mir
solchen Lohn und Schmach vergönnet? O Grimmigkeit und
Mitleiden, bin ich darum ein Mensch geschaffen, die Straf, so
ich bereit sehe, von mir selbsten zu erdulden? Ach, ach, Armer,
ist auch etwas in der Welt, so mir nicht widerstrebet? Ach, was
hilft mein Klagen.

FAUST IN DER LITERATUR UND AUF DER BÜHNE

1674	Das Faustbuch des Nikolaus Pfitzer.
1715	Im Wiener Kärntnertortheater spielt die Gesellschaft J. A. Stranitzkys ein Stück »Leben und Tod Doktor Faustus«.
1725	Das Faustbuch des »Christlich Meynenden«.
1730	Die Unternehmung Borosini und Sellier führt im Wiener Kärntnertortheater ein Ballett »D. Faust« auf.
1733	Gespräche im Reiche derer Toten zwischen dem ehemaligen Französischen General-Feld-Marschall Herzog Franz Heinrich von Luxemburg und Doktor Johann Fausten zweier weltbekannten Erzzauberer und Schwarzkünstler.
1746	Älteste datierbare Aufführung des Faustdramas als Puppenspiel in Hamburg. In der zweiten Hälfte des 18. Jahrhunderts gibt es dann unzählige Bühnenversionen des Faust als Drama, Puppenspiel, Ballett, Pantomime und schließlich auch als Oper.
1759	Lessings Schauspielfragment »Dr. Faust«.
1772/75	Entstehung von Goethes »Urfaust«.
1776	Maler Müller, Situation aus Fausts Leben in fünf Büchern. *Philosophischer Roman.*
1778	Maler Müller, Fausts Leben dramatisirt.
1790	Druck von Goethes »Faust. Ein Fragment«.
1791	Klinger, Fausts Leben, Thaten und Höllenfahrt.
1797	Julius Soden, Doktor Faust. Volksschauspiel.
1804	Chamisso, Faust. Ein Versuch.
1808	Druck von Goethes »Faust. Eine Tragödie«.
1814	Louis Spohr, Faust. Oper.
1815	August Klingemann, Faust. Ein Trauerspiel.
1816	Lord Byrons »Manfred« erscheint in London.
1826	Puschkin publiziert »Szene aus Faust«.
1828	Berlioz komponiert »8 Szenen aus Faust«.
1829	Erste öffentliche Aufführungen von Goethes »Faust. Erster Teil«.
1829	Grabbe, Don Juan und Faust.
1832	Erster Druck von Goethes »Faust. Zweiter Teil«. Holtei, Doktor Johann Faust. Melodrama. Wagner, Sieben Kompositionen zu Goethes Faust.
1835	Lenau, Faust. *Dramatisch-lyrische Verserzählung.* Gutzkow, Hamlet in Wittenberg.

1846	Berlioz, Fausts Verdammnis. Oratorium.
1847	Heine, Der Doktor Faust. Ein Tanzpoem.
1846/47	Druck mehrerer Puppenspiel-Versionen des Faust, herausgegeben von Karl Simrock und, in seiner Sammlung »Das Kloster«, von Johann Scheible.
1851	Robert Schumann komponiert Szenen aus Goethes Faust.
1856	Turgenjew, Faust. Eine Erzählung in Briefen.
1857	Liszt komponiert eine Faust-Symphonie.
1859	Gounods Oper »Faust« wird in Paris uraufgeführt.
1862	Fr. Th. Vischer, Faust, der Tragödie III. Teil. Von Deutobold Symbolyzetti Allegoriowitsch Mystifizinski.
1898	Spielhagen, Faustulus. Roman.
1908	Brjussow, Der Feuerengel. Roman.
1918	Lunatscharski, Faust und die Stadt. Drama.
1919	Avenarius, Faust. Ein Spiel.
1920	Busoni, Doktor Faust. Oper. Uraufführung 1925 in Dresden.
1926	Murnaus Faust-Film mit Gösta Ekmann, Emil Jannings und Camilla Horn.
1936	Uraufführung der Oper »Doktor Johannes Faust« von Hermann Reutter.
1940	Bulgakow schreibt den Roman »Der Meister und Margarita«.
1941/45	Valéry, Mon Faust.
1943/44	Else Lasker-Schüler, Ich und Ich. Schauspiel.
1947	Thomas Mann, Doktor Faustus. Das Leben des deutschen Tonsetzers Adrian Leverkühn, erzählt von einem Freunde.
1948	Werner Egk, Abraxas. Ballett.
1952	Hanns Eisler, Johann Faustus. Opernlibretto.
1962	Butor/Pousseur, Votre Faust. Fantaisie variable.
1963	Durrell, Ein irischer Faust. Mysterienspiel.
1967	Tommaso Landolfi, Faust 67. Komödie.
1968	Volker Braun, Hans Faust (Neufassung: Hinze und Kunze, 1973).
1969	A. P. Gütersloh, Die Fabel von der Freundschaft. Ein sokratischer Roman.
1973	Rainer Kirsch, Heinrich Schlaghands Höllenfahrt. Komödie.

3. Kapitel
Der Schwarzkünstler und Hexenmeister

Für die Theaterdirektoren und Kasperles der großen Bühnen gibt es freilich in der großen Zahl neuer Bearbeitungen des Faust eine nähere, zeitgemäßere Pflicht, nämlich jene, nicht immer ein Vierteljahrhundert dem Geschmacke und dem Genusse der Gebildeten nachzuhinken, sondern ihm überall mit Einsicht entgegenzukommen ... Sollte denn selbst ein schönes Fragment nicht mehr Interesse haben als ein ganzes Stück, das gar kein schönes Fragment enthält?

Achim von Arnim

Teufel:
Du mußt dich bequemen,
Auf mir Platz zu nehmen,
oder beim Stix:
Kriegst höllische Wix.
Verwandelt wirst du
In ein' magere Kuh.

Augsburger Puppenspiel

Szenen aus dem Geißelbrechtschen Puppenspiel:

Doktor Faust oder der grosse Nekromantist

Erster Auftritt

In einem Zimmer des Faust; sitzt an einem Tisch und blättert in einem Buche, nebst andern Büchern, die um ihn her liegen.

Faust: Ich suche in diesem Buche die Gelehrsamkeit und kann sie nicht finden! Ich mag alle Bücher durchwandern, so kann ich den Stein der Weisheit nicht finden! O wie unglücklich bist du, Faust: immer dacht ich, es müßte sich einmal das Blatt wenden, aber alles umsonst. Erst kürzlich habe ich ein Werk verfertiget, woran ich zwei volle Jahre mich müde gearbeitet habe, und an das Leipziger Collegium verkauft! Und welche Belohnung? vor eine solche zweijährige Mühe und Anstrengung? 30 Taler! – ein armer Taglöhner, ein Knecht, der am Pfluge arbeitet, bekommt auch 30 Taler des Jahrs, und ich, Professor zu Wittenberg, mit denen in einer Klasse? O Vaterland, Vaterland! so belohnst du meinen Fleiß, meine Mühe, meine durchwachten Nächte, die ich zugebracht habe, um die Theologie zu ergründen! Aber nein! bei den Himmel, ich will es nicht länger aufschieben, ich will mir alle Mühe geben, um in das Verborgne einen tiefen Blick zu machen, und die Natur zu ergründen. Wer wird mich schützen vor Kälte? wenn heute oder morgen die morsche Hütte über meinem Haupte zusammenfällt? Wer wird mich kleiden, wenn dieser Rock zerrissen ist? Und noch dazu dringende Schuldner, die mir drohen, mich heute oder morgen ins Gefängnis zu werfen, wenn ich sie nicht befriedige und bezahlen kann! Ich habe alles genossen, und alles ist ein erbärmliches Possenspiel, so schnell zum Lachen als zum Weinen. O Schicksal! zeige mir auf dieser Welt einen einzigen weisen, tugendhaften Mann, und ich will ihm auf den Knien nachfolgen; aber auf dieser Marionettenwelt, wo sichs nicht der Mühe lohnt, den Draht zu ziehen, verachte ich alles. Weg mit dem mikrologischen Geschwätz, es ist weiter nichts als eine Zerfetzung der Leidenschaften, fort mit dem ganzen Plunder ins Feuer, mit dem ich nicht einmal meine tägliche Nahrung erwerben kann, nur du, o liebe Nekromantie, bist mir allein willkommen!

WAGNER: Bube! was machst du da für einen Lärm? auf meinen Herrn seinen Zimmer?

KASPER: Du Lumpenhund, heiß mich keinen Buben, denn ich habe mehr Haare auf meinem Bart als du.

WAGNER: Wer bist du? Wo kommst du her? Oder wo willst du hin?

KASPER: B'rrr! frag mich nicht so viel auf einmal.

WAGNER: Wo bist du her?

KASPER: Ja das weiß ich selber nicht!

WAGNER: Wer war denn dein Vater?

KASPER: Mein Vater! Das war ein Mann.

WAGNER: Konnte er denn eine Profession?

KASPER: Das versteht sich! er war, wart, wart ein bischen! nun hab ichs doch wieder vergessen! es schneidert sich.

WAGNER: Nun! vielleicht ein Schneider?

KASPER: A! was! es schneidert sich, a, a!

WAGNER: Ein Pelzschneider! vielleicht?

KASPER: Nichts da, kein Pelzschneider.

WAGNER: Oder ein Hosenschneider?

KASPER: Nichts Hosenschneider, verstehe mich, es war halt so ein Mann, er ging auf die Jahrmärkte, und wenn er weiter nichts erwünschen konnte, so nahm er mit ein paar Schnupftüchern vorlieb.

WAGNER: Das ist ja entsetzlich, das nennt man einen Beutelschneider. Was war denn deine Mutter?

KASPER: Meine Mutter! die ist lebendigen Leibes mit zehn Klaftern Holz gen Himmel geflogen.

WAGNER: Wie so! Wie ist denn möglich?

KASPER: Sieh! die Leute haben gesagt, sie wäre eine Hexe gewesen, da wurde ein hoher Haufen Holz aufeinander gesetzt, und meine Mutter oben drauf gebunden, und das Holz unten angezündet, und die Tambours und Pfeifer die machten ein Lärmen, es war zum Totlachen.

WAGNER: Da ist ja unerhört, und dein Bruder?

KASPER: Mein Bruder! das war ein komischer Kerl, wenn er des Morgens mit zwei Pferden ausfuhr, kam er des Abends mit vier wieder.

WAGNER: Das kommt ja immer schrecklicher, und deine Schwester?

KASPER: Meine Schwester, die ist in der Stadt und bügelt Manschetten, und verdiente etwas Kleingeld, nach dem Trommelschlage.

WAGNER: Mit einem Wort, leben deine Eltern noch?

KASPER: Ja, die leben noch, sie sind aber gestorben.

WAGNER: Nicht wahr, mein Freund, du bist gewiß jetzt herrenlos?

KASPER: O du dummer Teufel, ich höre gewiß besser als du.

WAGNER: Du verstehst mich nicht recht, ob du einen Herren suchst?

KASPER: Richtig! richtig, entweder such ich einen Herrn, oder ein Herr sucht mich, eins von den beiden.

WAGNER: Wenn du willst, so kannst du gleich Dienste bei meinem Herrn nehmen.

KASPER: Wer ist denn dein Herr?

WAGNER: Mein Herr ist ein Professor.

KASPER: Was? ein Brotfresser? der bin ich auch.

WAGNER: Ei, ei! du verstehst mich nicht recht, ein Professor ist so viel als ein Gelehrter.

KASPER: O! ausleeren kann ich auch, alle Gläser, wenn was drin ist.

WAGNER: Also du kannst lesen und schreiben?

KASPER: Ja schreiben kann ich wie ein Jurist, wenn ichs aber geschrieben habe, kann's kein Teufel lesen. Aber sag mir einmal, wer bist denn du?

WAGNER: Ich bin ein Famulus!

KASPER: Hab ich mein Lebtag so was gehört, das ein Brotfresser einen Hammelochs braucht.

WAGNER: Ei, ei, du verstehst mich wieder nicht recht, ein Famulus ist so viel als ein Schreiber.

KASPER: Sag mir doch, wie heißt denn dein Herr?

WAGNER: Mein Herr heißt Doktor Johann Faust.

KASPER: Pfui Teufel, das ist mir ein grober Namen, auf die Faust werde ich mein Lebtag denken.

WAGNER: Wie so?

KASPER: Sieh! ich habe einmal eins mit der Faust auf die Nase gekriegt, daß mir die Zähne im Maul gewackelt haben.

WAGNER: Das ist bei uns der Fall nicht.

KASPER: Und wie heißt denn du?

WAGNER: Ich heiße Wagner!

KASPER: Pfui Teufel! du bist noch zehnmal grober als dein Herr.

WAGNER: Und nun, warum denn?

KASPER: Schau! ich war einmal bei einem Wagner in der Kost, und der Kerl hat mir lauter Hobelspähne statt Salat zu fressen gegeben.

Aria des Kasper

Den Teufel verschreib ich mich nicht,
Das wär gegen Gewissen und Pflicht,
Denn durch das abscheuliche Geld
Wird mancher so greulich geprellt.

Was nützt mir denn Reichtum und Ehr,
Wenn ich schon beim Teufel da wär',
Und müßte beim Becher voll Wein
Den Teufel sein Brüderchen sein.

Jetzt leb ich vergnügt bei den Schmaus!
Und lache den Teufel brav aus,
Und bleibe ein ehrlicher Mann,
Dann sieht mich kein Teufel mehr an.

Faust und Wagner. Unvollendetes Aquarell von Menzel

D. Faust

Wien, Kärntnertortheater. Unternehmung
Borosini und Sellier.

Heute Samstag, den 9. Juni 1730
zum Erstenmal

Wird in dem von Ihrer Röm. Kaiserl. und Königl. Cathol. Majest. privilegierten Theatro bei dem Kärntner-Tor aufgeführt
werden:
Der
Nach deutscher Komödien=
Engelländischer Pantomimen=
und Italienischer Musik-Art
Eingerichtete
D. Faust

NB. In einer besonderen, auf dergleichen Weise noch niemals dahier aufgeführten, und wegen ihrer vielfältigen Maschinen und unvergleichlichen Auszierung extra Sehenswürdigen Aktion.

Actus I.

Scena I.

Die Schau-Bühne zeiget gleich anfangs ein Kabinett des Fausti, welcher in seinen unruhigen und zweifelhaften Gedanken ein musikalisches Rezitativ und Aria singet, es findet sich bei ihm ein Mephistophiles, ein höllischer Geist, der dem Faust alle irdische Glückseligkeit verspricht, auch sich verbindlich machet demselben die schönste Weibs-Personen aus allen vier Teilen der Welt sehen zu lassen, woferne er sich ihme zu verschreiben entschlossen wäre, Faust bezeiget hierzu keine Lust, weswegen Mephistophiles ihme der Verschreibung entlasset, doch solle er sich in Obacht nehmen, daß er nichts ihme unanständiges begehe, widrigenfalls wäre seine Seele so viel als verloren, und ihme Mephistophiles zugehörig, Faust unterlieget seinem sträflichen Vorwitz, und gehet den Vorschlag ein, schließen es sodann mit einem Duetto, und verändert sich das Theater in

Scena II.

Garten mit gedeckten Tafeln, nebst Spring-Brunnen von allerhand Sorten Weins, und Teufeln, so zu Tisch dienen.
Ein Franzos, ein Türk, ein Pollack, ein Persianer und ein Deutscher, jeglicher mit einem Weibs-Bild seiner Nation, essen und
trinken lustig bei denen gemelten Tafeln, und ergötzen sich
durch Gesänge in unterschiedlichen Sprachen: Faust wird von
Mephistophiles an diesen Ort gebracht, und durch stumme
seinem Gefallen auszuwählen, setzen sich auch beide zu Tisch
und singen, Faust fanget nachmals an mit der, so ihm am besten gefallen, zu tanzen, worinnen ihm die andern gleichfalls
nachfolgen, und sammentlich einen Ballett formieren, hernach
in größter Lustbarkeit sich hinweg begeben.

Scena III.   *Eine Gegend bei dem Haus des Fausti.*

Pronomen und Adverbium, zwei Scholaren des Fausts, beklagen, daß sie denselben nicht zu Haus angetroffen, Periodos und
Apostrophe als gleichfalls Schüler von ihme kommen zu obi-
gen, und sind aus gleicher Ursach im Gegenteil erfreuet, weil
sie dadurch Gelegenheit erlangen, sich rechtschaffen lustig zu
machen. Die ersteren widersprechen denen letzteren, und werfen ihnen vor, daß sie, als die da keine Lust zum Studieren hätten, unwürdig wären den Faust zum Lehrmeister zu haben, zu
diesem ihrem Wortstreit gesellen sich vier Geister in menschlicher Gestalt, so unter ihnen Fried machen wollen, nachdem
sie von beiden Seiten die Raisons angehöret, wird beschlossen,
daß Faust selbsten hierinnen Richter sein solle, dessen Aufent-
halt aber seine Discipul ihnen unwissend zu sein vermelden,
wogegen ihnen die Geister die Offerte machen, sie nach ihrem
Meister hinzubringen, wessen die Schüler wohl zufrieden sind,
worauf sobald alle durch die Luft hinweg fliegen.

Scena IV.

Colombina in der Gesellschaft des Hanns-Wursts, verlanget
von demselben zu wissen, wo sein Herr, der Faust sei? Hanns-
Wurst meldet: er suche ihn schon ein paar Stunden lang vergebens, fragt aber anbei, was sie seinen Herrn so eifrig nachzufor-
schen bewege? Wogegen Colombina des Fausts widerspenstige
Bezeugung gegen Angiola, die ihn doch so herzlich liebe, be-

schreibet, Hanns-Wurst saget, daß ein Gegenliebe von Faust nicht zu hoffen sei, als der da dem Studio allein sich ergebe, nach einigen Diskurs entdecket endlich Colombina auch ihre Neigung, so sie zu Hanns-Wurst traget, wird aber von diesem verachtet, weilen er sich allein dem Kuchel-Studio gewidmet habe, über welche Verschmähung Colombina ganz entrüstet sich zu rächen schwöret, und ihn verläßt. Hanns-Wurst wird von dem zu ihm kommenden Belzebub befragt, warum er sich gegen Colombina so grausam bezeuge? darauf Hanns-Wurst antwortet, daß er in Verachtung der Liebe seinen Herrn nachfolgen wolle, wogegen ihme Belzebub bedeutet, daß derselbe sich bereits der Liebe ergeben habe, weswegen er gleichfalls dem nachkommen müsse. Colombina, welche wiederum zurück kommet, erschrickt ob dem Anblick des Belzebub. Hanns-Wurst sagt, daß sie sich vor demselben als ihren Vorsprecher nichts zu fürchten haben, als der bereits den Handel zu ihrem Vorteil gewonnen habe, indem er gesinnet sei, sie nunmehro zu lieben, Colombina schöpfet hierob Mut, und will dem Hanns-Wurst die Hand reichen, Belzebub aber verwandelt sich augenblicklich in einen schönen Jüngling, und bringet hierdurch die Liebe der Colombina von Hanns-Wurst auf sich selbst, worüber dieser mit beiden in Disput gerät, der Geist aber nimmt seine Liebste in Arm, und flieget mit ihr in der Luft davon, welches Hanns-Wurst mit heftiger Entrüstung und Desperation ansehen muß. Eine Hexe, welche ihn in dieser Verwirrung findet, bietet ihme gegen seine Liebe zu ihr Hilfe an, sich an Belzebub zu rächen, worin Hanns-Wurst bewilliget, und samt ihr unter die Erd versinket.

Scena V.

Hier siehet man ein grünes Feld, mit einer Hütte zur Seite, in Mitte aber einen Opfertisch, ein Müller und dessen Braut erscheinen mit dem Gefolg ihrer Freunde und vieler Hirten, und wird unter dem Klang verschiedener bäurischen Musik-Instrumenten die Verlöbnis zu sehen sein, welche mit einem Ballett sich endet. Faust und Mephistophiles kommen dazu, deren erster sich auf des Geists Anstiften unter dem Tanz mischet, und während dessen die Müllerin hinweg traget, der Müller und die anderen Bauern werden dieses Raubs sodann gewahr, und suchen die Braut, ohne sie zu finden mit großer Bestürzung, worüber der Müller in einen Tanz seine Verzweiflung zu erkennen gibt, auch durch unterschiedliche Anstellungen, bald sich zu erhenken, bald mit einem Messer zu erstechen gedenket, woran er aber jedesmal durch die anderen Bauern verhindert wird, welche ihn endlich gar binden, und also hinweg tragen, womit sich der erste Actus endiget.

Actus Secundus.

Scena I.

Hier wird durch ein neues und extra curieuses Theater eine Mühle vorgestellet.
Faust repräsentieret sich samt der Müllerin an einem Fenster, singet derselben mit Accompagnierung einer Chitara eine Aria von seiner Liebe, zu ihrer Belustigung vor, der Müller, welcher dazu kommt, ersieht inmitten seiner Schwermütigkeit den Faust bei seiner Braut, wessentwegen er eilfertig über die Stiegen der Mühle hinauf laufet, Faust aber bei dessen Gewahrwerden klettert vor dem Zimmer nach dem Boden-Fenster, wohin ihn der Müller auf gleiche Weise verfolget, Faust machet sich von dorten auf das Dach, der Müller aber klettert ihme auch dahin nach, wessentwegen sich der erste über das Rad der Mühle herunter auf die Erde lasset, darum der Müller ein gleiches zu tun gedenkt, wird selber mitten auf dem Mühlrad durch des Faustes Verordnung auf eine sonderbare Art herumgedrehet, in welcher Zeit Faust in die Mühle gehet und die Müllerin an der Hand heraus führend, nach einem Ballett, welches die Verachtung des Müllers andeutet, selbe hinweg führet, nachdem nun der Müller von dem still-gestandenen Mühlrad gestiegen, gedenket er sie einzuholen, wird aber teils von dem überkommenen Schwindel daran verhindert, teils auch von denen aus der Mühle heraus tanzenden Säcken aufgehalten, und so stark umgeben, daß er sich nicht von der Stell bewegen kann, wie er nun diese Säck eröffnet, kommen aus solchen Teufel und Ungeheuer heraus, wodurch er erschrocken, in Ohnmacht fallet, auf diesen Tumult laufen andere Müller zu seiner Hilfe herbei, welchen er nach seiner Erholung auf pantomimische Art seinen Zufall erzählet, und begeben sich alle weinend hinweg.

Scena II.

Pronomen und Adverbium schlagen sich mit Periodo und Apostrophe, wegen ihrer gehabten Begebenheit wacker herum, inzwischen aber sie sich die Köpfers zerzausen, kommet eine Hex, welche sie heisset Ruhe geben, so aber von ihnen mit Verspottung beachtet wird, wessentwegen sie zur Straf ihrer Verachtung, kraft ihres Stabs, vier Teufel erscheinen lasset, welche die anderen vier an so viele Steine anschmieden. Die Schüler sprechen in ihrer Not die Hexe um Rettung an, welche ihnen selbe verspricht, soferne einer aus ihnen ihr Mann werden wolle, die anderen ob diesem Vorschlag erschrocken, weigern sich dieses einzugehen. Hanns-Wurst, welcher dazu kommet, suchet die Schüler selbsten dazu zu bereden, damit nämlichen er nicht gehalten wäre, sie zu nehmen, nach einigen Disputieren verzaubert die Hexe den Hanns-Wurst inmitten des Theatri, und begibt sich unter vielen Drohungen hinweg.

Scena III.

Faust, welcher vernimmt, wie sich seine vier Lehrjünger über ihren Zufall beklagen, schlaget mit dem Stab, worauf die andere sich sogleich frei befinden, die Steine sich aber sich in vier Nymphen verwandeln, welche um sie herum einen Ballett formieren, als sich nun die anderen hierüber annoch verwundern, fanget es an aus der Luft Flaschen mit Wein, Bratwürste, Brot, Käs etc. zu regnen. Hanns-Wurst machet sich in der Compagnie lustig mit Essen und Trinken, berauschen sich sammentlich, und scheiden mit unterschiedlichen lächerlichen Gebärden ab.

Scena IV.

Faust in einem schwarz möblierten Zimmer, fanget an in sich zu gehen. Mephistophiles, welcher dieses erblicket, suchet denselben auf allerhand Weise hierinnen irre zu machen, und statt dessen eine Unterhaltung zu verschaffen, so ihme aber nicht gelingen will, weilen Faust in seinem gefaßten Entschluß fest zu verharren gedenket, es erscheinet auch eine Deutsche, welche ihre Liebreizungen bei ihme anzubringen gedenket, und durch ihr verliebtes Gesang ihne zur Liebe zu persuadieren suchet, so ihr aber nicht gelinget; hierauf folget eine Französin, so ein gleiches Probstück machet, aber abgewiesen wird; nach dieser eine Florentinerin, so sich ebenfalls umsonst bemühet; sodann eine Venezianerin, welche Faust mit gleicher Standhaftigkeit empfangen; endlichen kommet die Müllerin, welche ihn durch ihre Anlockungen sie zu lieben beweget, er umarmet dieselbe, und gehen nach einem lustigen Ballett mit ihr ab. Mephistophiles freuet sich seines Sieges, und es erscheinen zu allen Seiten des Theatri sowohl, als aus der Luft Monstra, Hexen und Geister, welche durch Tanzen die Freude und das Vergnügen über den durch des Mephistophiles Versuchung bestrickten und besiegten Faust bezeigen.

Actus Tertius.

Scena I.

Hanns-Wurst flieht vor Colombina, welche ihn mit einem Dolch verfolget, und entweder Liebe, oder Tod zu erwählen heisset: Hanns-Wurst versaget ihr die Liebe, und weiset sie an den, welcher sie in seiner Gegenwart umarmet haben, Colombina über diese Weigerung entrüstet, will ihm einen Stoß beibringen, wird aber hieran von Angiola verhindert, welche ihr gebietet, seiner zu schonen, sofern er verspreche, ihr bei dem Faust gute Dienste zu leisten. Hanns-Wurst hat schlechte Lust einen Kuppler abzugeben, wird aber von Angiola und Colombina bedrohet, wessentwegen er endlich, um sich den Grimm dieser Weibs-Bilder zu entziehen, verspricht der Angiola beizustehen, und die Colombina zu lieben, worauf sich alle nach des Fausts Zimmer verfügen.

Scena II.

Faust und die Müllerin in einem schönen Zimmer schlafen auf zwei Sesseln. Mephistophiles bezeiget mehrmalen die Freude seines gelungenen Anschlags durch Springen und Tanzen. Angiola und Colombina werden von Hanns-Wurst in das Zimmer geführet, deren die erste bei Erblickung des Fausts neben der Müllerin in Eifersucht gerät, und ihre Mitbuhlerin zu ermorden resolvieret. Colombina und Hanns-Wurst halten sie zurück. Mephistophiles aber suchet sie zu persuadieren, und nach einigen Wortwechseln will Angiola die Müllerin wirklich erstechen, die aber erwacht, und mit großen Schrecken die Flucht nimmet, die anderen folgen ihr ungesaumet auf dem Fuß nach. Faust ermuntert sich mit Verwunderung die Müllerin nicht mehr zu sehen, dessen ängstige, aber vergebliche Nachsuchung beginnet sodann Unruh zu vermerken, und höret einen dassel von Ketten, entsetzet sich, und will die Flucht höllischen Zimmer aber verwandelt sich augenblicklich in

Schlund, mit Ungeheuern und Gespenstern auf allen Seiten, welche ihn umgeben, Faust hat nach der Musik seinen Streit mit denen Teufeln, welche ihn in die Flammen stürzen, und nach dessen Weheklagen und Verzweiflung über sein unglückliches End, endet sich zugleich diese sonderbare sehenswürdige Vorstellung.

Ankündigung einer Maschinenkomödie:

IN DOCTRINA INTERITUS Oder: DAS LASTERVOLLE LEBEN, UND ERSCHRÖCKLICHE ENDE DES WELTBERÜHMTEN UND JEDERMÄNNIGLICH BEKANNTEN ERZZAUBERERS DOCTORIS JOANNIS FAUSTI. Frankfurt a. Main, Truppe des Joseph Felix von Kurz. 1767

Mit gnädigster Bewilligung eines Hochedlen und Hochweisen Magistrats der Kayserl. Wahl-Freien Reichs- und Handel-Stadt Frankfurt wird heute unter der Direktion des Herrn Josephs von Kurz als Entrepreneur die neuerbaute Schaubühne eröffnet, und auf derselben aufführen: Eine zwar uralte, weltbekannte, auch zum öftern vorgestellte, und auf verschiedene Art schon geschene große Maschinen-Komödie. Welche aber von uns heute auf solche Art soll aufgeführt werden, daß es solchergestalten wohl schwerlich von anderen Gesellschaften wird sein gesehen worden; genannt: In doctrina interitus Oder: Das lastervolle Leben, und erschröckliche Ende des Weltberühmten und jedermänniglich bekannten Erzzauberers Doctoris Joannis Fausti Professoris Theologie Wittenbergensis. Nach dem Sinnspruch: Multi de stygia sine fronte palude jocantur. Sed vereor fiat, ne jocus iste focus. Das ist: Viel pflegen von der Höll nur ein Gespött zu machen / Bis sich in Weinen kehrt ihr boshaft freches Lachen. Mit Crispin Einem Excludierten Studenten-Famulo, von Geistern übel vexierter Reisender, geplagten Kameraden des Mephistopheles, unglücklichen Luftfahrer, lächerlichen Bezahler seiner Schuldner, natürlichen Hexenmei-
st. und närrischen Nachtwächter. Hier folgen die besonderen
Auszü-
1. Faustungen, Maschinen, Verwandlungen und Vorstellungen.
dium The hrte Dissertation in seinem Musaeo, ob das Stu-
2. Fausti meiтом oder Nicromaticum zu erwählen.
ige Conjuration bei Nachtzeit in einem

dunklen Wald, wobei verschiedene Höllische Ungeheuer, Geister, Furien und unter diesen Mephistopheles bei Donner und Blitz erscheinen.

3. Crispin hat in dem Zauberkreis lächerliche Possen mit denen Geistern.

4. Fausts besonderer Kontrakt mit der Hölle, welchen ein Rab aus der Luft abholet.

5. Crispin, aus Vorwitz, schlägt ein Buch in des Dr. Fausts Bibliothek auf, aus welchem kleine Teufel herauskommen.

6. Fausts Reise mit Mephistopheles durch die Luft.

7. Crispin erhält von Mephistopheles einen feurigen Goldregen.

8. Faust repräsentiert an dem Hofe des Herzogs von Parma verschiedene sehenswürdige Vorstellungen aus der biblischen und Profanhistorie, als nämlich 1. Wie Judith dem Holofernes im Bett in seinem Gezelt das Haupt abschlägt. 2. Wie Delia dem starken Simson seine Haarlocken beraubet, und die Philister über Simson siegen. 3. Die Marter des Titius, dem die Raben das Eingeweide aus dem Leib fressen. 4. Das Lager des Goliath, welcher von dem kleinen David mit einem Stein aus der Schleuder überwunden wird. 5. Die Zerstörung Jerusalems, welche gewiß gut in die Augen fallen soll.

9. Wird Faustus sich mit den Hofräten vom Fürsten von Parma belustigen und einem Hörner auf den Kopf zaubern.

10. Zeiget sich ein Freihof oder Begräbnisort mit vielen Epitaphiis, und Grabinschriften. Faust will die Gebeine seines verstorbenen Vaters aus der Erde graben, und zu seiner Zauberei mißbrauchen, wird aber von dessen erscheinendem Geist zur Buße vermahnet.

11. Faust bekehret sich, wird aber von Mephistopheles durch verschiedene Blendwerke abermals verführet, wobei sich der traurige Begräbnisort in einen lustvollen Garten verwandelt.

12. Faust erkennet zu spät den höllischen Betrug, wobei sich der angenehme Lustgarten in die offene Hölle verwandelt, und der verzweifelte Faust von denen Furien nach einer gebundenen Verzweiflungsrede unter Donner und Blitz zur Hölle abgeholt wird.

13. Wird ein Ballet von Furien.

14. Wird Faustus von Mephistopheles unter einem Feuerwerk in den Höllenrachen gezogen.

61

15. Machet ein großes Feuerwerk ein Ende.

Die Plätze sind wie gewöhnlich in ihrem Preis. Und der Anfang ist mit dem Schlag 6 Uhr. NB. Auf das Theater wird niemand, weder bei der Probe, noch während dem Schauspiel mit, oder ohne Geld gelassen.

Hans Burgkmair, Unterweisung in der Magie (Aus dem ›Weißkunig‹)

Ludwig Achim von Arnim WAGNERS TEUFELSBESCHWÖRUNG

Übrigens mögen sich solche leichtsinnige Teufelsbeschwörer vor dem Schicksale Christoph Wagners (dessen Leben und Taten, Berlin 1714) in acht nehmen, der seinem Meister Faust wohl etwas, aber nicht das Rechte, von der Beschwörungskunst abgelernt hatte, so daß ihm die Geister von ganz andern Namen und in anderer Manier erschienen, als er erwartet hatte. Wie es nun lange gebrauset, und er in solchen Nöten gesteckt hatte, hörte er eine Stimme, die sprach zu ihm: »Was begehrst du?« – Wagner antwortete zitterlich: daß du mir dienest. – Der Geist sprach: »Ich bin ein Fürst in Mitternacht und habe eine Legion Geister mitgebracht mit Laternen, um den aufzufinden, dem ich dienen soll.« – Hier bin ich, sagte Wagner, und heiße Christoph Wagner, wie heißt denn du? – Er sprach: »Mein Name ist Abadon.« Da erschrak Wagner und merkte bald, daß es nicht der rechte wäre, und dachte bei sich selber, wie er seiner wiederum möchte los werden, und fragte den Geist weiter, ob er nicht die Gefälligkeit haben wollte wegzugehen, wenn er ihm nicht dienen wollte. Da hörte er keine Antwort. – Die Geister verschwanden vor ihm allgemach, und er wartete, bis die Sonne aufging und wollte aus dem Kreise schreiten; aber wie er den ersten Fuß hinaussetzte, so hieb ihm ein Geist denselben halb mit den Zehen hinweg. Christoph Wagner erschrak und zuckte den Fuß in den Kreis zurück, aber der Zehen blieb draußen liegen. Er blieb nun im Kreise, setzte sich nieder, verband seinen Fuß mit einem Tüchlein und dem Wachs, so von der Kerze übrig geblieben war. Im Niedersetzen aber legte er das Schwert hinter sich, also daß die Hälfte über den Zirkel hinausging, und wenn er es angreifen wollte, fiel das Vorderteil, das außerhalb gelegen, schwarz wie Kohle und auch so zerreiblich herunter. Darüber erschrak Wagner, und meinte, daß er im Kreise sterben müsse, und saß da bis zum dritten Tage. Unterdessen ward Faust die Weile lang, daß sein getreuer Diener nicht zu ihm kam, er befragte seinen Geist Mephistophiles und der antwortete lächelnd: er hat gekünstelt aus Vorwitz, und wenn du ihm nicht zu Hilfe kommst, wirst du ihn immer suchen, er liegt auf deinem Gute in der Scheune. Da eilte Faust in seiner Kutsche dahin, denn er hatte sich auf seinem fliegenden Pferde oder Pegasus durchgeritten, und als er von ferne kam, fragte er den Kutscher: »Was siehst du auf der Scheune?« – Der antwortete, ich sehe mehr als tausend Raben. Faust sprach: »Bleib hier und laß dich's nicht irren«, – stieg ab und ging zur Scheune. Da lag Wagner mehr als zur Hälfte tot im Zirkel und hatte beide Beine eingezogen. Er schrie ihm zu: »Christoph höre! sprich mir nach«, und Wagner sagte: Ja, mein Herr! und sagte die Beschwörung des Fausts her, indem er den Stumpfen seines Beins mit der einen und den Stumpfen seines Schwertes mit der andern Hand hielt. Da verloren sich die Geister haufenweis und Wagner hinkte friedlich aus dem Zirkel, und Faust erquickte ihn mit Essig und Galle, die er ihm in den Mund gab, und hob ihn in seine Kutsche, und fuhr ihn heim. Also geriet dem Wagner sein erstes Meisterstück sehr übel, was jedermann zur Warnung dienen mag, daß man den Teufel nicht anrufen, oder an die Wand malen soll, es sei denn, daß man zu seiner Partei gehöre oder ihn sehr notwendig brauche.

WAGNER: Ach wohl mir, ich lebe ganz wieder auf. Lieber Faust, wie werde ich aber fortkommen, sieh hier eine Wunde, ich glaube alle Adern sind durchschnitten, und ich werde wohl zeitlebens einen lahmen Fuß behalten.

FAUST: Wagner, Wagner, wenn ich nicht zu deiner Hilfe herzu geeilt wäre? Wie weit hätte dich deine Unvorsichtigkeit bringen können, ich will Rat und Hilfe schaffen, harre meiner.

Leben, Taten und Höllenfahrt Wagners. Wien 1799

4. Kapitel

Faust, eine Leitfigur der Grenzüberschreitung

Ich will nun werden, was Agrippa war,
Des Namen ganz Europa noch verehrt.

Marlowe, Doktor Faustus

Allerdings konzentriert sich jetzt die Weitergabe der
Nachrichten auf das geheimnisvolle und magische
Treiben Fausts, das, allmählich vergrößert und
übertrieben, das Wunschbild eines Menschen entstehen läßt, der sich über die Misere der Zeit erheben
kann.

Hans Henning

Die Wut des Löwen brüllt aus mir, und wenn sich
unter meinem Fuß die Hölle öffnet – ich springe über
die Grenzen der Menschheit.

F. M. Klinger, Fausts Leben, Taten und Höllenfahrt

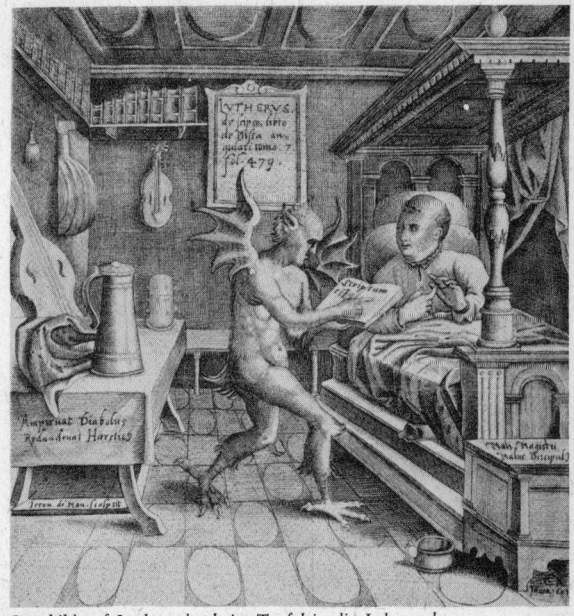

Spottbild auf Luther, der beim Teufel in die Lehre geht

Der Drang zum Jetzt und Da ist nie auf den eigenen, inneren
Ort beschränkt. Er wird nur dort zuerst empfunden, auch ge-
löst, aber so, daß erst recht alles Draußen in dieser Nähe gesammelt und angerichtet werden soll. Dies eint die Figuren der Unruhe, sobald sie nur Raum um sich schlagen und haben. Sie
sind auf dem Zug ins Volle ebenso welterfahrend, wühlen die
Frauen und alle Dinge nach dem auf, was ihre Sehnsucht stillt.
Am sichtbarsten die Meistergestalt der Unruhe, die nun auf der
Höhe und in der Mitte aller anderen erscheint: Doktor Faust
oder die intensiv-extensive Unbedingtheit zugleich. Er ist der
Grenzüberschreiter schlechthin, doch allwegs um das Erfah-
rene bereichert, wenn er es überschritten hat, und zuletzt in
seinem Streben gerettet. So stellt er das höchste Exempel des
utopischen Menschen dar, sein Name bleibt der beste, lehr-
reichste. Das war diesem Helden keineswegs an der Wiege ge-
sungen worden, konträr, das erste Faustbuch verurteilte »den
Erzzauberer, der sich Adlers Flügel nehmen wollte, zu erforschen Geheimnisse des Himmels und der Erden«. Auch die
späteren Puppenspiele machten keine Ausnahme, sie führten
den Vollzug der Höllen-Sentenz zwar erschütternd, doch abschreckend aus. Auch war der Urfaust von 1587 nicht etwa der
spätere protestantische Stürmer und Dränger, der Freie, Su-
chende, Unbedingte, er war karikiert als katholischer Scholas-
tiker. Die Darstellung, aber nicht der Held des ersten Faust-
buchs war protestantisch, und zwar im finsteren Sinn des
Luthertums. Luther hatte völlige Unfreiheit des Willens gelehrt, und er haßte »die Närrin Vernunft«: beide sollten in dem
Zauberer Faust so abschreckend wie möglich erscheinen. Faust,
mit seiner Hoffahrt und dem scholastischen Teufelswissen,
sollte sogar die genaue schwarze Folie bilden zu dem schlicht-
gläubigen Gottesmann Luther; und das in der gleichen Stadt,
Wittenberg. Ersichtlich ist von da ein weiter Weg zum Faust-
bild des späteren Protestantismus, zum bejahten Exzeß des
Willens- und Wissensdurstes. Eine ideologische Ortsverände-
rung ging vor, die der heraufkommenden individualistischen
Wirtschaftsweise mit deutscher Verzögerung entsprach. In
England, wo die unternehmerische Aktivität keine feudale
Schranke mehr fand, war die Umdeutung des Zauberers leich-
ter.

Bereits Marlowes Faust, obwohl der Höllenschlund ihn ebenfalls erwartet, erscheint nicht als Sünder, sondern als eine Art von vertracktem Märtyrer. Als Märtyrer seiner geistigen Unmäßigkeit, seiner Verleugnung Gottes, seines Willens zum Unerreichbaren; kurz, der Conquistadore in Faust fand Verständnis.

Gotthold Ephraim Lessing 17. BRIEF, DIE NEUESTE LITERATUR BETREFFEND, den 16. Februar 1759

Daß aber unsre alten Stücke wirklich sehr viel Englisches gehabt haben, könnte ich Ihnen mit geringer Mühe weitläufig beweisen. Nur das bekannteste derselben zu nennen: *Doktor Faust* hat eine Menge Szenen, die nur ein Shakespearesches Genie zu denken vermögend gewesen. Und wie verliebt war Deutschland, und ist es zum Teil noch, in seinen *Doktor Faust!* Einer von meinen Freunden verwahret einen alten Entwurf dieses Trauerspiels, und er hat mir einen Auftritt daraus mitgeteilet, in welchem gewiß ungemein viel Großes liegt.* Sind Sie begierig ihn zu lesen? Hier ist er! – *Faust* verlangt den schnellsten Geist der Hölle zu seiner Bedienung. Er macht seine Beschwörungen; es erscheinen derselben sieben; und nun fängt sich die dritte Szene des zweiten Aufzugs an.

Faust und sieben Geister

FAUST: Ihr? Ihr seid die schnellsten Geister der Hölle?
DIE GEISTER ALLE: Wir.
FAUST: Seid ihr alle sieben gleich schnell?
DIE GEISTER ALLE: Nein.
FAUST: Und welcher von euch ist der schnellste?
DIE GEISTER ALLE: Der bin ich!
FAUST: Ein Wunder! daß unter sieben Teufeln nur sechs Lügner sind. – Ich muß euch näher kennen lernen.
DER ERSTE GEIST: Das wirst du! Einst!

* Was der angebliche Schreiber der »Literaturbriefe«, als deren »Herausgeber« Lessing auftritt, hier ankündigt, ist eine Szene aus Lessings eigenem »Faust«, der unvollendet geblieben ist. Das Autorenversteckspiel war ein beliebtes Kunstmittel der Zeit.

FAUST: Einst! Wie meinst du das? Predigen die Teufel auch Buße?

DER ERSTE GEIST: Ja wohl, den Verstockten. – Aber halte uns nicht auf!

FAUST: Wie heißest du? Und wie schnell bist du?

DER ERSTE GEIST: Du könntest eher eine Probe als eine Antwort haben.

FAUST: Nun wohl. Sieh her: was mache ich?

DER ERSTE GEIST: Du fährst mit deinem Finger schnell durch die Flamme des Lichts –

FAUST: Und verbrenne mich nicht. So geh auch du, und fahre siebenmal ebenso schnell durch die Flamme der Hölle, und verbrenne dich nicht. – Du verstummst? Du bleibst? – So prahlen auch die Teufel? Ja, ja; keine Sünde ist so klein, daß ihr sie euch nehmen ließet. – Zweiter, wie heißest du?

DER ZWEITE GEIST: Chil, das ist in eurer langweiligen Sprache: Pfeil der Pest.

FAUST: Und wie schnell bist du?

DER ZWEITE GEIST: Denkest du, daß ich meinen Namen vergebens führe? – Wie die Pfeile der Pest.

FAUST: Nun so geh, und diene einem Arzte! Für mich bist du viel zu langsam. – Du dritter, wie heißest du?

DER DRITTE GEIST: Ich heiße Dilla; denn mich tragen die Flügel der Winde.

FAUST: Und du vierter?

DER VIERTE GEIST: Mein Name ist Jutta, denn ich fahre auf den Strahlen des Lichts.

FAUST: O ihr, deren Schnelligkeit in endlichen Zahlen auszudrücken, ihr Elenden –

DER FÜNFTE GEIST: Würdige sie deines Unwillens nicht. Sie sind nur Satans Boten in der Körperwelt. Wir sind es in der Welt der Geister; uns wirst du schneller finden.

FAUST: Und wie schnell bist du?

DER FÜNFTE GEIST: So schnell als die Gedanken des Menschen.

FAUST: Das ist etwas! – Aber nicht immer sind die Gedanken des Menschen schnell. Nicht da, wenn Wahrheit und Tugend sie auffordern. Wie träge sind sie alsdenn! – Du kannst schnell sein, wenn du schnell sein willst; aber wer steht mir dafür, daß du es allezeit willst? Nein, dir werde ich so wenig trauen, als ich mir selbst hätte trauen sollen. Ach! – (*zum sechsten Geiste*)

Sage du, wie schnell bist du? –

DER SECHSTE GEIST: So schnell als die Rache des Rächers.

FAUST: Des Rächers? Welches Rächers?

DER SECHSTE GEIST: Des Gewaltigen, des Schrecklichen, der sich allein die Rache vorbehielt, weil ihn die Rache vergnügte.

FAUST: Teufel! du lästerst, denn ich sehe, du zitterst. – Schnell, sagst du, wie die Rache des – Bald hätte ich ihn genennt! Nein, er werde nicht unter uns genennt! – Schnell wäre seine Rache? Schnell? – Und ich lebe noch? Und ich sündige noch? –

DER SECHSTE GEIST: Daß er dich noch sündigen läßt, ist schon Rache!

FAUST: Und daß ein Teufel mich dieses lehren muß! – Aber doch erst heute! Nein, seine Rache ist nicht schnell, und wenn du nicht schneller bist als seine Rache, so geh nur. – (*zum siebenten Geiste*) – Wie schnell bist du?

DER SIEBENTE GEIST: Unzuvergnügender Sterbliche, wo auch ich dir nicht schnell genug bin – –

FAUST: So sage; wie schnell?

DER SIEBENTE GEIST: Nicht mehr und nicht weniger, als der Übergang vom Guten zum Bösen. –

FAUST: Ha! du bist mein Teufel! So schnell als der Übergang vom Guten zum Bösen! – Ja, der ist schnell; schneller ist nichts als der! – Weg von hier, ihr Schnecken des Orkus! Weg! – Als der Übergang vom Guten zum Bösen! Ich habe es erfahren, wie schnell er ist! Ich habe es erfahren! etc. – –

Was sagen Sie zu dieser Szene? Sie wünschen ein deutsches Stück, das lauter solche Szenen hätte? Ich auch!

Johann Wolfgang Goethe AUS DEM »URFAUST«

Nacht. *In einem hochgewölbten engen gotischen Zimmer.*
          Faust *unruhig auf seinem Sessel am Pulten.*
Hab nun, ach! die Philosophey,
Medizin und Juristerey
Und leider auch die Theologie
Durchaus studiert mit heißer Müh.
Da steh ich nun, ich armer Tor,

Und bin so klug als wie zuvor.
Heiße Doktor und Professor gar
Und ziehe schon an die zehen Jahr
Herauf, herab und quer und krumm
Meine Schüler an der Nas herum
Und seh, daß wir nichts wissen können:
Das will mir schier das Herz verbrennen.
Zwar bin ich gescheuter als alle die Laffen,
Doktors, Professors, Schreiber und Pfaffen,
Mich plagen keine Skrupel noch Zweifel,
Fürcht mich weder vor Höll noch Teufel.
Dafür ist mir auch all Freud entrissen,
Bild mir nicht ein, was rechts zu wissen,
Bild mir nicht ein, ich könnt was lehren,
Die Menschen zu bessern und zu bekehren;
Auch hab ich weder Gut noch Geld
Noch Ehr und Herrlichkeit der Welt:
Es mögt kein Hund so länger leben!
Drum hab ich mich der Magie ergeben,
Ob mir durch Geister Kraft und Mund
Nicht manch Geheimnis werde kund,
Daß ich nicht mehr mit saurem Schweiß
Rede von dem, was ich nicht weiß,
Daß ich erkenne, was die Welt
Im Innersten zusammenhält,
Schau alle Wirkungskraft und Samen
Und tuh nicht mehr in Worten kramen.

O sähst du, voller Mondenschein,
Zum letzten mal auf meine Pein,
Den ich so manche Mitternacht
An diesem Pult heran gewacht!
Dann über Bücher und Papier,
Trübselger Freund, erschienst du mir.
Ach, könnt ich doch auf Berges Höhn
In deinem lieben Lichte gehn,
Um Bergeshöhn mit Geistern schweben,
Auf Wiesen in deinem Dämmer weben,
Von allem Wissensqualm entladen,
In deinem Tau gesund mich baden!

Weh? steck ich in dem Kerker noch?
Verfluchtes dumpfes Mauerloch,
Wo selbst das liebe Himmels Licht
Trüb durch gemalte Scheiben bricht,
Beschränkt von all dem Bücherhauf,
Den Würme nagen staubbedeckt
Und bis ans hohe Gewölb hinauf
Mit angeraucht Papier besteckt,
Mit Gläsern, Büchsen rings bestellt,
Mit Instrumenten vollgepfropft,
Urväters Hausrat drein gestopft:
Das ist deine Welt, das heißt eine Welt!

Und fragst du noch, warum dein Herz
Sich ein in deinem Busen klemmt?
Warum ein unerklärter Schmerz
Dir alle Lebensregung hemmt?
Statt all der lebenden Natur,
Da Gott die Menschen schuf hinein,
Umgibt in Rauch und Moder nur
Dich Tiergeripp und Totenbein.
Flieh! Auf hinaus ins weite Land!
Und dies geheimnisvolle Buch
Von Nostradamus eigner Hand
Ist dir das nicht Geleit genug?
Erkennest dann der Sterne Lauf,
Und wenn Natur dich unterweist,
Dann geht die Seelenkraft dir auf,
Wie spricht ein Geist zum andern Geist.
Umsonst, daß trocknes Sinnen hier
Die heilgen Zeichen dir erklärt;
Ihr schwebt, ihr Geister, neben mir,
Antwortet mir, wenn ihr mich hört!

Er schlägt das Buch auf und erblickt das Zeichen des
Makrokosmus.

Ha! welche Wonne fließt in diesem Blick
Auf einmal mir durch alle meine Sinnen!
Ich fühle junges heilges Lebensglück,
Fühl neue Glut durch Nerv und Adern rinnen.
War es ein Gott, der diese Zeichen schrieb,

Die all das innre Toben stillen,
Das arme Herz mit Freude füllen
Und mit geheimnisvollem Trieb
Die Kräfte der Natur enthüllen?
Bin ich ein Gott? mir wird so licht! Ich schau in diesen reinen Zügen
Die wirkende Natur vor meiner Seele liegen.
Jetzt erst erkenn ich, was der Weise spricht:
»Die Geister Welt ist nicht verschlossen,
Dein Sinn ist zu, dein Herz ist tot!
Auf! bade, Schüler, unverdrossen
Die irdsche Brust im Morgenrot!«

Er beschaut das Zeichen.

Wie alles sich zum Ganzen webt,
Eins in dem andern wirkt und lebt!
Wie Himmelskräfte auf und nieder steigen
Und sich die goldnen Eimer reichen!
Mit Segenduftenden Schwingen
Vom Himmel durch die Erde dringen,
Harmonisch all das All durchklingen!
Welch Schauspiel! aber ach, ein Schauspiel nur!
Wo faß ich dich, unendliche Natur?
Euch Brüste wo? Ihr Quellen alles Lebens,
An denen Himmel und Erde hängt,
Dahin die welke Brust sich drängt,
Ihr quellt, ihr tränkt, und schmacht ich so vergebens?

Er schlägt unwillig das Buch um und erblickt das Zeichen des
Erdgeistes.

Wie anders wirkt dies Zeichen auf mich ein!
Du, Geist der Erde, bist mir näher,
Schon fühl ich meine Kräfte höher,
Schon glüh ich wie vom neuen Wein.
Ich fühle Mut, mich in die Welt zu wagen,
All Erdenweh und all ihr Glück zu tragen,
Mit Stürmen mich herum zu schlagen
Und in des Schiffbruchs Knirschen nicht zu zagen.
Es wölkt sich über mir,
Der Mond verbirgt sein Licht!
Die Lampe schwindet!
Es dampft! Es zucken rote Strahlen

Mir um das Haupt. Es weht
Ein Schauer vom Gewölb herab
Und faßt mich an.
Ich fühls, du schwebst um mich,
Erflehter Geist!
Enthülle dich!
Ha! wies in meinem Herzen reißt!
Zu neuen Gefühlen
All meine Sinnen sich erwühlen!
Ich fühle ganz mein Herz dir hingegeben!
Du mußt! du mußt! Und kostet es mein Leben!

*Er faßt das Buch und spricht das Zeichen des Geists geheimnis-
voll aus. Es zuckt eine rötliche Flamme, der Geist erscheint in
der Flamme, in widerlicher Gestalt.*

GEIST. Wer ruft mir?
FAUST *abwendend.* Schreckliches Gesicht!
GEIST. Du hast mich mächtig angezogen,
An meiner Sphäre lang gesogen,
Und nun –
FAUST. Weh! ich ertrag dich nicht!
GEIST. Du flehst eratmend, mich zu schauen,
Meine Stimme zu hören, mein Antlitz zu sehn,
Mich neigt dein mächtig Seelen Flehn:
Da bin ich! Welch erbärmlich Grauen
Faßt Übermenschen dich! Wo ist der Seele Ruf?
Wo ist die Brust, die eine Welt in sich erschuf,
Und trug, und hegte, und mit Freude Beben
Erschwoll, sich uns, den Geistern, gleich zu heben?
Wo bist du, Faust, des Stimme mir erklang?
Der sich an mich mit allen Kräften drang?
Du! der, den kaum mein Hauch umwittert,
In allen Lebenstiefen zittert,
Ein Furchtsam weggekrümmter Wurm.
FAUST. Soll ich dir, Flammenbildung, weichen?
Ich bins, bin Faust, bin deines gleichen!
GEIST. In Lebensfluten, im Tatensturm
Wall ich auf und ab,
Webe hin und Her!
Geburt und Grab,
Ein ewges Meer,

Ein wechselnd Weben,
Ein glühend Leben!
So schaff ich am sausenden Webstuhl der Zeit
Und wirke der Gottheit lebendiges Kleid.
FAUST. Der du die weite Welt umschweifst,
Geschäfter Geist, wie nah fühl ich mich dir!
GEIST. Du gleichst dem Geist, den du begreifst,
Nicht mir! *verschwindet.*
FAUST *zusammenstürzend.* Nicht dir!
Wem denn?
Ich Ebenbild der Gottheit!
Und nicht einmal dir!

Friedrich Maximilian Klinger   FAUSTS LEBEN, TATEN UND HÖLLENFAHRT

Klinger, 1752 in Frankfurt geboren, war der Sohn einer Wasch-
frau, der von Goethe gefördert und unterstützt wurde, so daß
er Jura studieren konnte. Für eine Karriere an einem deutschen
Fürstenhof war er zu »ungeschliffen«, so schlug er sich als Thea-
terdichter einer Wandertruppe durch und wurde schließlich
Ordonnanzoffizier des Großfürsten Paul im russischen Heer.
Später war er Kurator der Universität Dorpat. Er starb 1831.
Sein Drama »Sturm und Drang« gab einer ganzen literarischen
Bewegung den Namen, die sich gegen die feudalen Zwänge und
die Enge bürgerlicher Moral richtete. Die erste Auflage von
Klingers Faust-Roman erschien 1791, mit Rücksicht auf die
Zensur in einem fiktiven Petersburger Verlag. Da aber einige
geschäftstüchtige Verleger sofort Nachdrucke des wegen seiner
ironischen Aufsässigkeit sehr erfolgreichen Buchs anfertigten,
kam 1794 eine zweite verbesserte und vermehrte Auflage her-
aus, in der der Autor die gesellschaftskritischen Tendenzen noch
erheblich schärfer herausgearbeitet hatte. Der satirische Spott
Klingers galt den feudalistischen Zuständen und dem reaktio-
nären Klerus.

Lange hatte sich Faust mit den Seifenblasen der Metaphysik,
den Irrwischen der Moral und den Schatten der Theologie her-
umgeschlagen, ohne eine feste, haltbare Gestalt für seinen Sinn
herauszukämpfen. Ergrimmt warf er sich in die dunklen Ge-
filde der Magie und hoffte nun der Natur gewaltsam abzuzwin-

gen, was sie uns so eigensinnig verbirgt. Sein erster Gewinn war die merkwürdige Erfindung der Buchdruckerei (so die Tradition, welcher man hier allein folgt), der zweite war schaudervoller. Er entdeckte durch Forschen und Zufall die furchtbare Formel, den Teufel aus der Hölle zu rufen und ihn dem Willen des Menschen untertänig zu machen. Bis jetzt konnte er sich noch nicht, aus Vorliebe zu seiner unsterblichen Seele, für die jeder Christ wacht, ohne sie weiter zu kennen, zu diesem gefährlichen Schritt entschließen. In diesem Augenblick war er ein Mann in seiner vollen Blüte. Die Natur hatte ihn wie einen ihrer Günstlinge behandelt, ihm einen schönen, festen Körper und eine bedeutende, edle Gesichtsbildung verliehen. Genug, um Glück in der Welt zu machen; aber da sie die gefährlichen Gaben strebende, stolze Kraft des Geistes, hohes, feuriges Gefühl des Herzens und eine glühende Einbildungskraft hinzufügte, die das Gegenwärtige nie befriedigte, die das Leere, Unzulängliche des Erhaschten in dem Augenblick des Genusses aufspürte und alle seine übrigen Fähigkeiten beherrschte, so verlor er bald den Pfad des Glücks, auf den nur Beschränktheit den Sterblichen zu führen scheint und auf welchem ihn nur Bescheidenheit erhält. Früh fand er die Grenzen der Menschheit zu enge und stieß mit wilder Kraft dagegen an, um sie über die Wirklichkeit hinüberzurücken. Durch das, was er in frühern Jahren begriffen und gefühlt zu haben glaubte, faßte er eine hohe Meinung von den Fähigkeiten, dem moralischen Wert des Menschen, und in der Vergleichung mit andern legte er natürlich seinem eignen Selbst (welches der größte Geist mit dem flachsten Schafskopf gemein hat) den größten Teil der Hauptsumme bei. Zunder genug zu Größe und Ruhm; da aber wahre Größe und wahrer Ruhm gleich dem Glücke den am meisten zu fliehen scheinen, der sie dann schon erhaschen will, bevor er ihre feinen, reinen Gestalten von dem Dunst und Nebel absondert, den der Wahn um sie gezogen, so umarmte er nur zu oft eine Wolke für die Gemahlin des Donnerers. In seiner Lage schien ihm der kürzeste und bequemste Weg zum Glück und Ruhm die Wissenschaften zu sein; doch kaum hatte er ihren Zauber gekostet, als der heftigste Durst nach Wahrheit in seiner Seele entbrannte. Jeder, der diese Sirenen kennt und ihnen ihren betrügerischen Gesang abgelernt hat, fühlt (wenn er die Wissenschaften nicht als Handwerk betreibt) ohne mein Erinnern, daß ihm sein Zweck, diesen brennenden Durst zu

stillen, entwischen mußte. Nachdem er lange in diesem Labyrinth herumgetaumelt hatte, waren seine Ernte Zweifel, Unwil-
le über die Kurzsichtigkeit des Menschen, Mißmut und Murren
gegen den, der ihn geschaffen, das Licht zu ahnden, ohne die
dicke Finsternis durchbrechen zu können. Noch wäre er
glücklich gewesen, hätte er mit diesen Empfindungen allein zu
kämpfen gehabt; da aber das Lesen der Weisen und Dichter
tausend neue Bedürfnisse in seiner Seele erweckten und seine
nun beflügelte und zugekünstelte Einbildungskraft die reizen-
den Gegenstände des Genusses, die Ansehen und Gold allein
verschaffen können, unablässig vor seine Augen zauberte, so
rann sein Blut wie Feuer in seinen Adern, und seine übrigen
Fähigkeiten wurden bald von diesem Gefühl allein verschlungen. Durch die merkwürdige Erfindung der Buchdruckerei
glaubte er sich endlich die Tore zum Reichtum, Ruhm und Genuß aufgesprengt zu haben. Er hatte sein ganzes Vermögen darauf gewandt, sie zur Vollkommenheit zu bringen, und trat nun
vor die Menschen mit seiner Entdeckung; aber ihre Laulichkeit
und Kälte überzeugten ihn bald, daß er, der größte Erfinder
seines Jahrhundert, mit seinem jungen Weibe und seinen Kindern Hungers sterben könnte, wenn er nichts anders zu treiben
wüßte. Von dieser stolzen Hoffnung so tief herabgesunken, ge-
drückt von einer schweren Schuldenlast, die er sich durch
leichtsinnige Lebensart, übertriebene Freigebigkeit, unvor-
sichtige Bürgschaften und Unterstützung falscher Freunde auf
den Hals gezogen, warf er einen Blick auf die Menschen, sein
Groll färbte ihn schwarz, sein häusliches Band, da er seine Familie nicht mehr zu erhalten wußte, ward ihm zur Last, und
er fing für immer an zu glauben, daß die Gerechtigkeit nicht
den Vorsitz bei der Austeilung des Glücks der Menschen habe.
Er nagte an dem Gedanken, wie und woher es käme, daß der
fähige Kopf und der edle Mann überall unterdrückt, vernach-
lässigt sei, im Elende schmachte, während der Schelm und der
Dummkopf reich, glücklich und angesehen wären. So leicht
nun Weisen und Prediger diesen Zweifel zu heben wissen, so
erbittert er gleichwohl, da sie nur zu dem Verstande reden und
das Gefühl durch die tägliche Erfahrung verwundet wird, das
Herz des Stolzen und schlägt den Sanftern nieder. Zu den er-
stern gehörte Faust. Von diesem Augenblick strebte sein ge-
kränkter Geist den verschlungenen Knäuel aufzuwickeln, über
dessen Auflösung so viele Tausende die Ruhe und das Glück

ihres Lebens umsonst verloren haben. Er wollte nun den Grund des moralischen Übels, das Verhältnis des Menschen mit dem Ewigen, erforschen. Wollte wissen, ob er es sei, der das Menschengeschlecht leite, und wenn – woher die ihn plagenden Widersprüche entstünden. Er wollte die Finsternis erleuchten, die ihm die Bestimmung des Menschen zu umhüllen schien. Ja, er faßte selbst den verwegnen Gedanken, den erforschen zu wollen, dessen Sein uns so unbegreiflich und dessen Wirken uns so klar ist. Die Hoffnung, mit diesen wichtigen Kenntnissen ausgerüstet, die Welt in Erstaunen zu setzen und als ein Geist erster Größe unter die Menschen zu treten, versüßte eine Zeitlang seine fruchtlose, peinliche Anstrengung. Da aber seine Lage immer trauriger ward, die Menschen, die ihm soviel zu danken hatten, sich immer mehr von ihm entfernten und all sein Streben, Licht in diese Finsternis zu bringen, nur dazu diente, sie noch schwärzer und quälender zu machen, so senkte sich bald der Gedanke tief in seine Seele, nur ein Geist der andern Welt könnte seinem Elend abhelfen und ihm Licht über diese Gegenstände geben. Zwar schlummerte dieser Gedanke noch in seinem Busen, aber seine Begierden, sein Unmut brauchten nur einen neuen, äußern Reiz, um ihn über die Grenzen zu treiben, gegen die er so wild anstieß.

*

In Frankfurt, dem stillen Sitz der Musen, dem Schutzort der Wissenschaften, hoffte Faust bessres Glück. Er bot dem erlauchten Rat seine Bibel für zweihundert Goldgulden an; da man aber vor einigen Wochen fünf Stück Fässer Rheinwein in den Ratskeller gekauft hatte, so fand sein Gesuch so leicht nicht statt. Er hofierte den Schöppen, dem Schultheiß, den Senatoren, vom stolzen Patrizier bis zu dem noch stolzern Ratsherrn der Schuhmacherzunft. Man versprach ihm überall Huld, Schutz und Gnade. Zuletzt hielt er sich vorzüglich an den regierenden Bürgermeister, wobei er aber bisher weiter nichts gewann, als daß die Frau Bürgermeisterin eine gewaltige Flamme in seinem leichtfangenden Busen anzündete. Eines Abends versicherte ihn der Bürgermeister, daß man ersten Tags einen Ratsschluß fassen würde, vermöge welchem die gesamte Judenschaft gehalten sein sollte, Mann für Mann die Summe für die Bibel herzuschießen. Da Faust bemerkt hatte, daß seine Kinder Hungers sterben könnten, bevor eine so aufgeklärte

Versammlung einstimmig würde, so ging er ohne Hoffnung, voller Liebe und Grimm auf seine einsame Stube. In diesem Mißmut nahm er seine Zauberformeln vor. Der Gedanke, etwas Kühnes zu wagen und Unabhängigkeit von den Menschen durch die Verbindung mit dem Teufel zu suchen, schoß lebhafter als je durch sein Gehirn. Noch erschütterte ihn die Vorstellung davon. Mit heftigen Schritten, wütenden Gebärden, unter fürchterlichen Ausrufungen ging er in seinem Zimmer auf und ab und kämpfte mit seinen innern, aufrührerischen Kräften. Kühn strebten diese, das Dunkel zu durchbrechen, das uns umhüllt, noch schaudert sein Geist vor dem Entschluß; aber nun wägt der Lüsterne die Befriedigung der unersättlichen Begierden seines Herzens, die längst gewünschte Genüsse der ganzen Natur gegen die Vorurteile der Jugend, die Armut und die Verachtung der Menschen. Schon schwankt die Zunge der Waage. Die Glocke schlägt elf auf dem nahen Turme. Schwarze Nacht liegt auf der Erde. Der Sturm heult aus Norden, die Wolken verhüllen den vollen Mond, die Natur ist im Aufruhr. Eine herrliche Nacht, die empörte Einbildungskraft zu verwildern. Noch schwankt die Zunge der Waage. In dieser Schale tanzen leicht Religion und ihre Stütze, die Furcht vor der Zukunft. Die Gegenschale schlägt sie hinauf; Durst nach Unabhängigkeit und Wissen, Stolz, Wollust, Groll und Bitterkeit füllen sie. Ewigkeit und Verdammnis schallen nur dumpf in seiner Seele. So strauchelt die Jungfrau, welche die glühenden Küsse des Geliebten auf dem Busen fühlt, zwischen den Lehren der Mutter und dem Zug der Natur. So schwankt der Philosoph zwischen zwei Sätzen, dieser ist wahr, jener glänzend und führt zu dem Ruhme; welchen wird er wählen?
Nun zog Faust nach der Vorschrift der Magie den fürchterlichen Kreis, der ihn auf ewig der Ob- und Vorsicht des Höchsten und den süßen Banden der Menschheit entreißen sollte. Seine Augen glühten, sein Herz schlug, seine Haare stiegen auf seinem Haupt empor. In diesem Augenblick glaubte er seinen alten Vater, sein junges Weib und seine Kinder zu sehen, die in Verzweiflung die Hände rangen. Dann sah er sie auf die Knie fallen und für ihn zu dem beten, dem er eben entsagen wollte. »Es ist der Mangel, es ist mein Elend, das sie in Verzweiflung stürzt«, schrie er wild und stampfte mit dem Fuße auf den Boden. Sein stolzer Geist zürnte der Schwäche seines Herzens. Er drang abermals nach dem Kreise, der Sturm rasselte an sei-

nen Fenstern, die Grundfeste des Hauses zitterte. Eine edle Gestalt trat vor ihn und rief ihm zu:

»Faust! Faust!«

FAUST: Wer bist du, der du mein kühnes Werk unterbrichst?

GESTALT: Ich bin der Genius der Menschheit und will dich retten, wenn du zu retten bist.

FAUST: Was kannst du mir geben, meinen Durst nach Wissen, meinen Drang nach Genuß und Freiheit zu stillen?

GESTALT: Demut, Unterwerfung im Leiden, Genügsamkeit und hohes Gefühl deines Selbsts, sanften Tod und Licht nach diesem Leben.

FAUST: Verschwinde, Traumbild meiner erhitzten Phantasie, ich erkenne dich an der List, womit du die Elenden täuschest, die du der Gewalt unterworfen hast. Gaukele vor der Stirne des Bettlers, des zertretnen Sklaven, des Mönchs und aller derer, die ihr Herz durch unnatürliche Bande gefesselt haben und ihren Sinn durch Kunst hinaufschrauben, um der Klaue der Verzweiflung zu entwischen. Die Kräfte meines Herzens wollen Raum, und der verantworte für ihr Wirken, der mir sie gegeben hat.

»Du wirst mich wiedersehen«, seufzte der Genius und verschwand.

Faust rief: »Necken mich die Märchen der Amme noch am Rande der Hölle? Sie sollen mich nicht abhalten, das Dunkel zu durchbrechen. Ich will wissen, was der düstre Vorhang verbirgt, den eine tyrannische Hand vor unsre Augen gezogen hat. Hab ich mich so gebildet, daß das Los der Beschränktheit meine Kraft empört? Hab ich die Flamme der Leidenschaft in meinem Busen angeblasen? Hab ich den Trieb, immer zu wachsen und nie stille zu stehen, in mein Herz gelegt? Hab ich meinen Geist so gestimmt, daß er sich nicht unterwerfen und die Verachtung nicht ertragen kann? Wie, ich, der Topf, von fremder Hand gebildet, soll darum einst gewaltsam zerschlagen werden, weil er dem Werkmeister nicht nach seinem Sinn gelang, weil er dem niedrigen Gebrauch nicht entspricht, zu dem er ihn geformt zu haben scheint? Und immer nur Gefäß, immer nur Werkzeug, immer nur Unterwerfung; wozu denn dies widersprechende lautschreiende Gefühl von Freiheit und eigner Kraft dem Sklaven? Ewigkeit! Dauer! Schallt ein Sinn heraus? Was der Mensch fühlt, genießt und faßt, nur das ist sein, alles übrige ist Erscheinung, die er nicht erklären kann. Der Stier nutzt die

Kraft seiner Hörner und trotzt auf sie, der Hirsch seine Leichtigkeit, dem Jäger zu entfliehen; ist das, was den Menschen unterscheidet, weniger sein? Ich hab es lange genug mit den Menschen und allem dem, was sie ersonnen, versucht, sie haben mich in Staub getreten; Schatten habe ich für Wahrheit ergriffen, laß mich's nun mit dem Teufel versuchen!«

Hier sprang er wild begeistert in den Kreis hinein, und Klagegetön seines Weibes, seiner Kinder, seines Vaters erschollen in der Ferne: »Ach verloren! ewig verloren!«

*

Satan, der Herrscher der Hölle, hatte durch schrecklichen Hörnerschall, der an der glühenden Scheibe der Sonne widertönte, allen gefallnen Geistern auf der Ober- und in der Unterwelt kundtun lassen, daß er heute ein großes Freudenfest geben würde. Die höllischen Geister versammelten sich auf den mächtigen Ruf. Selbst seine Abgesandten beim päpstlichen Stuhl und den Herrschern Europas verließen ihren Posten, denn die Einladung ließ etwas Großes und Wichtiges vermuten. Schon ertönte das ungeheure Gewölbe der Hölle von dem wilden Geschrei des Pöbels der Geister. Myriaden lagerten sich auf den verbrannten, unfruchtbaren Boden. Nun traten die Fürsten hervor und geboten Schweigen der Menge, damit Satan die Berichte seiner Abgesandten der Oberwelt vernehmen könnte. Die Teufel gehorchten, und eine schaudervolle Stille herrschte durch die dicke, düstre Finsternis, die nur das Gewinsel der Verdammten unterbrach. Die Sklaven der Teufel, Schatten, die weder der Seligkeit noch der Verdammnis wert sind, bereiteten die unzähligen Tische zum Schmaus, und sie verdienen dies Los der schändlichsten Knechtschaft. Als sie noch in Fleisch und Bein die Früchte der Erde aßen, waren sie von jener zweideutigen Art, die aller Menschen Freund sind, ohne es von einem zu sein. Deren Zungen von den herrlichen Lehren der Tugend plappern, ohne daß ihr Herz sie fühlt. Die das Böse nur darum unterlassen, weil es Gefahr mit sich führt, und das Gute, weil es Mut und Verleugnung erfordert. Die mit der Religion wuchern und sie, wie der filzige Jude sein Kapital, auf Zinsen legen, in der Meinung, ihren elenden Seelen ein gutes Behältnis zu sichern. Die Gott aus Furcht anbeten und vor ihm wie Sklaven zittern. Die Teufel, die wahrlich keine bessre Herren sind als die polnischen, ungarischen und livländischen

Edelleute, reiten sie dafür in der Hölle wacker herum. Indessen schwitzten ihre Brüder in den höllischen Küchen, das Mahl für ihre strengen Herren zuzurüsten; ein schreckliches Geschäft für eine Seele, die einst einen menschlichen Körper durch Fraß, Soff und Üppigkeit aufgerieben hat. Denn obgleich die Teufel weder essen noch trinken, so haben sie den Menschen doch den Gebrauch abgelernt, jede Feierlichkeit durch Fressen und Saufen merkwürdig zu machen, und bei solchen Gelegenheiten halten sie ein Seelenmahl. Der Anführer jeder Legion (denn die Hölle ist auf militärischen Fuß eingerichtet und gleicht darin jedem despotischen Reiche; oder vielmehr jedes despotische Reich gleicht darin der Hölle) wählt eine gefällige Anzahl verdammter Seelen zum Schmause für seine Untergebenen. Diese übergeben sie den Sklaven, die sie sieden, braten und mit höllischer Brühe begießen. Oft trifft es sich, daß einer dieser Elenden seinen Vater, sein Weib, Sohn, Tochter oder Bruder an den Spieß stecken und das peinliche Feuer unter ihm unterhalten muß – eine schreckliche, wahrhaft tragische Lage, noch tragischer, da ihre Aufseher, mutwillige Teufel wie alle Diener großer Herren, mit der Geißel hinter ihnen stehen, das Werk zu befördern. Ich empfehle diese Situation den Tragikern Teutschlands. Heute wurden für den Gaumen des Großherrn, seiner Viziere und Günstlinge zwei Päpste, ein Eroberer, ein berühmter Philosoph und ein neu geprägter Heiliger zugerichtet. Für den Pöbel der Hölle waren ganz frische Viktualien angekommen. Der Papst hatte vor kurzem zwei Heere Franzosen, Teutscher, Italiener und Spanier gegeneinander getrieben, um einige Herrschaften in dem Tumult zu fischen, die Verlassenschaft des heiligen Peters zu ründen. Sie schlugen sich wie Helden und fuhren zu Tausenden zur Hölle. Welch ein Glück wäre es für die zu der Tafel der Teufel bestimmten Seelen, wenn sie dadurch das Ende ihrer Qual fänden; da sie diese aber stückweise in die Sümpfe der Hölle ausschütten, so wachsen sie wieder zusammen und stehen zu neuen Martern auf.

Während diese an den Bratspießen winselten, besetzten die Kellermeister und Schenken, alle Schatten gemeldeter Art, die Kredenztische. Die Flaschen waren gefüllt mit Tränen der Heuchler, falscher Witwen, der Scheinheiligen, der Empfindsamen und der aus Schwäche Reuigen. Mit Tränen, die der Neid bei dem Glück eines andern auspreßt, mit Tränen der Egoisten, die sie bei dem Unglück eines andern aus Freude weinen, daß es sie nicht getroffen. Mit Tränen lustiger Erben und mit Tränen der Söhne, die sie bei dem Sarge der geizigen, harten Väter weinen. Die Flaschen zu dem Nachtische waren gefüllt mit Tränen der Priester, die die Rolle des Komödianten auf den Kanzeln spielen, ihre Zuhörer zu rühren; und um das Getränk schärfer zu machen, mischte man Tränen der H-n darunter, die aus Hunger so lange weinen, bis ein Kunde kommt, die Sünde für Geld mit ihnen zu treiben. Zu diesen goß man noch Tränen der Kuppler, Kupplerinnen, der Ärzte und schelmischen Advokaten, die sie über schlechte Zeiten vergießen. Für den Satan und die Fürsten stunden, auf besondern Kredenztischen, Flaschen des edelsten Getränks. Es war berauschend, schäumend und sprudelnd, ein Gemisch von Tränen der Herrscher der Welt, die sie über das Unglück ihrer Untertanen weinen, während sie Befehle erteilen, die es auf Jahrhunderte befördern. Von Tränen der Jungfrauen, die den Verlust ihrer Keuschheit beweinen und sich mit noch nassen Augen prostituieren. Zu diesen hatte man Tränen begünstigter Großen gegossen, die in Ungnade gefallen sind und nun weinen, daß sie unter dem Schutz ihres Herrn nicht mehr rauben und unterdrücken können.

*

Als nun diese Elenden die Tische besorgt hatten und so demütig hinter den Sitzen ihrer Gebieter stunden als ein Teutscher vor einem Fürsten, so traten die Großen der Hölle aus den Gemächern des Satans. Die Gefährten der Menschen – die Sünde, das scheußliche Gespenst der Vernichtung, der Hunger, die Krankheit, die Pest, der Krieg, die Ungerechtigkeit, die Armut, die Verzweiflung, die Herrschsucht, die Gewalt, der Stolz, die Verachtung, der Reichtum, der Geiz, die Wollust, der Wahn, der Neid, die Neugierde und die Lüsternheit gingen als wohlbestallte Furiere des satanischen Hofes voraus. Ihnen folgten Trabanten, diesen die Kammerherren. Nun die Pagen mit brennenden Fackeln, die aus Seelen der Mönche geflochten waren, die den Weibern die Kinder machen und den Ehemann auf dem Todbette drängen, sein Vermögen der Kirche zu vermachen, ohne Rücksicht, daß ihre eigne ehebrecherische Brut im Lande herumbetteln muß. Dann trat der mächtige Satan heraus, und ihm folgten die übrigen Großen seines Hofs nach Gunst und Rang. Die Teufel beugten sich ehrfurchtsvoll nieder, die Pagen stellten die Fackeln auf den Tisch des Großherrn, und nun stieg er mit stolzer und siegreicher Miene auf seinen erhabenen Thron und hielt folgende Rede:

»Fürsten, Mächtige, unsterbliche Geister, seid mir alle willkommen! Wollust durchglüht mich, wenn ich über euch zahllose Helden hinblicke! Noch sind wir, was wir damals waren, da wir zum erstenmal in diesem Pfuhl aufwachten, zum erstenmal uns sammelten. Nur hier herrscht *ein* Gefühl, nur in der Hölle herrscht Einigkeit, nur hier arbeitet jeder auf einen Zweck. Wer über euch gebietet, kann leicht den einförmigen Glanz des Himmels vergessen. Ich gestehe, wir haben viel gelitten und leiden noch, da die Ausübung unsrer Kräfte von dem beschränkt ist, der uns mehr zu fürchten scheint als wir ihn; aber in dem Gefühl der Rache, die wir an den Söhnen des Staubs, seinen schwachen Günstlingen, nehmen, in der Betrachtung ihres Wahnsinns und ihrer Laster, wodurch sie unaufhörlich seine Zwecke zerrütten, liegt Ersatz für dieses Leiden. Heil euch allen, die dieser Gedanke hoch entflammt! Vernehmt nun die Veranlassung zu dem Feste, das ich heute mit euch feiern will. Faust, ein kühner Sterblicher, der gleich uns mit dem Ewigen hadert und durch die Kraft seines Geistes würdig werden kann, die Hölle einst mit uns zu bewohnen, hat die Kunst erfunden, die Bücher, das gefährliche Spielzeug der Menschen, die Fortpflanzer des Wahnsinns, der Irrtümer, der Lügen und Greuel, die Quelle des Stolzes und die Mutter peinlicher Zweifel, auf eine leichte Art tausend und tausendmal zu vervielfältigen. Bisher waren sie zu kostbar und nur in den Händen der Reichen, blähten nur diese mit Wahn auf und zogen sie von der Einfalt und Demut ab, die der Ewige zu ihrem Glück in ihr Herz gelegt hat und die er von ihnen fordert. Triumph! bald wird sich das gefährliche Gift des Wissens und Forschens allen Standen mitteilen! Wahnwitz, Zweifel, Unruhe und neue Bedürfnisse werden sich ausbreiten, und ich zweifle, ob mein ungeheures Reich sie alle fassen möge, die sich durch dieses reizende Gift hinrichten werden. Doch dieses wäre nur ein kleiner Sieg, mein Blick dringt tiefer in die ferne Zeit, die für uns der Umlauf des Zeigers ist. Die Zeit ist nah, wo die Gedanken und Meinungen kühner Erneurer und Beekler des Alten durch Fausts Erfindung um sich greifen werden wie die Pest. Sogenannte Reformatoren des Himmels und der Erde werden aufstehen, und ihre Lehren werden durch die Leichtig-

keit der Mitteilung bis in die Hütte des Bettlers dringen. Sie
werden wähnen, Gutes zu stiften und den Gegenstand ihres
Heils und ihrer Hoffnung vom falschen Zusatze zu reinigen;
aber wenn gelingt dem Menschen das Gute und wie lange ist
er dessen mächtig? die Sünde ist ihnen nicht näher als böse Folgen und Mißbrauch ihren edelsten Bemühungen. Das vielge-
liebte Volk des Mächtigen, das er durch ein uns furchtbares
Wunder der Hölle auf immer entreißen wollte, wird über Meinungen, die keiner begreift, in blutigen Krieg zerfallen und sich
zerreißen wie die wilden Tiere des Waldes. Greuel werden Europa verwüsten, die allen Wahnsinn übertreffen, den die Menschen von ihrem Beginnen gerast haben. Meine Hoffnungen
scheinen euch zu kühn, ich sehe es an euren zweifelnden Blik-
ken, so hört denn: Religionskrieg heißt diese neue Wut, wovon
die Geschichte der Frevel und Rasereien der Menschen bisher
noch kein Beispiel hat. Aus der uns fruchtbaren Religion sogen
ihn die Unsinnigen. Einmal hat er schon gewütet, und dort
heulen die in dem glühenden Pfuhl, die ihn erweckten; aber
nun erst wird der Fanatismus, der wilde Sohn des Hasses und
des Aberglaubens, alle Bande der Natur und der Menschheit
gänzlich auflösen. Dem Furchtbaren zu gefallen, wird der Vater
den Sohn, der Sohn den Vater ermorden. Könige werden frohlockend ihre Hände in das Blut ihrer Untertanen tauchen, den
Schwärmern das Schwert überliefern, ihre Brüder zu Tausenden zu ermorden, weil sie andrer Meinung wie sie sind. Dann
wird sich das Wasser der Ströme in Blut verwandeln, und das
Geschrei der Ermordeten wird selbst die Hölle erschüttern.
Wir werden Verbrecher mit Lastern besudelt herunterfahren
sehen, wofür wir bis jetzo weder Namen noch Strafe haben.
Schon seh ich sie den päpstlichen Stuhl anfallen, der das lockre
Gebäude durch List und Betrug zusammenhält, während er
sich durch Laster und Üppigkeit selbst untergräbt. Die Stützen
der uns fürchterlichen Religion stürzen zusammen, und wenn
der Ewige dem sinkenden Gebäude nicht durch neue Wunder
zu Hilfe eilt, so wird sie von der Erde verschwinden, und wir
werden nochmals in den Tempeln als angebetete Götter glän-
zen. Wo bleibt der Geist des Menschen stehen, wenn er angefangen hat, das zu beleuchten, was er als Heiligtum verehrt hat?
Er tanzt auf dem Grabe des Tyrannen, vor dem er noch gestern
gezittert, zerschlägt gänzlich den Altar, auf dem er geopfert hat,
wenn er einmal unternimmt, dem Weg zum Himmel auf seine

Weise nachzuspähen. Wer mag ihren rastlosen Geist auf Jahrtausende fesseln? Vermag der, der sie geschaffen, nur einen sich
so zuzueignen, daß er nicht millionenmal unserm Reiche näher
als dem seinen sei? Alles mißbraucht der Mensch, die Kraft seiner Seele und seines Leibes, alles, was er sieht, hört, betastet,
fühlt und denkt, womit er spielt und womit er sich ernsthaft
beschäftigt. Nicht zufrieden, das zu zertrümmern und zu ver-
unstalten, was er mit den Händen fassen kann, schwingt er sich
auf den Flügeln der Einbildungskraft in ihm unbekannte Welten und verunstaltet sie wenigstens in der Vorstellung. Selbst
die Freiheit, ihr höchstes Gut, wenn sie auch Ströme Bluts dafür
vergossen, verkaufen sie für Gold, Lust und Wahn, wenn sie
dieselbe kaum gekostet haben. Des Guten unfähig, zittern sie
vor dem Bösen, häufen Greuel auf Greuel, ihm zu entfliehen,
und zerschlagen dann ihrer Hände Werk.

Nach den blutigen Kriegen werden sie, vom Morden ermüdet,
einen Augenblick rasten, und der giftige Haß wird sich nur in
heimlichen Tücken zeigen. Einige werden diesen Haß unter
dem Schatten der Gerechtigkeit zum Rächer des Glaubens machen, Scheiterhaufen errichten und die lebendig verbrennen,
die nicht ihrer Meinung sind. Andere werden anfangen, die un-
erklärbaren Verhältnisse und dunkle Rätsel zu benagen, und
die zur Finsternis Geborenen werden verwegen um Licht
kämpfen. Ihre Einbildungskraft wird sich entflammen und tausend neue Bedürfnisse erschaffen. Wahrheit, Einfalt und Religion werden sie mit Füßen treten, um ein Buch zu schreiben,
das einen Namen mache und Gold einbringe. Ja so weit wird
dieses aufgeblasene Geschlecht hierinnen den Wahnsinn treiben, daß sogar ihre Weiber – hört es alle, ihr Kräfte und Geister
der Hölle! – daß sogar ihre Weiber Bücher schreiben werden.
Ihr kennt die eitlen Töchter Evas, und ich brauche euch nicht
zu sagen, was dieses für verzerrte Ungeheuer aus ihnen machen
muß. So wird nun das Bücherschreiben ein allgemeines Handwerk werden, wodurch Genies und Stümper Ruhm und Fortkommen suchen, unbekümmert, ob sie die Köpfe ihrer Mit-
bürger verwirren und die Flamme an das Herz der
Unschuldigen legen. Den Himmel, die Erde, den Furchtbaren
selbst, die verborgenen Kräfte der Natur, die dunklen Ursachen
ihrer Erscheinungen, die Macht, die die Gestirne wälzt und die
Kometen durch den Raum schleudert, die unfaßliche Zeit, alles
Sichtbare und Unsichtbare werden sie betasten, messen und

begreifen wollen, für alles Unfaßliche Worte und Zahlen erfinden, Systeme auf Systeme häufen, bis sie die Finsternis auf Erden gezogen haben, wodurch nur die Zweifel wie Irrwische, die den Wandrer in Sumpf locken, blitzen. Nur dann werden sie helle zu sehen glauben, und da erwarte ich sie! Wenn sie die Religion weggeräumt haben wie alten Schutt und gezwungen sind, aus dem stinkenden Überbleibsel ein neues ungeheures Gemische von Menschenweisheit und Aberglauben zusammenzugießen, dann erwarte ich sie! Und dann machet weit die Tore der Hölle, daß das Menschengeschlecht einziehe! Der erste Schritt ist geschehen, der zweite ist nah. Noch eine schreckliche Revolution auf dem Erdboden steht bevor. Ich berühre sie nur mit flüchtiger Eile. Bald werden die Bewohner der alten Welt ausziehen, um neue, ihnen bisher unbekannte Erdstriche zu entdecken. Dort werden sie Millionen in religiöser Wut erwürgen, um sich des Goldes zu bemächtigen, das diese Unschuldigen nicht achten. Diese neuen Welten werden sie mit allen ihren Lastern erfüllen und Stoff zu scheußlichern der alten zurückführen. So werden Völker unsre Beute werden, die bisher Unschuld und Unwissenheit vor unsrer Rache gesichert hat. Jahrhunderte werden sie im Namen des Furchtbaren den Erdboden mit Blute netzen, und so sieget die Hölle durch die Günstlinge des Himmels über den, der uns hierher geschleudert hat!

Dies ist es, ihr Mächtigen, was ich euch verkünden wollte, und nun freut euch mit mir des festlichen Tags, genießet im voraus der Siege, die ich euch verspreche, weil ich die Menschen kenne. Höhnt des Ewigen, der so lächerlich und widersinnig in dem Sohne des Staubs das rohe Tier mit dem Halbgott zusammenspannte, daß nun ein Teil den andern zerreißt! Höhnt seiner und ruft mit mir in Siegesgebrüll!

Es *lebe Faust!*«

Erschreckliches Getöse, daß die Achse der Erde zitterte, die Gebeine der Toten in den Gräbern zusammenrasselten, erscholl: »Es lebe Faust! Es lebe der Vergifter der Söhne des Staubs!«

Hierauf wurde der vornehmste Adel des dunklen Reichs zur Anbetung, dem Kniebeugen, Handkusse, das heißt zum Glückwunsch zugelassen, und ich habe bisher noch nicht entdecken können, ob der Satan diese hündische Gebräuche der Hofhaltung der Fürsten der Erde oder ob sie dieselben der seinen nachgeäfft haben.

Die frohen berauschten Teufel lärmten hierauf, daß sie das Geheul der Verdammten selbst überbrüllten. Auf einmal erscholl Fausts mächtige Stimme von der Oberwelt durch die Hölle. Es war ihm gelungen, durch seinen Zauber bis in den Abgrund zu dringen und einen der ersten Fürsten des schwarzen Reichs aufzufordern. Seiner Gewalt war nicht zu widerstehen. Frohlockend fuhr Satan auf: »Es ist Faust, der da ruft; nur dem Kühnen konnte es gelingen, nur der Verwegne konnte es wagen, so gewaltsam an die ehernen Pforten der Hölle zu schlagen. Auf! ein Mann wie er ist mehr wert als tausend der elenden Schufte, die wie Bettler sündigen und auf eine alltägliche Art zur Hölle fahren.« Er wandte sich zu dem Teufel Leviathan, seinem Liebling:

»Dich, den geschmeidigsten Verführer, den grimmigsten Hasser des Menschengeschlechts, fordre ich auf, hinaufzufahren und mir die Seele dieses Kühnen durch deine gefährliche Dienste zu erkaufen. Nur du kannst das gierige Herz, den stolzen, rastlosen Geist dieses verwegnen fesseln, sättigen und dann zur Verzweiflung treiben. Fahre hinauf, verjage den Dunst der Schulweisheit aus seinem Gehirne. Senge durch das üppige Feuer der Wollust die edlen Gefühle seiner Jugend aus seinem Herzen. Öffne ihm die Schätze der Natur, treibe ihn hastig ins Leben, daß er sich schnell überlade. Er sehe Böses aus Gutem entspringen, das Laster gekrönt, Gerechtigkeit und Unschuld mit Füßen getreten, wie es der Menschen Art ist. Führe ihn durch die wilden, scheußlichen Szenen des menschlichen Lebens, er verkenne den Zweck, verliere unter den Greueln den Faden der Leitung und Langmut des Ewigen. Und wenn er dann abgerissen steht von allen natürlichen und himmlischen Verhältnissen, zweifelnd an der edlen Bestimmung seines Geschlechts, der Sinn der Wollust und des Genusses in ihm verdampft ist, er sich an nichts mehr halten kann und der innre Wurm erwacht, so zergliedere ihm mit höllischer Bitterkeit die Folgen seiner Taten, Handlungen und seines Wahnsinns und entfalte ihm die ganze Verkettung derselben bis auf die künftige Geschlechter. Ergreift ihn dann die Verzweiflung, so schleudere ihn herunter und kehre siegreich in die Hölle zurück.«

LEVIATHAN: Satan, warum wendest du dich abermals an mich? Du weißt es, mir ist das ganze Menschengeschlecht und die Erde, ihr Tummelplatz, längst zum Ekel geworden. Was ist aus den Kerls zu machen, die weder Kraft zum Guten noch

Bösen haben? Den, der eine Zeitlang mit dem Phantom *Tugend*
buhlt, machen bald Gold, Ehrgeiz oder Wollust zum Schurken,
und tritt auch einer oder der andre kühn in die Bahn des Lasters,
so fährt er auf halbem Wege vor den Gespenstern seiner
schwächlichen Einbildungskraft zurück. Ja, wenn es noch ein
heißer, stolzer Spanier, ein rachsüchtiger, spitzbübischer Italiener oder ein lustiger, verbuhlter Franzose wäre! aber ein
Teutscher? träge Klötze, die sich vor Ansehen und Reichtum,
vor allen unnatürlichen Unterscheidungen der Menschen skla-
visch beugen, von ihren Fürsten und Großen glauben, sie seien
von edlerem Stoffe gemacht als sie, und ganze Kerle zu sein
glauben, wenn sie sich für sie totschlagen oder zum Totschlagen
an andre Fürsten verkaufen lassen. Vernimmst du seit Jahrhunderten ein Wort von Empören gegen Tyrannei? von Kampf und
Blutvergießen um Freiheit und die Rechte der Menschheit? Sie
glauben sich frei, weil es ihre Fürsten und Bischöfe sind, die
sie schinden können, wie es ihnen gefällt. Noch ist keiner von
ihnen auf eine stattliche Art zur Hölle gefahren, ein Beweis,
daß dies Volk keine sich auszeichnende Köpfe hat. Ich meine
von jenen, die keck alle Verhältnisse benagen, den diamantnen
Schild Eigenheit erkämpfen, an dem sich alle himmlische und
irdische Vorurteile zerschlagen. Zeige mir einen solchen Mann,
der auf die Gefahr seiner Seele groß sein und bleiben will, und
ich fahre hinauf.

SATAN: Leviathan, sollen Teufel sich von Vorurteilen blen-
den lassen wie die Söhne des Staubs? Der Mann nach unserm
Sinn wird unter jedem Himmelsstrich geboren; dies wird er
dir beweisen. Er ist einer von denen, die die Natur zum Großen
geschaffen, mit allen heißen Leidenschaften ausstaffiert hat und
die sich gegen die alten Verträge der Menschen empören. Wenn
ein solcher Geist durch dieses Spinnengewebe reißt, so gleicht
er einer Flamme, die durch ihre Heftigkeit den Stoff ihres
Glanzes nur schneller aufzehrt. Er ist einer der Philosophen,
auf Schöngeist gepfropft, die durch die Einbildungskraft fassen
sollen, was dem kalten Verstand versagt ist, und die, wenn es
ihnen mißlingt, alles Wissen verlachen und den Genuß und die
Wollust zu ihrem Gott machen. Fahr hinauf, Leviathan, bald
wird ein Feuer in Teutschland ausbrechen, das ganz Europa
umfassen wird. Schon schießt der Keim des Wahnsinns auf
Jahrhunderte auf, und das, was der Teutsche einmal gefaßt hat,
davon läßt er nicht ab.

Sie ritten beide die Landstraße hinan, und als sie noch einige Steinwürfe von der Stadt entfernt waren, sahen sie einen Galgen nah an derselben, an welchem ein schlanker, wohlgestalteter Jüngling hing. Faust blickte hinauf. Der frische Abendwind, der durch seine blonde, über sein Gesicht gefallene Haare blies und ihn hin und her schaukelte, entdeckte Fausten seine jugendliche Bildung. Er brach bei diesem Anblick in Tränen aus und rief mit bebender Stimme:

»Armer Jüngling, in der ersten Blüte des Lebens schon hier am verfluchten Holze? Was kannst du verbrochen haben, daß dich das Gericht der Menschen so früh verurteilt hat?«

TEUFEL *mit ernstem und feierlichem Tone:* Faust, dieses ist dein Werk!

FAUST: Mein Werk?

TEUFEL: Dein Werk! sieh ihn genau an – es ist dein ältester Sohn!

Faust blickte hinauf, erkannte ihn und sank vom Pferde.

TEUFEL: Schon jetzt vernichtet? So wirst du mich bald um die Früchte meiner Mühe bringen, die ich nur in deinem Jammer ernten kann. Winsle und stöhne, die Stunde naht, worin ich dir den dicken Schleier von den Augen reißen muß. Höre! ich will mit einem Atemzug das verworrne Labyrinth weghauchen, in welchem du dich nicht finden konntest, dir Licht über die Wege der moralischen Welt geben und dir zeigen, wie gewaltsam du sie durchkreuzt hast. Ich, ein Teufel, will dir zeigen, mit welchem Rechte und Gewinn ein Wurm wie du sich zum Richter und Rächer des Bösen aufwirft und in die Räder dieser so ungeheuren und fest gestimmten Maschine greift. Langsam will ich dir alles zuzählen, damit das Gewicht eines jeden deines Frevels, einer jeden deiner Torheiten schwer auf deine Seele falle. Erinnerst du dich des Jünglings, den ich auf deinen Befehl bei unserm Auszug aus Mainz vom Ersaufen erretten mußte? Ich warnte dich, du wolltest dem Zug deines Herzens gehorchen, vernimm nun die Folgen. Hättest du jenen Bösewicht ertrinken lassen, so würde dein Sohn nicht an diesem schändlichen Holz sein Leben verloren haben. Er, um deswillen du durch die Führung des Schicksals verwegen griffst, nahte sich bald nach deiner Entfernung deinem jungen verlaßnen Weibe. Der Glanz des Goldes, das wir ihr so reichlich hinterlassen hatten, reizte ihn mehr als ihre Jugend und Schönheit. Es war ihm ein leichtes, das Herz der vor dir Vernachlässigten zu gewinnen, und er machte sich in kurzem so zum Meister davon, daß sie ihm ihre Führung und alles, was sie besaß, überließ. Dein Vater wollte sich seiner Wirtschaft widersetzen, der junge Mann schlug und mißhandelte ihn, er suchte seine Zuflucht in dem Hospitale der Armen, wo er vor einigen Tagen vor Kummer über dich und deine Familie gestorben ist. Da ihn dein Sohn darauf mit heftigen Vorwürfen anfiel und ihm drohte, trieb er auch ihn aus dem Hause. Dieser irrte in der Wildnis herum, schämte sich zu betteln, kämpfte lange mit dem Hunger, stahl endlich in einer Kirche dieser Stadt einige Groschen von einem Opferteller, ihn zu stillen, tat es aber so unvorsichtig, daß man ihn bemerkte, und der hochweise Magistrat ließ ihn aus Rücksicht seiner Jugend nur hängen, ob er ihnen gleich unter Tränen sagte, er habe in vier Tagen nichts als Gras verschlungen. Deine Tochter ist in Frankfurt, nährt sich mit Prostituierung ihrer Jugend jedem, der sie dazu auffordert; dein zweiter Sohn dient bei einem Prälaten, der die Jünglinge dazu braucht, wozu mich der Papst einst brauchen wollte und wofür er eine so billige Taxe im Sündentarif festsetzte. Der junge, von mir gerettete Mann raubte endlich deinem Weibe das letzte; dein Freund, den wir vom Bettelstab retteten, versagte deinem alten Vater seine Hilfe, stieß deine Kinder, die zu ihm flüchteten und um Brot flehten, weg, und nun will ich dir deine Familie zeigen, damit du mit Augen siehst, was du aus ihnen gemacht hast. Dann will ich dich wieder hierher reißen, Rechnung mit dir halten, und du sollst eines Todes sterben, wie ihn kein Sterblicher gelitten hat. Ich will deine bebende Seele herumzerren, bis du dastehest, ein erstarrtes Bild der Verzweiflung.

*

Der Teufel ergriff den Jammernden, flog mit ihm nach Mainz, zeigte ihm sein Weib und seine zwei jüngsten Kinder, mit Lumpen bedeckt, vor dem Franziskanerkloster sitzen, um die ekelhaften Überbleibsel des Nachtessens dieser Mönche abzuwarten. Als die Mutter Fausten erblickte, schrie sie: »Ach Gott, Faust, euer Vater!« deckte ihre Augen mit ihren Händen zu und sank in Ohnmacht. Die Kinder liefen zu ihm, hingen sich an ihn und schrien um Brot.

FAUST: Teufel, gebiete über mein Schicksal, laß es schrecklicher sein, als es das Herz des Menschen tragen und fassen kann, nur gib diesen Elenden und errette sie vor Schande und Hunger!

TEUFEL: Ich habe für dich die Schätze der Erde geplündert, du hast sie der Wollust und dem Vergnügen aufgeopfert, ohne dieser Elenden zu gedenken. Fühle nun deine Torheit, dieses ist dein Werk; du hast das Gewebe zu ihrem Schicksal gesponnen, und deine hungrige, bettlerische und elende Brut wird den von dir ausgesäten Jammer durch Kinder und Kindeskinder fortpflanzen. Du zeugtest Kinder, warum wolltest du nicht ihr Vater sein? Warum hast du da das Glück gesucht, wo es nie ein Sterblicher gefunden hat? Blicke sie noch einmal an, und dann fort, in der Hölle siehst du sie einst wieder, wo sie dich für die Erbschaft verfluchen werden, die sie dir nur zu danken haben.

Er riß ihn von den Jammernden, sein Weib wollte soeben seine Knie umfassen und um Erbarmung flehen – Faust wollte sich zu der Unglücklichen neigen, der Teufel faßte ihn und stellte ihn abermals unter den Galgen bei Worms.

*

Die Nacht senkte sich schwarz auf die Erde. Faust stund vor dem grausenden Anblick seines unglücklichen Sohns. Wahnsinn glühte in seinem Gehirne, und er rief im wilden Tode der Verzweiflung:

»Teufel, laß mich diesen Unglücklichen begraben, entreiße mir dann das Leben, und ich will in die Hölle hinunterfahren, wo ich keinen Menschen im Fleische mehr sehen werde. Ich habe sie kennengelernt, mir ekelt vor ihnen, vor ihrer Bestimmung, vor der Welt und dem Leben. Die gute Tat zog unaussprechliches Weh auf mein Haupt, und ich hoffe, die bösen allein sind zum Glück ausgeschlagen. So muß es sein in dem tollen Sinn des Wirrwarrs auf Erden. Fördere mich hinunter, ich will ein Bewohner der Hölle werden, ich bin des Lichts müde, gegen welches ihre Dunkelheit vielleicht Tag ist.«

TEUFEL: Nicht zu rasch! – Faust, ich sagte dir einst, du solltest das Stundenglas deiner Zeit selbst zerschlagen, du hast es in diesem Augenblick getan, und die Stunde der Rache ist da, nach der ich so lange geseufzt habe. Hier entreiße ich dir deine mächtige Zauberrute und feßle dich in den engen Bezirk, den ich nun um dich ziehe. Hier sollst du mich anhören, heulen und zittern, ich ziehe die Schrecken aus dem Dunkel hervor, enthülle die Folgen deiner Taten und ermorde dich mit langsamer Verzweiflung. So jauchze ich, so siege ich über dich!

Tor, du sagst, du hättest den Menschen kennengelernt? Wo? Wie und wenn? Hast du auch einmal seine Natur erwogen? durchforscht und abgesondert, was er zu seinem Wesen Fremdes hinzugesetzt, daran verpfuscht und verstimmt hat? Hast du genau unterschieden, was aus seinem Herzen und was aus seiner durch Kunst verdorbenen Einbildungskraft fließt? Hast du die Bedürfnisse und Laster, die aus seiner Natur entspringen, mit denen verglichen, die er der Kunst und seinem verdorbenen Willen allein verdankt? Hast du ihn in seinem natürlichen Zustand beobachtet, wo jede seiner unverstellten Äußerungen das Gepräge seiner innern Stimmung an sich trägt? *Du hast die Maske der Gesellschaft für seine natürliche Bildung genommen und nur den Menschen kennengelernt, den seine Lage, sein Stand, Reichtum, seine Macht und seine Wissenschaften der Verderbnis geweiht haben, der seine Natur an eurem Götzen, dem Wahn, zerschlagen hat.* An die Höfe, in die Paläste hast du dich gedrängt, wo man der Menschen lacht, indem man sie mißbraucht, wo man sie mit Füßen tritt, während man das verpraßt, was man ihnen geraubt hat. Die Herrscher der Welt, Pfaffen, die eure Religion als Werkzeug der Unterdrückung nutzen, die hast du gesehen, und nicht den, der unter dem schweren Joche seufzt, des Lebens Last geduldig trägt und sich mit Hoffnung der Zukunft tröstet. Stolz bist du die Hütte des Armen und Bescheidnen vorübergegangen, der die Namen eurer erkünstelten Laster nicht kennt, im Schweiß seines Angesichts sein Brot erwirbt, es mit Weib und Kindern treulich teilt und sich in der letzten Stunde des Lebens freut, sein mühsames Tagwerk geendet zu haben. Hättest du da angeklopft, so würdest du freilich euer schales Ideal von heroischer, überfeiner Tugend, die eine Tochter eurer Laster und eures Stolzes ist, nicht gefunden haben; aber den Menschen in stiller Bescheidenheit, großmütiger Entsagung, der unbemerkt mehr Kraft der Seele und Tugend ausübt als eure im blutigen Felde und im trugvollen Kabinette berühmte Helden. Ohne letztere, Faust, ohne eure Pfaffen und Philosophen, würden sich bald die Tore der Hölle zuschließen. Kannst du sagen, daß du den Menschen kennest, da du ihn nur auf dem Tummelplatz der Laster und deiner Lüste gesucht hast? Kennst du dich selbst? Laß mich tiefer reißen, ich will mit Sturm in die Glut blasen, die du in deinem Busen gesammelt hast. Wenn ich tausend menschliche Zungen hätte und dich Jahre in diesem Kreise gefesselt hielte, so könnte ich dir doch nicht alle die Folgen deiner Taten und Verwegenheiten entwickeln. Durch Jahrhunderte läuft das Gewebe des Unglücks deiner Hand, und künftige Geschlechter verfluchen einst ihr Dasein, weil du in wahnsinnigen Stunden deinen Kitzel befriedigt oder dich zum Richter und Rächer menschlicher Handlungen aufgeworfen hast. Sie, Kühner, so bedeutend wird euer Wirken, das euch Blinden so beschränkt scheint! Wer von euch kann sagen: die Zeit vertilgt die Spur meines Daseins? Weißt du, was Zeit und Dasein sind und sagen wollen? Schwellt der Tropfen, der in das Weltmeer fällt, nicht die Woge um einen Tropfen? Und du, der nicht weiß, was Anfang, Mittel und Ende sind, hast mit verwegner Hand die Kette des Geschicks gefaßt und an den Gliedern derselben genagt, ob sie gleich die Ewigkeit geschmiedet hat! Nun ziehe ich den Vorhang hinweg und schleudre das Gespenst *Verzweiflung* in dein Gehirn.

Faust drückte seine Hände vor seine Augen, der Wurm der Qual sog an seinem Herzen.

TEUFEL: Vernimm nun deines Lebens Gewinn und ernte ein, was du gesäet hast, erinnre dich dabei, daß ich keinen deiner Frevel ausführte, ohne dich vor den Folgen zu warnen. Gezwungen von dir, unterbrach ich den Lauf der Dinge, und ich, der Teufel, stehe schuldlos vor dir, denn alles sind Taten deines eignen Herzens.

Denkst du noch der Nonne Klara, der wollüstigen Nacht, die du mit ihr zugebracht? Wie solltest du nicht, da sie dich so sehr ergötzte? Höre die Folgen derselben! Kurz nach unsrer Entfernung starb der Erzbischof, ihr Freund und Beschützer, und sie mußte nach ihrer Niederkunft mit ihrem Kinde als ein Gegenstand des Abscheus im peinlichen Kerker den verzweifelnden Hungertod sterben. In der Wut fiel sie über den Neugeborenen her, sättigte sich an deinem und ihrem Blute und verlängerte ihre scheußliche Marter, so lange der unnatürliche Fraß dauerte. Was hatte sie verbrochen, sie, die ihr Verbrechen nicht begriff, den Urheber ihrer Schande und ihres schrecklichen Todes weder kannte noch ahndete? Fühle nun die Folgen einer einzigen Sekunde der Wollust und bebe! Hast du nicht den Wahnsinn bekräftigt, der sie verdammte? Mußte die Hölle nicht den Vorwurf deines Frevels tragen? Sie ermordeten deine Brut als die Brut des Satans, und du hast durch diese Tat die Begriffe dieses Volks auf Jahrhunderte verwildert. Stöhne nur, ich ziehe der Schrecken mehr herauf.

Es ist wahr, mit dem Fürstbischof ist dir's besser gelungen. Er ließ den Hans Ruprecht begraben und versetzte seine Familie in Wohlstand. Auch verlor er durch meine Vorspieglung sein Fett und ward einer der gelindesten und gütigsten Fürsten, erschlaffte aber die Bande der bürgerlichen Ordnung so durch seine Nachsicht, daß seine Untertanen bald ein Haufen Halunken, Säufer, Faulenzer, Räuber und liederlichen Gesindels ward. Um sie wiederum zu Menschen zu machen, mußte nun der jetzige Bischof ihr Henker werden, hundert Familien zerstören und hinrichten, damit die andern, durch das Beispiel erschreckt, in die bürgerliche Ordnung einträten. Drei Schlemmer und Fresser hätten diesem Volke nicht so weh getan, als ihm diejenigen nun tun, denen dieser Fürst gezwungen das Schwert der Gerechtigkeit und die Gewalt der Rache vertrauen muß. Der Doktor Robertus, der berühmte Freiheitsrächer, der Mann nach deinem Sinne, war von frühster Jugend ein Feind des Ministers, den er wegen seiner Talente haßte. Neid und Eifersucht waren die Quellen seines unabhängigen Geistes, und hätte jener wie er gedacht, so würde er mit Freuden die Grundsätze des strengsten Despotismus angenommen haben, denn nur dazu war sein hartes und wildes Herz geschaffen. Der rechtschaffne Mann war der Minister, dieser ein Unhold, der die Welt in Brand gesteckt hätte, es teils getan hat, um seinen grenzenlosen Ehrgeiz zu befriedigen. Ich mußte ihn nach deinem Willen retten, ihn mit einer großen Summe Geld versehen, vernimm nun, wozu er sie gebraucht hat, und freue dich der Folgen. Er nutzte seine Freiheit, das Gold und den Wahn, den sein Verschwinden durch mich im Volke veranlaßte, so gut, daß es ihm bald gelang, einen fürchterlichen Aufstand zu erregen. Er bewaffnete die Bauern, diese ermordeten die Edelleute, verwüsteten das ganze Land, der edle Minister fiel ein Opfer seiner Rache, und dein Freiheitsrächer Robertus ist der Stifter des unglücklichen Bauernkriegs, der sich nach und nach in ganz Teutschland ausbreiten und es verheeren wird. Mord, Totschlag, Plünderung, Kirchenraub wüten nun, und dein edler Held steht an der Spitze eines tollen Haufens und droht aus Teutschland einen Kirchhof des Menschengeschlechts zu machen. Ernte den Jammer ein, den du veranlaßt hast, der Satan selbst hätte nicht besser für die Zerstörung der Menschen, die wir hassen, arbeiten können als du, da du diesen Wahnsinnigen der Gerechtigkeit entrissen hast.

Kehre mit mir an den Hof jenes teutschen Fürsten zurück, wo du den Rächer der Tugend und Gerechtigkeit so rasch und kühn gespielt hast. Dieser Fürst und sein Günstling waren Heuchler eurer Tugenden, aber ihr Wirken beförderte das Glück des Volks, weil sie beide Verstand genug hatten, zu fühlen, der Vorteil der Untertanen sei Gewinn für den Fürsten. Weiß der Durstige und kümmert's ihn, ob die Quelle, die ihn tränkt, aus dem Bauche eines Berges springt, der mit Gift angefüllt ist? Genug für ihn, wenn er nur ohne Schaden sein heißes Blut abkühlt. Dieser Heuchler mißfiel dir, weil er deiner hohen Meinung, die du mir gerne aus gewissen Ursachen aufdrängen wolltest, nicht entsprach, und ich mußte ihn auf deinen Befehl erwürgen. Sein unmündiger Sohn folgte ihm in der Regierung. Seine Vormünder drückten und preßten das unter dem Heuchler einst glückliche Volk, verdarben das Herz und den Geist des künftigen Regenten, entnervten früh seinen Körper durch Wollust, beherrschen ihn nun, da er mündig ist, und sind seine und des Volks Tyrannen. Hätt ich nicht auf deinen Befehl den Vater erwürgen müssen, so würde er seinen Sohn nach seinen Grundsätzen erzogen, seine Fähigkeiten entwickelt und ihn zum Manne gebildet haben, der würdig sei, an der Spitze eines Volks zu stehen. Die Hunderttausende, die nun unter dem Druck des feigen, tückischen Wollüstlings seufzen und deren Jammer sich auf deinem Haupte sammelt, würden die Glücklichsten in Teutschland sein. Wohl uns, du hast ein ganzes Volk elend gemacht, da du dich zum Rächer eines Einzigen aufwarfst. Ernte ihre Tränen, ihre Verzweiflung, die blutigen Taten ihrer künftigen Empörung ein und freue dich deines strengen Richteramts!

Wahnsinniger, auf dein Geheiß mußt ich das Schloß des wilden Rauhgrafs mit allen Bewohnern, seinem Weibe und dem Säugling verbrennen. Was haben diese Unschuldigen verbrochen? Es war ein Augenblick der Wonne für mich! – dein Werk ist es, daß der Säugling auf dem Busen der Mutter zu Asche brannte, dein Werk, daß der Rauhgraf einen benachbarten Edelmann als den Urheber des Brandes überfiel, des Unschuldigen Schloß der Flamme übergab, ihn erschlug und die Fehde, die meine Tat veranlaßte, noch in diesem Teile Teutschlands wütet. Tausende sind schon unter dem Schwerte der wechselseitigen Rache hingesunken, und es wird nicht eher ruhen, bis sich die streitenden Familien gänzlich erschöpft und vertilgt

haben. *So* warst du, Wurm, der sich in der Wollust herum-
wälzte, in die Hölle drangst, um deine Lüsternheit zu sättigen,
der Rächer des Unrechts. Heule und stöhne, ich ziehe der
Schrecken mehr aus dem Dunkel.

Die Tochter des Geizigen in Frankreich, die du zur H – e gemacht und in ihrem Busen die Lust nach der Sünde erweckt
hast, ergab sich bald hierauf dem jungen König als Mätresse.
Sie beherrschte ihn, reizte ihn, daß er sie mit einem neuen Buh-
ler nicht stören möchte, zu dem unsinningen Zuge nach Italien
und zog ein Elend über Frankreich, das viele künftige Regie-
rungen nicht heilen werden. Die Blüte der französischen Jugend, die Helden des Reichs faulen in Italien, und der König
kehrte beschämt und ohne Vorteil heim. So hast du, wohin du
dich wandtest, den Samen des Unglücks ausgestreut, und er
fruchtet zum Unheil die Ewigkeit durch.

Ich hoffe, nun begreifst du den Fingerzeig, den ich dir damals
gab, als ich das Haus über die Naturkündiger zusammen-
stürzte. Ich sagte dir, so wie diese in das Fleisch der Lebenden
schneiden, um unergründliche Geheimnisse zu erforschen, so
wütest du in der moralischen Welt durch meine zerstörende
Hand. Du hast dieses Winks nicht geachtet. Fühle ihn nun tiefer. Sie verdienten, unter den Ruinen ihrer Schlachtbank begraben zu werden, aber was hatten die Unschuldigen im Unter-
stock verbrochen, die nicht wußten, welche Greuel über ihrem
Haupte vorgingen? Warum mußten auch sie mit begraben werden? Warum mußte, deine schnelle Rache zu befriedigen, eine
schuldlose, glückliche Familie mit aufgeopfert werden? Richter
und Rächer, dieses hast du nicht bedacht. Fasse nun die Folgen
deines Wahnsinns zusammen, durchlaufe sie und sinke vor der
scheußlichen Vorstellung hin. Sagt ich dir nicht, der Mensch
ist rascher in seinem Urteil und in seiner Rache als der Teufel
in der Vollziehung des Bösen?

Auf deinen Befehl mußte ich den Zunder der Wollust an das
Herz der himmlischen Angelika legen, die die Zierde ihres Geschlechts und der Welt war. Du hast sie im wilden Rausche
deiner Sinne genossen, und die Unglückliche wußte nicht, was
ihr geschah. Schaudre vor den Folgen – diese Angelika – ich,
der Gefallen an der Sünde und der Zerstörung hat, könnte mit-
leidig auf ihr Ende blicken! Sie floh auf das Land, und das Gefühl der Scham zwang sie, den Zustand zu verbergen, in den
du sie gesetzt hattest. Sie gebar unter Todesangst in der Ein-

samkeit, ohne Hilfe, das Kind entfiel dem Schoß der Unvermögenden und starb in dem Augenblick, da es das Licht der Welt erblickte. Sie, das unglückliche Opfer deiner augenblicklichen Lust, ward eingezogen und öffentlich als Kindermörderin hingerichtet. Du hättest sie sehen sollen im letzten Augenblick ihres Lebens – sehen sollen, wie ihr reines Blut den weißen Talar befleckte –

Faust öffnete seine starre Augen und sah gen Himmel

TEUFEL: Er ist taub gegen dich! Sei stolz auf den Gedanken, einen Augenblick gelebt zu haben, der das Vergehen der Teufel leicht machen könnte, wenn das Gericht über sie nicht geschlossen wäre! Noch rauscht er in den düstern Gefilden der Ewigkeit. Ich rede von jenem, da du mich zwingen wolltest, den Schleier zu heben, der euch den Ewigen verbirgt. Der Engel, der euer Schuldbuch führt, erbebte auf seinem glänzenden Sitze und strich deinen Namen mit weggewandtem Angesicht aus dem Buche des Lebens.

FAUST *sprang auf:* Verflucht seist du! Verflucht ich! die Stunde meiner Geburt! der, der mich gezeugt, die Brust, die ich gesogen!

TEUFEL: Ha des herrlichen Augenblicks! des köstlichen Lohns meiner Mühe! Die Hölle freut sich deiner Flüche und erwartet einen noch schrecklichern von dir. Tor, warst du nicht frei geschaffen? Trugst, empfandest du nicht wie alle, die im Fleische leben, den Trieb zum Guten wie zum Bösen in deiner Brust? Warum tratst du verwegen aus dem Gleise, das dir so bestimmt vorgezeichnet war? Warum wagtest du deine Kräfte an dem und gegen den zu versuchen, der nicht zu erreichen ist? Warum wolltest du mit dem richten und rechten, den du nicht fassen und denken kannst? Warum trieb Stolz die Pflanze aufwärts, die nur an der Erde hinkriechen soll? Hat er dich nicht so geschaffen, daß du über den Teufel wie über die Tiere der Erde erhaben stundest? Dir verlieh er den unterscheidenden Sinn des Guten und Bösen: frei war dein Wille, frei deine Wahl. Wir sind Sklaven des Bösen und der eisernen Notwendigkeit ohne Wahl und Willen; gezwungen, von Ewigkeit dazu verdammt, wollen wir nur das Böse und sind Werkzeuge der Rache und der Strafe an euch. Ihr seid Könige der Schöpfung, freie Geschöpfe, Meister eures Schicksals, das ihr selbst bestimmt, Herren der Zukunft, die von eurem Tun abhängt; um diese Vorzüge hassen wir euch und frohlocken, wenn ihr durch

Torheit und Laster die Herrschaft verwirkt.* Wohl uns, daß ihr diese Vorzüge selbst vernichtet, daß ihr alles mißbraucht, alle die Fähigkeiten zum Guten, die euch der Ewige verliehen hat. Tritt auch ein Weiserer unter euch auf und schreibt euch Regeln zu eurem Besten vor, so zernichtet ihr sein Werk in dem Augenblick der Entstehung. Mißbrauch eurer moralischen und physischen Kräfte läuft durch die Kette, die das Menschengeschlecht verbinden soll; und nie gefallt ihr euch besser, als wenn ihr zerstört, was andere zu eurem Glück und Heil aufgebauet haben. So arten unter euren Händen, in eurem Geiste Religion, Wissenschaften und Regierung zu Unsinn, Verzerrung und Tyrannei aus, und du hast das deinige redlich dazu beigetragen. Faust, nur in der Beschränktheit liegt euer Glück, wärst du geblieben, was du warst, hätten dich Dünkel, Stolz, Wahn und Wollust nicht aus der glücklichen, beschränkten Sphäre gerissen, wozu du geboren warst, so hättest du still dein Gewerbe getrieben, dein Weib und deine Kinder ernährt, und deine Familie, die nun in Kot der Menschheit gesunken ist, würde blühen. Von ihr beweint, würdest du ruhig auf deinem Bette gestorben sein, und dein Beispiel würde deine Hinterlaßnen auf dem dornigen Pfad des Lebens leiten.

FAUST: Ha, wohl mag dies die größte Qual der Verdammten sein, wenn der Teufel ihnen Buße predigt!

TEUFEL: Es ist lustig genug, daß ihr es dazu kommen laßt.

* Der Teufel, der, um Fausten zu plagen, seine Zweifel immer nur schärfen will, deutet hier auf folgende Theorie, die er vielleicht darum nicht bestimmt ausdrückt, weil er glaubt, sie möchte dem Stolze des Menschen zu viel schmeicheln und ihm durch eine Reihe von wahren oder falschen Schlüssen einen erhabenen Begriff von der Gottheit beibringen. Sie lautet so:
Der Mensch ist vermöge seines freien Willens und seines ihm eingedrückten innern Sinns sein eigner Herr, Schöpfer seines Schicksals und seiner Bestimmung. Er kann durch seine Taten und sein Wirken den schönen Gang der moralischen Welt befördern und stören, nach seiner Lage und Denkart oft ganze Völker, ja ganze Weltteile glücklich oder unglücklich machen, und das ganze Menschengeschlecht vom Bettler bis zum König ist also, jeder nach seiner Kraft, zusammengenommen Werkmeister der sogenannten moralischen Welt. Er entwickelt also nur das einmal in ihn gelegte Streben wie jedes Ding der sichtbaren Welt, doch mit dem Unterschied, daß nur ihn sein freier Wille und sein das Böse und Gute begreifender Sinn der Strafe und Belohnung fähig machen. Diese Theorie greift die Vorsicht freilich nicht an, aber doch die mittelbare Leitung und feste Bestimmung von oben; und da sie von dem Teufel herkommt, überdem sehr untheologisch zu sein scheint und die moralische Welt so unsichern Händen anvertraut, so laß ich sie ohne weiteres da stehen, so vielen Glanz sie auch auf die Moral zurückwirft. Der Leser mache damit, was er will.

Elender, und wenn die Stimme der Wahrheit und Buße laut vom Himmel selbst erschallte, ihr würdet ihr euer Ohr verschließen.

FAUST: Erwürge mich und töte mich nicht mit deinem Geschwätze, das mein Herz zerreißt, ohne meinen Geist zu überzeugen. Willst du, daß ich dein Gift Tropfen für Tropfen einschlürfen soll, gieß ein! deine Vorstellungen laufen im Ungeheuren zusammen und verlieren ihre Kraft an mir. Sieh, meine Augen sind starr und trocken, nenne meine Stumpfheit, Verzweiflung – noch kann ich ihrer spotten, und mein Geist kämpft mit der peinlichen Wallung meines Herzens. Nur dieser da und die ich eben gesehen liegen wie eine ungeheure Last auf mir und zerknirschen meine sich noch empörende Kraft. Um der guten Tat willen muß er hier henken! Um der guten Tat willen müssen sie im Elend verschmachten und eine Reihe niederträchtiger Sünder fortpflanzen! Sah ich was anders als Morden, Vergiften und Greuel in der Welt? Sah ich nicht überall den Gerechten zertreten und den Lasterhaften glücklich und belohnt?

TEUFEL: Das kann nun wohl sein und beweist nur, was für Kerle ihr seid; aber was prahlst du mir immer von deiner guten Tat vor? Wodurch verdient sie diesen Namen? Etwa dadurch, daß du mir den Wink dazu gegeben, der dich wahrlich nicht viel gekostet haben kann? Um es zu einer edlen Handlung zu machen, hättest du dich in das Wasser werfen und den jungen Mann auf Gefahr deines Lebens retten müssen. Darauf deutete ich, als ich dir sagte: vermutlich kannst du nicht schwimmen. Ich warf ihn an das Ufer und verschwand. Dich selbst würde er erkannt haben, und von Dankbarkeit gerührt, hätte der Zerstörer deiner Familie ihr Beschützer und Verteidiger werden können.

FAUST: Quälen kannst du mich, Teufel, aber die Zweifel des Menschen kannst du aus Stumpfheit nicht lösen oder willst es aus Bosheit nicht tun. Nie drangen sie giftiger in mein Herz als in dieser Stunde, da ich den Jammer meines Lebens, meiner Zukunft überblicke. Ist das menschliche Leben etwas anders als ein Gewebe von Pein, Laster, Qual, Heuchelei, Widersprüchen und schielender Tugend? Was ist Freiheit, Wahl, Wille, der gerühmte Sinn, Böses und Gutes zu unterscheiden, wenn die Leidenschaften die schwache Vernunft überbrüllen, wie das tosende Meer die Stimme des Steuermanns, dessen Schiff gegen die Klippen treibt? Wozu das Böse? Warum das Böse? Er wollte es so; kann der Mensch den Samen des Bösen aus der ungeheuren Masse herausreißen, den er mit Willen hineingelegt hat? Noch wütender hasse ich nun die Welt, den Menschen und mich. Warum gab man mir, der zum Leiden geboren ist, den Drang nach Glück? Warum dem zur Finsternis Geborenen den Wunsch nach Licht? Warum dem Sklaven den Durst nach Freiheit? Warum dem Wurme das Verlangen zu fliegen? Wozu eine unbeschränkte Einbildungskraft, die immer gebärende Mutter kühner Begierden, verwegner Wünsche und Gedanken? Freiheit dem Menschen! in dieser verzweifelnden Stunde kann ich noch bei diesem sinnlosen Worte hämisch lachen. Ja, den Durst nach ihr, den kenne ich, und darum stehe ich nun in diesem verdammten Kreise. Frei der, auf dessen Nacken das eiserne Joch der Notwendigkeit von der Wiege bis zu dem Grabe drückt? Wahrlich, wenn er es umwunden hat, wie man das Joch des Pflugochsens umwindet, so geschah es nicht darum, daß er unsers Nackens schonte, sondern darum, daß wir die mühsame Furche des Lebens ganz durchackern sollten und entkräftet an dem Ziele hinsänken. Nun labe ihn mein Stöhnen, ich habe es erreicht. Zerschlage das Fleisch, das meine dunkle zweifelvolle Seele umhüllt, nimm ihr das Erinnern, daß sie einen menschlichen Leib zum Sünder gemacht hat, dann will ich einer der Eurigen werden und nur im Wunsche des Bösen leben. O der herrlichen Welt, worin der blinde unterjochte Mensch weise Zwecke aus den Martern, die ihn zerreißen, dem ihn umheulenden Jammergeschrei der Elenden, dem Siegesgesang der Unterdrücker, der ihn umgebenden Verwüstung und Zerstörung zusammenlesen soll; worin er nichts fühlt und sieht als eine unwiderstehliche Tyrannei, die ihn hier und dort vor Gericht fordert, wenn er laut zu murren wagt. Ha, Teufel, reiße meine Brust auf und schreibe mit dem kochenden Blut meines Herzens deine schöne Theodizee, die du mir eben vorgesagt, in jene dunkle Wolke. Mag sie ein Philosoph kopieren und die Menschen damit narren. Verherrlicht sich nicht der Ewige in Zerstörung und im Schaffen zur Zerstörung? So rauche dann mein Blut an dem Altar des Furchtbaren wie das Blut eines Opfertiers, das der Unsinn dem Götzen schlachtet! Daß ich's mit beiden Händen fassen, gegen den dunklen Himmel schleudern könnte, damit es dort glühe, wie es nun in meinen Adern glüht, und zu seinem Thron aufschreie!

Ha, Teufel, dieses gefällt deinen Ohren nicht wie der zischende, heulende Gesang der Verzweiflung, den du erwartet hast – noch kennst du den Menschen nicht ganz. Was ist die Leitung des Himmels, wenn ein Wurm wie ich durch das Mittel eines Verworfnen, wie du bist, durch seinen eignen Willen sein Werk verpfuschen kann? Ist hier Gerechtigkeit? Mußte Faust so geboren werden, sich so entwickeln, so denken und empfinden, daß Fähigkeiten und Leidenschaften mehr zum Mißbrauch als zu edlen Zwecken gestimmt sein? Wollte es meine Natur so, so wollte es auch der, der sie mir gegeben hat. Er muß Gefallen an diesen Verwirrungen haben, sonst hätte er mich der moralischen Notwendigkeit ebenso gewaltsam unterworfen als der physischen. Löse nur immer den Zauber, der mich in diesem Kreise fesselt, und ich werde dir nicht entfliehen, und könnte ich's, ich wollte nicht, denn die Pein der Hölle kann nicht größer sein als das, was ich fühle.

TEUFEL: Faust, mich freut deines Muts, und ich höre das, was du sagst, noch lieber als die wilden Töne der Verzweiflung. Sei stolz darauf, deine genialische Kraft bis zum Unsinn und zur Lästerung getrieben zu haben, die Qual der Hölle erwartet dich dafür. Ich bin deines Geschwätzes und der Erde müde. Es ist Zeit zum Abfahren, deine Rolle ist hier gespielt, du beginnest eine, die nie enden wird. Tritt aus deinem Kreise und begrabe den Unglücklichen; dann will ich dich fassen, deinen bebenden mürben Leib von deiner Seele streifen, wie man dem Aale die Haut abstreift, ihn zerstück und auf das umherliegende Feld streuen, den Vorübergehenden zum Ekel und Abscheu.

Vielleicht hat die Legende von Johannes Faustus deshalb einen so geheimnisvollen Reiz für unsre Zeitgenossen, weil sie hier so naiv faßlich den Kampf dargestellt sehen, den sie selber jetzt kämpfen, den modernen Kampf zwischen Religion und Wissenschaft, zwischen Autorität und Vernunft, zwischen Glauben und Denken, zwischen demütigen Entsagen und frecher Genußsucht – ein Todeskampf, wo uns am Ende vielleicht ebenfalls der Teufel holt wie den armen Doktor aus der Grafschaft Anhalt oder Knittlingen in Schwaben. Ja, unser Schwarzkünstler wird in der Sage nicht selten mit dem ersten Buchdrucker identifiziert. Dies geschieht namentlich in Puppenspielen, wo wir den Faust in Mainz finden, während die Volksbücher Wittenberg als sein Domizil bezeichnen. Es ist tief bedeutsam, daß hier der Wohnort des Faustes, Wittenberg, auch zugleich die Geburtsstätte und das Laboratorium des Protestantismus ist.
Heinrich Heine

Johann Wolfgang Goethe Helena, Zwischenspiel
zu Faust

Aus den Paralipomena zum Zweiten Teil

Fausts Charakter, auf der Höhe, wohin die neue Ausbildung
aus dem alten, rohen Volksmärchen denselben hervorgehoben
hat, stellt einen Mann dar, welcher, in den allgemeinen Erde-
schranken sich ungeduldig und unbehaglich fühlend, den Besitz des höchsten Wissens, den Genuß der schönsten Güter für
unzulänglich achtet, seine Sehnsucht auch nur im mindesten
zu befriedigen, einen Geist, welcher deshalb, nach allen Seiten
hin sich wendend, immer unglücklicher zurückkehrt.
Diese Gesinnung ist der modernen so analog, daß mehrere gute
Köpfe die Lösung einer solchen Aufgabe zu unternehmen sich
gedrängt fanden. Die Art, wie ich mich dabei benommen, hat
sich Beifall erworben; vorzügliche Männer haben darüber gedacht und meinen Text kommentiert, welches ich dankbar an-
erkannte. Darüber aber mußte ich mich wundern, daß diejenigen, welche eine Fortsetzung und Ergänzung meines
Fragmentes unternahmen, nicht auf den so nahe liegenden Gedanken gekommen sind, man müsse bei Bearbeitung eines
zweiten Teils sich notwendig aus der bisherigen kummervollen
Sphäre durchaus erheben und einen solchen Mann, in höheren
Regionen, durch würdigere Verhältnisse durchführen.
Wie ich nun von meiner Seite dieses angegriffen, lag im stillen
vor mir, von Zeit zu Zeit mich zu einiger Fortarbeit anre-
gend, wobei ich mein Geheimnis vor allen und jeden sorgfältig
verwahrte, immer in Hoffnung, das Werk einem gewünschten
Abschluß entgegenzuführen. Jetzo aber darf ich nicht mehr
zurückhalten und bei Herausgabe meiner sämtlichen Bestrebungen kein Geheimnis mehr vor dem Publikum verbergen,
vielmehr fühle ich mich verpflichtet, all mein Bemühen auch
fragmentarisch nach und nach vorzulegen.
Deshalb entschließ ich mich, zuerst oben benanntes, in den
zweiten Teil des »Faustes« einzupassendes, in sich abgeschlos-
senes kleineres Drama bei der nächstersten Sendung [der Aus-
gabe letzter Hand] sogleich mitzuteilen.
Damit aber die große Kluft zwischen dem bekannten jammer-
vollen Abschluß des ersten Teiles und dem Eintritt einer griechischen Heldenfrau einigermaßen überbrückt werde, so

nehme man vorerst eine Schilderung des Vorausgegangenen freundlich auf und finde solche einstweilen hinreichend.

Die alte Legende sagt nämlich, und das Puppenspiel verfehlt nicht, die Szene vorzuführen: daß Faust in seinem herrischen Übermut durch Mephistopheles den Besitz der schönen Helena von Griechenland verlangt und ihm dieser nach einigem Widerstreben willfahrt habe. Ein solches bedeutendes Motiv in unserer Ausführung nicht zu versäumen, war uns Pflicht, und wie wir uns derselben zu entledigen gesucht, welche Einleitung dazu wir schicklich gefunden, möge Nachstehendes einstweilen aufklären.

Bei einem großen Feste an des deutschen Kaisers Hof werden Faust und Mephistopheles aufgefordert, eine Geistererscheinung zu bewirken; ungern zwar, aber gedrängt, rufen sie die verlangten Idole von Helena und Paris hervor. Paris tritt auf, die Frauen entzücken sich grenzenlos; die Herren suchen durch einzelnen Tadel den Enthusiasmus abzukühlen, aber vergebens. Helena tritt auf, die Männer sind außer sich; die Frauen betrachten sie aufmerksam und wissen spöttisch den plumpen heroischen Fuß, eine höchst wahrscheinlich angemalte elfenbeinartige Gesichtsfarbe hervorzuheben, besonders aber durch bedenkliche, freilich in der wahrhaften Geschichte nur allzu sehr gegründete Nachreden auf die herrliche Persönlichkeit einen verächtlichen Schein zu werfen. Faust, von dem Erhaben-Schönen hingerissen, wagt es, den zu ihrer Umarmung sich neigenden Paris wegdrängen zu wollen; ein Donnerschlag streckt ihn nieder, die Erscheinungen verschwinden, das Fest endet tumultuarisch.

Faust, aus einer schweren, langen Schlafsucht, während welcher seine Träume sich vor den Augen des Zuschauers sichtbar-umständlich begeben, ins Leben zurückgerufen, tritt exaltiert hervor und fordert, von dem höchsten Anschauen ganz durchdrungen, den Besitz [Helenas] heftig von Mephistopheles. Dieser, der nicht bekennen mag, daß er im klassischen Hades nichts zu sagen habe, auch dort nicht einmal gern gesehen sei, bedient sich seines früheren probaten Mittels, seinen Gebieter nach allen Seiten hin- und herzusprengen. Hier gelangen wir zu gar vielen Aufmerksamkeit fordernden Mannigfaltigkeiten, und zuletzt noch die wachsende Ungeduld des Herrn zu beschwichtigen, beredet er ihn, gleichsam im Vorbeigehen auf dem Weg zum Ziele den akademisch angestellten Doktor und Professor Wagner zu besuchen, den sie in seinem Laboratorium finden, hoch glorierend, daß eben ein chemisch Menschlein zustande gekommen sei.

Dieses zersprengt augenblicks den leuchtenden Glaskolben und tritt als bewegliches, wohlgebildetes Zwerglein auf. Das Rezept zu seinem Entstehen wird mystisch angedeutet, von seinen Eigenschaften legt es Proben ab, besonders zeigt sich, daß in ihm ein allgemeiner historischer Weltkalender enthalten sei: er wisse nämlich in jedem Augenblick anzugeben, was seit Adams Bildung bei gleicher Sonn-, Mond-, Erd- und Planetenstellung unter Menschen vorgegangen sei. Wie er denn auch zur Probe sogleich verkündet, daß die gegenwärtige Nacht gerade mit der Stunde zusammentreffe, wo die Pharsalische Schlacht vorbereitet worden und welche sowohl Cäsar als Pompejus schlaflos zugebracht. Hierüber kommt er mit Mephistopheles in Streit, welcher, nach Angabe der Benediktiner, den Eintritt jener großen Weltbegebenheit zu dieser Stunde nicht will gelten lassen, sondern denselben einige Tage weiter hinausschiebt. Man macht ihm die Einwendung, der Teufel dürfe sich nicht auf Mönche berufen. Da er aber hartnäckig auf diesem Rechte besteht, so würde sich der Streit in eine unentscheidbare chronologische Kontrovers verlieren, wenn das chemische Männlein nicht eine andere Probe seines tiefen historisch-mythischen Naturells ablegte und zu bemerken gäbe: daß zu gleicher Zeit das Fest der klassischen Walpurgisnacht hereintrete, das seit Anbeginn der mythischen Welt immer in Thessalien gehalten worden und nach dem gründlichen, durch Epochen bestimmten Zusammenhang der Weltgeschichte eigentlich Ursach an jenem Unglück gewesen. Alle vier entschließen sich, dorthin zu wandern, und Wagner, bei aller Eilfertigkeit, vergißt nicht, eine reine Phiole mitzunehmen, um, wenn es glückte, hie und da die zu einem chemischen Weiblein nötigen Elemente zusammenzufinden. Er steckt das Glas in die linke Brusttasche, das chemische Männlein in die rechte, und so vertrauen sie sich dem Eilmantel. Ein grenzenloses Geschwirre geographisch-historischer Notizen, auf die Gegenden, worüber sie hinstreifen, bezüglich, aus dem Munde des eingesackten Männleins läßt sie bei der Pfeilschnelle des Flugwerks unterwegs nicht zu sich selbst kommen, bis sie endlich beim Lichte des klaren, obschon abnehmenden Mondes zur Fläche Thessaliens gelangen. Hier auf der Heide treffen sie zu-

erst mit Erichtho zusammen, welche den untilgbaren Moder-
geruch dieser Felder begierig einzieht. Zu ihr hat sich Erichtho-
nius gesellt, und nun wird beider nahe Verwandtschaft, von
der das Altertum nichts weiß, etymologisch bewiesen; leider
muß sie ihn, da er nicht gut zu Fuße ist, öfters auf dem Arme
tragen und sogar, als das Wunderkind eine seltsame Leidenschaft zu dem chemischen Männlein dartut, diesen auch auf den
andern Arm nehmen, wobei Mephistopheles seine bösartigen
Glossen keineswegs zurückhält.

Faust hat sich ins Gespräch mit einer auf den Hinterfüßen ruhenden Sphinx eingelassen, wo die abstrusesten Fragen durch
gleich rätselhafte Antworten ins Unendliche gespielt werden.
Ein daneben in gleicher Stellung aufpassender Greif, der gold-
hütenden einer, spricht dazwischen, ohne das mindeste deshalb
aufzuklären. Eine kolossale, gleichfalls goldscharrende Ameise,
welche sich hinzugesellt, macht die Unterhaltung noch ver-
wirrter. Nun aber, da der Verstand im Zwiespalt verzweifelt,
sollen auch die Sinne sich nicht mehr trauen. Empusa tritt hervor, die dem heutigen Fest zu Ehren einen Eselskopf aufgesetzt
hat und, sich immer umgestaltend, zwar die übrigen entschie-
denen Gebilde nicht zur Verwandlung, aber doch zu unsteter
Ungeduld aufregt.

Nun erscheinen, unzählbar vermehrt, Sphinxe, Greife und
Ameisen, sich gleichsam aus sich selbst entwickelnd. Hin und
her schwärmen übrigens und rennen die sämtlichen Ungetüme
des Altertums: Chimären, Tragelaphe, Gryllen, dazwischen
vielköpfige Schlangen in Unzahl. Harpyien flattern und
schwanken fledermausartig in unsichern Kreisen; der Drache
Python selbst erscheint im Plural, und die Stymphalischen
Raubvögel, scharf geschnabelt, mit Schwimmfüßen, schnurren
einzeln pfeilschnell hintereinander vorbei. Auf einmal jedoch
über allen schwebt wolkenartig ein singender und klingender
Zug von Sirenen, sie stürzen in den Peneus und baden rauschend und pfeifend; dann baumen sie auf im Gehölze zunächst
des Flusses, singen die lieblichsten Lieder. Allererst nun Ent-
schuldigung der Nereiden und Tritonen, welche durch ihre
Konformation, ohngeachtet der Nähe des Meeres, diesem Feste
beizuwohnen gehindert werden. Dann aber laden sie die ganze
Gesellschaft aufs dringendste, sich in den mannigfaltigen Meeren und Golfen, auch Inseln und Küsten der Nachbarschaft
insgesamt zu ergötzen; ein Teil der Menge folgt der lockenden
Einladung und stürzt meerwärts.

105

Unsere Reisenden aber, an solchen Geisterspuk mehr oder weniger gewöhnt, lassen das alles fast unbemerkt um sich her summen. Das chemische Menschlein, an der Erde hinschleichend, klaubt aus dem Humus eine Menge phosphoreszierender Atome auf, deren einige blaues, andere purpurnes Feuer von sich strahlen. Er vertraut sie gewissenhaft Wagnern in die Phiole, zweifelnd jedoch, ob daraus künftig ein chemisch Weiblein zu bilden sei. Als aber Wagner, um sie näher zu betrachten, sie stark schüttelt, erscheinen, zu Kohorten gedrängt, Pompejaner und Cäsareaner, um zu legitimer Auferstehung sich die Bestandteile ihrer Individualitäten stürmisch vielleicht wieder zuzueignen. Beinahe gelänge es ihnen, sich dieser ausgegeisterten Körperlichkeiten zu bemächtigen; doch nehmen die vier Winde, welche diese Nacht unablässig gegeneinander wehen, den gegenwärtigen Besitzer in Schutz, und die Gespenster müssen sich gefallen lassen, von allen Seiten her zu vernehmen: daß die Bestandteile ihres römischen Großtums längst durch alle Lüfte zerstoben, durch Millionen Bildungsfolgen aufgenommen und verarbeitet worden.

Der Tumult wird dadurch nicht geringer, allein gewissermaßen auf einen Augenblick beschwichtigt, indem die Aufmerksamkeit zu der Mitte der breit- und weiten Ebene gerichtet wird. Dort bebt die Erde zuerst, bläht sich auf, und ein Gebirgsreihen bildet sich aufwärts bis Scotusa, abwärts bis an den Peneus, bedrohlich sogar, den Fluß zu hemmen. Haupt und Schulter des Enceladus wühlen sich hervor, der nicht ermangelte, unter Meer und Land heranschleichend, die wichtige Stunde zu verherrlichen. Aus mehreren Klüften lecken flüchtige Flammen; Naturphilosophen, die bei dieser Gelegenheit auch nicht ausbleiben konnten, Thales und Anaxagoras, geraten über das Phänomen heftig in Streit, jener dem Wasser wie dem Feuchten alles zuschreibend, dieser überall geschmolzene, schmelzende Massen erblickend, perorieren ihre Solos zu dem übrigen Chorgesause, beide führen den Homer an, und jeder ruft Vergangenheit und Gegenwart zu Zeugen. Thales beruft sich vergebens auf Spring- und Sündfluten mit didaktisch-wogendem Selbstbehagen; Anaxagoras, wild wie das Element, das ihn beherrscht, führt eine leidenschaftlichere Sprache: er weissagt einen Steinregen, der denn auch alsobald aus dem Monde herunterfällt. Die Menge preist ihn als einen Halbgott, und sein Gegner muß sich nach dem Meeresufer zurückziehen.

Noch aber haben sich Gebirgsschluchten und Gipfel nicht befestigt und bestätigt, so bemächtigen sich schon aus weit umherklaffenden Schlünden hervorwimmelnde Pygmäen der Oberarme und Schultern des noch gebeugt aufgestemmten Riesen und bedienen sich deren als Tanz- und Tummelplatz, inzwischen unzählbare Heere von Kranichen Gipfelhaupt und Haare, als wären es undurchdringliche Wälder, kreischend umziehen und vor Schluß des allgemeinen Festes ein ergötzliches Kampfspiel ankündigen.

So vieles und noch mehr denke sich, wem es gelingt, als gleichzeitig, wie es sich ergibt. Mephistopheles hat indessen mit Enyo Bekanntschaft gemacht, deren grandiose Häßlichkeit ihn beinahe aus der Fassung gebracht und zu unhöflichen, beleidigenden Interjektionen aufgeschreckt hätte. Doch nimmt er sich zusammen, und in Betracht ihrer hohen Ahnen und bedeutenden Einflusses sucht er ihre Gunst zu erwerben. Er versteht sich mit ihr und schließt ein Bündnis ab, dessen offenkundige Bedingungen nicht viel heißen wollen, die geheimen aber desto merkwürdiger und folgereicher sind. Faust an seinem Teile ist an den Chiron getreten, der als benachbarter Gebirgsbewohner seine gewöhnliche Runde macht. Ein ernst-pädagogisches Gespräch mit diesem Urhofmeister wird so nicht unterbrochen, doch gestört durch einen Kreis von Lamien, die sich zwischen Chiron und Faust unablässig durchbewegen; Reizendes aller Art, blond, braun, groß, klein, zierlich und stark von Gliedern, jedes spricht oder singt, schreitet oder tanzt, eilt oder gestikuliert, so daß, wenn Faust nicht das höchste Gebild der Schönheit in sich selbst aufgenommen hätte, er notwendig verführt werden müßte. Auch Chiron indessen, der Alte, Unerschütterliche, will dem neuen sinnigen Bekannten die Maximen klarmachen, wornach er seine schätzbaren Helden gebildet, da denn die Argonauten hererzählt werden und Achill den Schluß macht. Wenn aber der Pädagog auf das Resultat seiner Bemühungen gelangen will, so ergibt sich wenig Erfreuliches; denn sie leben und handeln gerade fort, als wenn sie nicht erzogen wären.

Als nun Chiron das Begehren und die Absicht von Faust erfährt, erfreut er sich, doch auch wieder einmal einen Mann zu sehen, der das Unmögliche verlange, wie er denn immer an seinen Zöglingen dergleichen gebilligt. Zugleich bietet er dem modernen Helden Förderung und Leitung an, trägt ihn auf breitem Rücken kreuzweis hinüber herüber durch alle Furten und Kiese des Peneus, läßt Larissa zur Rechten und zeigt seinem Reuter nur hie und da die Stelle, wo der unglückliche König von Macedonien Perseus auf der bänglichsten Flucht wenige Minuten verschnaufte. So gelangen sie abwärts bis an den Fuß des Olympus; hier stoßen sie auf eine lange Prozession von Sybillen, an Zahl weit mehr als zwölfe. Chiron schildert die ersten Vorüberziehenden als alte Bekannte und empfiehlt seinen Schützling der sinnigen, wohldenkenden Tochter des Tiresias, Manto.

Diese eröffnet ihm, daß der Weg zum Orkus sich so eben auftuen werde, gegen die Stunde, wo ehmals, um so viele große Seelen hinabzulassen, der Berg klaffen müssen. Es ereignet sich wirklich, und von dem horoskopischen Augenblick begünstigt, steigen sie sämtlich schweigend hinunter. Auf einmal deckt Manto ihren Beschützer mit dem Schleier und drängt ihn vom Wege ab gegen die Felsenwände, so daß er zu ersticken und zu vergehen fürchtet. Dem bald darauf wieder Enthüllten erklärt sie diese Vorsicht: das Gorgonenhaupt nämlich sei ihnen die Schlucht herauf entgegengezogen, seit Jahrhunderten immer größer und breiter werdend; Proserpina halte es gern von der Festebene zurück, weil die versammelten Gespenster und Ungetüme, durch sein Erscheinen aus aller Fassung gebracht, sich alsobald zerstreuten. Sie, Manto selbst, als Hochbegabte wage nicht, es anzuschauen; hätte Faust darauf geblickt, so wär er gleich vernichtet worden, so daß weder von Leib noch Geist im Universum jemals wieder etwas von ihm wäre zu finden gewesen. Sie gelangen endlich zu dem unabsehbaren, von Gestalt um Gestalt überdrängten Hoflager der Proserpina; hier gibt es zu grenzenlosen Inzidenzien Gelegenheit, bis der präsentierte Faust als zweiter Orpheus gut aufgenommen, seine Bitte aber doch einigermaßen seltsam gefunden wird. Die Rede der Manto als Vertreterin muß bedeutend sein; sie beruft sich zuerst auf die Kraft der Beispiele, führt die Begünstigung des Protesilaus, der Alceste und Eurydice umständlich vor. Hat doch Helena selbst schon einmal die Erlaubnis gehabt, ins Leben zurückzukehren, um sich mit dem frühgeliebten Achill zu verbinden! Von dem übrigen Gang und Fluß der Rede dürfen wir nichts verraten, am wenigsten von der Peroration, durch welche die bis zu Tränen gerührte Königin ihr Jawort erteilt und die Bittenden an die drei Richter verweist, in deren ehrenes

Gedächtnis sich alles einsenkt, was in dem Lethestrome zu ihren Füßen vorüberrollend zu verschwinden scheint.

Hier findet sich nun, daß Helenen das vorige Mal die Rückkehr ins Leben vergönnt worden unter der Bedingung eingeschränkten Wohnens und Bleibens auf der Insel Leuce. Nun soll sie ebenmäßig auf den Boden von Sparta zurückkehren, um als wahrhaft lebendig dort in einem vorgebildeten Hause des Menelas aufzutreten, wo denn dem neuen Werber überlassen bleibe, inwiefern er auf ihren beweglichen Geist und empfänglichen Sinn einwirken und sich ihre Gunst erwerben könne. Hier tritt nun das angekündigte Zwischenspiel ein, zwar mit dem Gange der Haupthandlung genugsam verbunden, aus Ursachen aber, die sich in der Folge entwickeln werden, als isoliert für diesmal mitgeteilt.

Dieses kurze Schema sollte freilich mit allen Vorteilen der Dicht- und Redekunst ausgeführt und ausgeschmückt dem Publikum übergeben werden; wie es aber da liegt, diene es einstweilen, die Antezedenzien bekanntzumachen, welche, der angekündigten »Helena, einem klassisch-romantisch-phantasmagorischen Zwischenspiel zu Faust«, als vorausgehend, genau gekannt und gründlich überdacht werden sollten.

Weimar, den 17. Dezember 1826

Mephistopheles führt Faust die Helena zu. Federzeichnung von Adrian Mathan um 1642

Johann Wolfgang Goethe   ABSCHIED

Am Ende bin ich nun des Trauerspiels,
Das ich zuletzt mit Bangigkeit vollführt,
Nicht mehr vom Drange menschlichen Gewühles,
Nicht von der Macht der Dunkelheit gerührt.
Wer schildert gern den Wirrwarr des Gefühles,
Wenn ihn der Weg zur Klarheit aufgeführt?
Und so geschlossen sei der Barbareien
Beschränkter Kreis mit seinen Zaubereien.

Und hinterwärts mit allen guten Schatten
Sei auch hinfort der böse Geist gebannt,
Mit dem so gern sich Jugendträume gatten,
Den ich so früh als Freund und Feind gekannt!
Leb alles wohl, was wir hiemit bestatten:
Nach Osten sei der sichre Blick gewandt!
Begünstige die Muse jedes Streben,
Und Lieb und Freundschaft würdige das Leben!

Denn immer halt ich mich an eurer Seite,
Ihr Freunde, die das Leben mir gesellt;
Ihr fühlt mit mir, was Einigkeit bedeute:
Sie schafft aus kleinen Kreisen Welt in Welt.
Wir fragen nicht in eigensinngem Streite,
Was dieser schilt, was jenem nur gefällt;
Wir ehren froh mit immer gleichem Mute
Das Altertum und jedes neue Gute.

O glücklich, wen die holde Kunst in Frieden
Mit jedem Frühling lockt auf neue Flur!
Vergnügt mit dem, was ihm ein Gott beschieden,
Zeigt ihm die Welt des eignen Geistes Spur.
Kein Hindernis vermag ihn zu ermüden,
Er schreite fort: so will es die Natur.
Und wie des Wilden Jägers braust von oben
Des Zeitengeists gewaltig-freches Toben.

Aber unser Doktor Johannes Faustus ist eine so
grundehrliche, wahrheitliche, tiefsinnig naive, nach
dem Wesen der Dinge lechzende und selbst in der
Sinnlichkeit so gelehrte Natur, daß er nur eine Fabel
oder ein Deutscher sein konnte.

Heinrich Heine

DON JUAN: Wozu übermenschlich, wenn du
ein Mensch bleibst?
FAUST: Wozu Mensch, wenn Du nach Über-
menschlichem nicht strebst?

Chr. D. Grabbe, Don Juan und Faust

Bleistiftzeichnung von Goethe: Erscheinung des Erdgeistes

Adelbert von Chamisso FAUST

Was bist du Mensch denn? gier'ger Allumfasser
Des Universums kühner Freier du,
Der blind, in Nacht, in zwiefach ew'gem Dunkel
Gebannt zu irren, nichts erkennen kannst,
Ein ewig ungelöstes Rätsel dir;
Erschaffer deiner Welt nach ewigen
Gesetzen, selbst von ihr erschaffen,
Was bist du mächt'ger, nicht'ger Erdenwurm?
Ein Gott in Banden, oder nur ein Staub?
Was ist des Denkens, was der Sinnen Welt?
Die Zeit, der Raum, die Allumfassenden,
Und ihre Schöpfungen, durch die sie werden?
Was außer ihnen, das Unendliche?
Was ist die Gottheit, jeder großen Kette
Ein erstes, ewig unbegriffnes Glied,
Das, nicht getragen, alle Glieder trägt? –
Erscheinung nur, und Wahn ist alles mir.
Es wirft das Licht, das innre, dort hinaus
Auf ausgespannte Nacht die Bilder hin,
Ein leerer Widerschein des eignen Ichs.
Und so entsteht die Welt, die ich erkenne.
So hat – vielleicht der Zufall es geordnet,
Der große Bildner, den sie Gottheit nennen;
Und wenn, nicht bloß gedacht, dort Geist und Körper
Und Gottheit sind, – wie fass' ich sie? – umsonst!
Es treten ewig zwischen sie und mich
Der Sinne Lügen, der Vernunft Gesetze.

Ihr ew'gen Rätsel, schrecklich grimm'ge Nattern,
Die stets ihr euch erzeugt und euch verzehrt,
Und mir das Herz verzehrt im grausen Spiele
Der stets verschlungnen und erzeugten Kreise;
Ich kann euch nicht verscheuchen, nicht erdrücken,
Ihr stürmet rastlos mir die bange Seele;
Weh' dem, den ihr zum ernsten Kampfe reizet!
Es furchtet tief des Denkers Stirne sich,
Und Zweifel ist der schwererrungne Preis.
Nein länger soll der Schlangenbiß des Zweifels
Nicht langsam mir am kranken Herzen nagen,

Nicht giftig reizen mehr der Wunden Schmerzen.
Ich will gesunden in der Wahrheit Scheine,
Erschwingen kühn das sternenferne Ziel,
Das eitel strebend nimmer ich erklommen.

Franz Grillparzer
DREI ENTWÜRFE ZU EINEM FAUST-DRAMA

Meines Wissens hat noch niemand einen jungen Menschen
beim Erwachen der Leidenschaft geschildert. Er müßte gemalt
werden, wie er Tag und Nacht von üppigen Bildern umlagert
ist, wie er glühend eine gewisse Gelegenheit sucht, und wenn
sie kommt, nicht etwa bloß zu scheu ist, sie zu benützen, sondern nicht einmal merkt, daß sie da ist. Ich kann mir sehr wohl
denken, daß, besonders wenn er kurzsichtig ist, er in jemanden
verliebt ist, er nicht einmal die Person, in die er es ist, auf der
Gasse wiedererkennt; denn wir lieben in der Zeit nur das Bild,
das unsre Phantasie malt; das Mädchen, das wir zu lieben glauben, ist nichts als die Leinwand, auf welche jene die Farben
aufträgt. Ich hörte einmal von jemand sagen (oder war ich es
selbst?), er sei verliebt, er wisse aber noch nicht in wen. Ich
habe nie etwas gehört, was wahrer und den Jüngling charakte-
risierender wäre. Ich habe mir einst vorgenommen, ein solches
Bild in einer projektierten Fortsetzung von Goethes Faust zu
zeichnen, aber der Plan ruht mit vielen anderen. Beaumarchais'
Cherubin in Figaros Hochzeit ist bei weitem nicht alles, was
man in der Hinsicht verlangen kann, nichtsdestoweniger ist er
aber, besonders mit Mozarts Seelenmusik, hinreißend.

Waldgegend

MEPHISTOPHELES. Muß doch ein wenig spionieren,
wo mein vertrackter Doktor ist,
der nach Rousseau auf allen vieren
hier unter dieses Waldes Tieren
des Glücks, ein Mensch zu sein, genießt
und Wasser sauft und Eicheln frißt.
Mein Seel, es hätt mich baß verdrossen,
wär mir der Tintenfisch entwischt,
den ich so superfein gefischt.
Doch er hat schon zu viel genossen.

Ei, wer den Kelch der Weltlust nie versucht,
der weist vielleicht ihn von den trocknen Lippen;
doch wems einmal gelang, daran zu nippen,
der ist zum ewgen Trinken auch verflucht.
Schwatzt nur von Reu, ihr Pfaffenzungen,
die das verirrte Schaf der Mutter wiederbringt;
wer nur den Köder mal verschlingt,
der hat die Angel mit verschlungen!
Schon mancher, fühlt' er meine Hand am Kragen,
bekehrte sich. Da ward gebetet und gejohlt,
doch sein an Fleisch gewohnter Magen
konnt euch die Klostersuppe nicht vertragen;
hätt ich nicht ihn, er hätte mich geholt.
Doch seht, kömmt nicht mein Doktor dort?
Jetzt darf er mich nicht sehn! Husch fort!   *verbirgt sich*
    FAUST *kommt.* O Einsamkeit, wie hast du mich betrogen,
als ich an deinen stillen Busen floh,
du hast mir Ruh und Friede vorgelogen;
und ach, nun find ich dich nicht so!
Vor dem Orkane meines wilden Lebens
floh ich in deinen aufgetanen Port
und suchte sichern Ankergrund; vergebens,
auch hier reißt mich die Welle mit sich fort.
Ich seh das schöne Land voll stiller Wonne,
das mir in Jugendträumen vorgeschwebt,
beleuchtet von der Unschuld milder Sonne,
in der ein ewger Frühling grünend lebt,
wo unter blühnder Rosensträuche Schatten
der Friede ruht, von Götterreiz umweht,
wo auf den grünen reichbeblümten Matten
die Freude unter Lämmern spielend geht.
Ich seh, wie hunderten von meinesgleichen
Verzeihung dort die Myrtenkrone flicht;
mein Auge kann das Himmelsland erreichen,
doch, weh mir, weh! mein Fuß vermag es nicht!
    MEPHISTOPHELES.
Der hat die Wahrheit scheints noch nicht gefunden,
daß Einsamkeit 'ne derbe Speise beut,
die ganz vortrefflich dem Gesunden,
allein dem Kranken herzlich schlecht gedeiht.
. . . .

Faust. Ich hatte, es sind wohl jetzt schon 10 Jahre, die Idee, Goethes Faust fortzusetzen und bis zum Ende zu führen. Ich erinnere mich von meinem damaligen Ideengange nur noch so viel, daß ich nach Gretchens entsetzlicher Katastrophe Fausten in sich zurückkehren und nun finden lassen wollte, worin er es versehen, worin eigentlich das Glück besteht: in Selbstbegrenzung und Seelenfrieden. Wie er nun den Teufel aller Verbindlichkeiten entläßt, ihn verabschiedet und nur Ruhe will für die noch übrigen Tage seines Lebens. Er senkt sich nun mit Liebe ein in all die kleinen Verhältnisse des menschlichen Lebens, fängt an zu schmecken, was sie Süßes enthalten, für den, der sich ihnen ganz hinzugeben vermag. Ich wollte ihn zusammentreffen lassen mit einem Knaben im ersten Erwachen, dessen Lehrer und Freund er wird; ich wollte ihn in die Familie eines wackern Hausvaters eintreten lassen, wo sich ihm das Glück der häuslichen Liebe kundtut, wo die Tochter, Gretchen ähnlich von Gestalt und einfacher Güte, sich innig an ihn anschließt, anfangs mit kindlicher, dann mit Liebe der Geliebten. Wie Faust begierig alles ergreift, auf Augenblicke eingeht in den Genuß all des unschuldigen Glücks, aber immer wieder zurückgeworfen wird durch das Bewußtsein seiner vorausgegangenen Handlungen, seiner frühern Verworfenheit. Mephistopheles, statt seine Genüsse zu stören, sucht sie vielmehr immer zu erhöhen, wohl wissend, daß jener unfähig ist, sich ihrer zu freuen, und gewiß, ihn so am sichersten zur Verzweiflung zu bringen. Das geschieht auch. Die Liebe, das Vertrauen der Menschen wird Fausten, beim Bewußtsein seines Unwerts, peinigender als vorher ihr Haß. Zuletzt von der Liebe des Mädchens aufs Äußerste gebracht, da sie sich selbst durch das Geständnis, wer er sei, nicht mehr abhalten lassen will, ihm zu folgen, auf der Flucht, die er ergriffen, um sich ihr, die er gleichwohl auch liebt, zu entziehen, ruft er selbst den Teufel und läßt ihn den Vertrag vollziehen noch vor der Zeit. (Ich hatte mir theatralisch die letzte Szene gedacht, daß Faust, während das Mädchen ihn umklammert, den Feind ruft, und als dieser erscheint, geht Faust mit ihm in einen Fels, der sich öffnet unter Donner und Blitz. Das Mädchen und alle Angehörigen haben sich versammelt mit heißem Gebet für den Unglücklichen, da geht die Höhle von neuem auf, und Faust tritt mit Mephistopheles auf, schneebleich im Gesicht, beide ganz gleich in schwarze Mäntel gehüllt mit schwarzen Federhüten auf dem

Kopf. Sie sprechen, ohne sich um die Umstehenden zu kümmern, mitsammen: Wo sind die Pferde? – Draußen schnauben
sie am Gittertore. – Laß uns eilen! – Der Weg ist weit. – Indes
die andern beten: Herr, erbarme dich seiner. Gretchen eilt ihm
entgegen: Faust sieht sie an und fragt Mephistopheles: Wer ist
die? – Gretchen ists. – So! so! Laß uns eilen, der Weg ist weit.
So gehen sie. Die Eltern eilen auf das Mädchen zu und fragen
sie. Laßt gut sein, erwidert sie, und recht tun; der dort ist keiner
mehr von den Unsern.) Das Ganze gäbe ein eignes Stück, bei
dem das Goethische vorausgesetzt würde.

Christian Dietrich Grabbe   Don Juan und Faust

(Erster Akt, 2. Szene)

> *Rom. Zimmer des Doktor Faust auf dem Aventin*
> *Eine Lampe brennt*

Faust *erhebt sich vom Schreibtische*
Unselge Nacht, willst denn nimmer enden?
– Weh mir, sie hat erst eben angefangen –
Noch schlugs kaum elf. Zurück zur Arbeit also.
– – Zur Arbeit! Zum Studieren! Schmach und Jammer!
Tödlicher Durst und nie gestillt! Sandkorn
Zum Sandkorn sammeln, grenzenlose
Und immer grenzenlosre Wüsten um
Sich her zu bauen, und sodann darin
Sich lagern, schmachtend und verzweifelnd! – Ha,
Ein Raubtier wird man, bloß um sich zu nähren!
Empfindungen, Gedanken, – Herzen, Seelen –
Den Menschen und das Leben, – Welt und Götter,
Ergreift es und erwürgt es sich zur Beute,
Und schreit vor Zorn und Hunger, wenn es kaum
Zehn Tropfen Bluts in ihren Adern findet.
– Wer hat gestrebt wie ich? Wo ist der Pfad
Der Kunst, der Wissenschaft, den ich nicht schritt?
Weit ferner, kühner (ohne Rühmen darf
Ichs sagen) drang ich darauf fort als all
Die Herren, die beim ersten Meilenstein
Umkehren, voll von ihrer Reise Wundern,
Und als gelehrte, selbstzufriedne Toren,

Von größern Toren angestaunt, sich brüsten!
– Ich aber wanderte und wanderte –
Es blieb die Sonne hinter mir zurück,
Und nur ein paarmal merkt ich, daß sie trübe,
Fast wie ein rotgeweintes Mutterauge,
Mir durch die Nebel nachsah. Weg mit ihr!
Es war ein schönres Licht, nach dem ich suchte!
Und schau, da ist das Ziel: vor mir der Abgrund,
In den die Ströme der Gedanken, des
Gefühles, brausend niederschäumen, ohne Rückkehr,
In dessen Brodem sich des Zweifels Hyder,
Mit roter Zunge giftig flammend, windet
Und mästet! –
              Golgatha,
Du Schädelstätte, wo das Licht der Welt
Der Todesnacht sich hingab, daß es sie
Verkläre – Auch dein Strahl dringt nicht hieher!
– Du großes Buch, du Bibel (Fels des Glaubens sagt man),
Von Varianten voll und Doppelsinn,
Voll Weisheit und voll sonderbarer Sprüche,
Mit keinem sichren Laubdach überwölben
In diesem dunklen Sturm mich deine Blätter;
Welk, trocken, fallen sie wie Laub des Herbstes,
Und wenn ichs nicht im Innern spüre, führen
Nicht tausend Bibeln, tausend Paradiese,
Nicht alle Ewigkeiten mich zum Heil! –
– – O, welche Flammenschrift brennt mir im Haupte?
»Nichts glauben kannst du, eh du es nicht weißt,
Nichts wissen kannst du, eh du es nicht glaubst!«
Kein irdscher Geist, der dieses Rätsel ahnt,
Und nicht nach seiner Lösung seufzte, – Keiner,
Der sie gefunden, – Selig die, die schwach
Genug sind, um vom Schein geblendet, Schein
Für Licht zu halten, – blindlings glauben, weil
Sie blindlings hoffen! Die schlaftrunknen Seelen!
– Doch lieber will ich unter Qualen bluten,
Als glücklich sein aus Dummheit! – Erdball, Boden,
In dem ich wurzeln muß, der mich geboren –
Ein ausgerißner, ausgedorrter Stamm
Bin ich, wenn ich in deinem Mark den Fuß
Nicht fassen, Kraft und Freude nicht draus ziehn kann,

Wenn ich entwurzelt mich in jenen Abgrund,
Der bläulich über unsren Scheiteln dämmert,
Voll der bigotten Hoffnung stürzen soll,
Daß dort in wüster Unermeßlichkeit
Und Ferne, aufzufinden sei, was ich
Im nahen, engen Raum nicht finde!
                                          Nah!
Was ist mir näher als das Vaterland?
Die Heimat nur kann uns beseligen,
Verräterei, die Fremde vorzuziehn!
Nicht Faust wär ich, wenn ich kein Deutscher wäre!
– O Deutschland! Vaterland! Die Träne hängt
Mir an der Wimper, wenn ich dein gedenke!
Kein Land, das herrlicher, als du, kein Volk,
Das mächtger, edler als wie deines! Stolz
Und stark, umkränzt von grünen Reben, tritt
Der Rhein dem unverdienten Untergang
In Niederlandens Sand entgegen, – kühn
Und jauchzend, stürzt die Donau zu dem Aufgang –
Unzählge deutsche Adern rollen grad
So stolz und kühn als Deutschlands Ströme! – Schau,
Hoch über dem eiszackigen Gebirg
Tirols, erhebt der Adler sich zur Sonne,
Als wäre da sein heimatlicher Horst, –
Die Berge schrumpfen unter seinem Blick
Zu Stäubchen ein, – tief unten aber in
Tirols beengten Tälern, schlägt für Kaiser
Und für Ehre manches Herz weit höher als
Der Adler wagt zu steigen –
                                          Selbst dies Rom,
Wer wars der diesen Käfig brach, in dem
Die Nationen römisch erst, und dann
Papistisch siegen lernten? Ha, hier war es,
Wo Alarichs, des gotischen, wo Karls,
Des fränkschen Landsmanns, wo der Hohenstaufen
Siegsrauschende Paniere flatterten,
Geliebkost von der heißen Luft, die einst
Die Kön'ge tötete!
                                Hier ist es, wo
Sankt Peters Kuppel sich emporgewölbt,
Den Blick der Menschheit ins Endlose auf-

Zufangen, – schmählich jetzt geborsten vor
Dem Donnerrufe, der aus Wittenberg,
Aus meiner Vaterstadt, aus Luthers Munde,
All meiner Zeitgenossen größten, über
Die Alpen furchtbar herklang!
                                        – Und – doch o doch! –
Auch Luther, du! den Wahn hast du verjagt,
Zermalmt, zernichtet hast du wie der Blitz,
Nur etwas andres, Wahrheit, die besteht,
Beruhigt, hast du nicht gegeben – Offner
Als je tut sich vor dem enttäuschten Auge
Die Tiefe auf – Zertrümmern, mit den Trümmern
Ein Trümmerwerk erbaun, das kann der Mensch,
Das kann er mit den Körben oder Eimern,
Durch die er Stein zum Steine, Tropfen trägt
Zum Tropfen, die er Kunst und Wissenschaft
Benennt!
            Aus Nichts schafft Gott, wir schaffen aus
Ruinen! Erst zu Stücken müssen wir
Uns schlagen, eh wir wissen, was wir sind
Und was wir können! – Schrecklich Los! –
                                        – Doch sei's!
Es fiel auch mir und folg ich meinen Sternen! –
Deutschland! Vaterland! – und nicht einmal
Im Schlachtfeld konnt ich für dich kämpfend fallen –
Du bist Europas Herz – ja ja, zerrissen,
Wie nur ein Herz es sein kann!
                                        – – Roma du!
Dem Vaterland entfloh ich, als es mich
Nicht konnt befriedigen, – Ich floh zu dir,
In mir die ganze Menschheit aufzunehmen,
Und mich in dem Genuß zu sättgen, – denn
Du Rom! bist der zerbrochne Spiegel der
Umfassendsten Vergangenheit und Heldenbilder,
Im Glanz des Blutes der Nationen und
Der eingebornen Bürger funkelnd, tauchen
Aus dieses Spiegels Scherben mehr und mehr,
Je tiefer man hineinblickt, gleich den Sternen
Aus dunkler Nacht! – Du bist die Stadt, wo sich
Im Augenblick Jahrtausende verschmelzen:
Papst auf dem Kapitol, und auf dem Pantheon

Efeu von gestern!
                        Roma, Herrscherin
Der Welt! Weh, dreimal Weh ihm, der gleich mir
Zu dir gekommen, daß du ihn erhebest!
Die Reiche alle sanken hin vor dir zu Staub –
– Warum? weiß niemand! Denn du warst nicht besser
Als sie! – Und als dein Schwert nun alles
Dir errungen, fielst du auch mit allem wieder
In Nacht und Barbarei – Aus dieser quoll
Ein neues Blut, ein neues Licht hervor, –
Umsonst hast du gestritten und gewürgt –
Der Klang nur von von zerrißnen Geistesfesseln,
Die du um halb Europa wandest, ist
Geblieben – Frankreichs, Spaniens,
Italiens Sprachen!
                        Haben denn die Schlachten,
Hat der Ruin der Völker nur den Zweck
Von Märchen, die erfunden zur Belehrung?
Sind Weltbegebenheiten weniger
Als Weltgeschichte? Jammer über uns!
Denn die Geschichte hat die Menschheit nie
Gebessert! – Nur ein Don Juan vermag
Inmitten unter der Zerstörung Lava
An Millionen Blumen sich vergnügen,
Und nicht bedenken, daß es viele zwar,
Doch alle auch vergänglich sind, – daß wohl
Zerstreuung, aber keine Sicherheit
Und Ruhe da zu finden, wo die Eine,
Die Unverwelkliche nicht blüht! –
                        So sei's denn!
Länger ertrag ichs nicht! Ich sucht die Gottheit,
Und steh am Tor der Hölle – doch noch kann
Ich weiter schreiten, weiter stürzen, wär
Es auch durch Flammen – Ziel, ein Endziel muß
Ich haben! – Gibt es einen Pfad zum Himmel,
So führt er durch die Hölle, mindestens
Für mich –
                Wohlan, ich wag es!
                                Nicht erlernt
Ich die Magie, mit der ich an den Wurzeln
Des Erdballs rütteln, Sterne löschen kann

(Nur meine Zweifel nicht), auf daß sie nutzlos
Als Theorie versaure – Ha, dort liegt
Mein Höllenzwinger (ach! kein Herzbezwinger!) –
     Windsbrausen hinter der Szene. Faust tritt ans Fenster
                                           Hum,
Spürt ihrs, was ich beginne, Elemente?
Bleich glänzt der Mond und furchtsam fliehn
Die Wolken unter ihm dahin –
*Er tritt wieder zurück, nimmt den Höllenzwinger, einen mit
Ketten umwundenen Folianten, aus dem Verschluß, und legt
                                   ihn auf den Tisch*
                      Laß fliehen!
– Auf schlag ich es das Buch der Tiefe –
                      Er schlägt den Höllenzwinger auf;
sogleich erlöscht das auf seinem Tische brennende Wachslicht
Was da? Erlöscht das irdsche Licht? Meinthalben!
Nichts konnt es bei zahllosen Nachtwachen,
Am Pulte überstanden, mir erhellen –
– Ein andres ewges Licht, aus jenen Schächten,
Worin die Mittagssonne sich auf stets
Verdunkeln würde, ruf ich mir zu Diensten!
– Herauf, und leuchte mir!
*An der Stelle, wo Fausts Licht erloschen ist, steigt eine glutrote
Flamme auf und leuchtet ihm während der ganzen folgenden
      Szene. Faust faßt sich, wie schwindelnd, an die Stirne*
                      Weh! Funken der Hölle!
Bin ich verloren?
                Mut! Mut! vorwärts!
                In den Höllenzwinger blickend
                      Welche
Schriftzüge! Ich, ich selbst wars, der sie malte –
Und jetzt! – Verwünscht, der Mensch erkennt nur dann,
Wann ers bereits getan hat, das was er
Getan, und Teufelshände
Sind öfters unsichtbar im Spiel! –
              Wieder im Anschauen des Buches verloren
– Wie giftiges Gewürme windet, dreht
Sichs hier – dazwischen schwefelhafter Schimmer!
– O Unheil und Verzweiflung! Was sind Tiger?
Was sind Alligatoren, Krokodile?
Nichts! nichts! 'Ne Albernheit, ein wahrer Spaß

Hiergegen! – Dampf umweht mich, den kein sterblich
Gemüt erträgt!
Vom Buch auffahrend und in die Leere starrend
Ich sehe sie: die Pforten
Der Hölle! Ehern, brennend heiß, – vom Feuer,
Das hinter ihnen lodert, hoch gerötet
Gleich glühnden oder überschminkten Wangen
Der Jungfraun oder Huren! – Alles eins!
Weh dem, der je zurückblickt!
An klopf ich, bebt' die Erd auch auf! – Adieu
Ihr Engel, lieben Kinder, gute Nacht!
Fort mit den Träumen, womit ihr mich oft
Umgaukelt habt und bitterlich getäuscht, –
Erwachen, wissen, daß ich wach bin, will
Ich, sei es auch durch Stich der Höllenqualen!
Feierlich und sehr ernst, die Hand auf den Höllenzwinger
gelegt

Satan! bei jenem Namen, welcher dir
Allein gebührt, – vor dem du stets erbleichst,
Der ewig donnernd dir im Herzen rollt, –
Den nie ein Mensch gehört, – der größer ist
Als du, der du ihn trägst, – der hier gezeichnet
Steht, ruf ich dich, erschein erschein und leist
Mir deine Dienste! *Wieder in die Leere starrend*
Ha! auseinander fahren
Die Schreckenspforten! – Welch Gerassel! –
Ein Flammenstrom stürzt ein auf meine Brust –
– Armselge Flammen, – ihr, ihr wärt's, mit denen
Die Gottheit die Verruchten droht zu strafen?
O meine Brust brennt heißer als wie ihr!
– Doch schau! Da kommt es! kommt es! Eine Schlange
Mit gelbem Auge, – schuppig, – mit dem Schweif
Die Sterne peitschend und den Tartarus,
Bewegt sich her – die Luft wird mir zu enge –
Ich kann nicht atmen – schon umklammert
Das Ungeheur mein Haus, mich von der Welt
Absondernd, wie der Meeresarm das fern
Entlegne Eiland!
Die Glocke schlägt zwölf Uhr nachts. Faust horcht auf
Weh mir, dieses war
Der letzte Klang, der hoch vom Turm, mir aus

Der Menschheit Kreis entgegenschallt! – Sie hat
Geschlagen, meine letzte, unter Menschen
Menschlich verlebte Stunde!
Es wird dreimal stark an die Tür gepocht, jedesmal begleitet
von einem heftigen Donnerschlage
Horch! das sind
Die Glockenschläge, die ich fortan höre! – –
– Er naht, der Feind! – Nicht Hülfe ruf ich! – Eher
In Tod und Ohmmacht, als in Furcht! – Herein!
Er stürzt ohnmächtig auf einen Sessel.
Ein Ritter, mittleren Alters, bleichen Gesichts, nach Sitte des
sechzehnten Jahrhunderts, jedoch durchaus s c h w a r z geklei-
det, tritt herein

DER RITTER   Wie? in Betäubung fällt der stolze Rufer,
Da wir uns nähern? Also viel Geschrei
Und wenig Kühnheit – *den Faust rüttelnd*
Hund, erwache!

FAUST *aus der Betäubung sich aufrichtend*   Wer –
Wer nennt mich Hund? – Du V i p e r? Zittre vor
Dem Fußtritt deines Herrn.

DER RITTER   Herr, Herr, Ihr lagt
Vor Eurem Knecht in tiefer Ohnmacht!

FAUST   Einmal,
Und nimmer wieder! Nur mein Körper, nicht
Mein Geist war schwach. Dein Anblick war
                                    abscheulich.

DER RITTER   Der Torheit! Nicht das Auge, nur der Geist
Dahinter, sieht! Entschuldigt Eure Schwäche
Nicht mit der reinen Brill in Eurem Haupte.

FAUST   Wo denn die Trennung zwischen Geist und Körper?

DER RITTER   Eh ich Euch Antwort gebe, muß ich wis-
sen,
Wozu Ihr mich berieft? auf welcherlei
Bedingungen?

FAUST   Wer mit dem Teufel dingt,
Der wird betrogen.

DER RITTER   Auch der w e i s e Faust?

FAUST   Er wird es darauf wagen.

DER RITTER   Gut, so greift
Das Nächste und reicht dadurch die Ferne.

Hier meine Hand – Nur nicht davor gezagt –
Ihr seid ja kein Trabant von ihm, mit dem
Sie einst gerungen hat, und ringen soll,
Bis meine Herrschaft sieget oder seine!
   FAUST   Des Renommisten! Du bist längst besiegt!
   DER RITTER   Besiegt? Ha, Frevler – –

                          Wieder mit Kälte und Ruhe
                     Ja, wir stürzten – Zufall
Entscheidet oft das Los der Schlachten, – List
Bewältigte uns auch, – Er wollte herrschen,
Ich wollt es auch, der Gleichberechtigte –
Doch ich war offen, und Er heuchelte –
Er hieß die Fesseln »Liebe« und sieh da,
Es waren Toren allerwärts, die über
Dem Klang des Wortes den der Kette nicht
Vernahmen – doch die Nacht ist unerschöpflich,
Das Licht bedarf der Nahrung und erlischt
Deshalb gar leicht aus Mangel. – Sterne, Sonnen
Verkohlen, Liebe sättigt sich, – es dringt
Das alte Dunkel, womit wir die Welt,
So weit sie sich auch dehnt, umlagern, schnell
Hervor, wo etwas einbricht. – Er muß sich
Schon wieder wehren, und wir greifen wieder
An! Dicht am Himmel, keinen Fingerbreit
Davon entfernt, stehn unsre Thron. – Zeig
Das Herz mir, sei's auch ausgestopft und glatt
Gesalbt mit gleißendsten Erbauungen
Des Katechismus, das in seinen Schlünden
Nicht auch für uns ein winklig Plätzchen hätte!
   FAUST   Du sprichst von Finsternis, und ich will Helle!
   DER RITTER   He, Doktor! ist's die Nacht nicht, die das Licht
Gebärt? Steh ich nicht hier, weil jener Schein,
Womit sie Euren Horizont umfärben,
Nur Blendwerk ist auf schwarzem Grunde?
                                Wollt
Ihr jene Lava-Adern nicht erspüren,
Die in der Nächte tiefster rollen, alles
Entzündend, aber alles auch entzückend?
   FAUST   O welche Wonne! welcher Hochgenuß!
Könnt ich euch fühlen, tiefste Pulse der Natur!

DER RITTER   Ihr sollt sie fühlen, Doktor – *für sich* wenn
Du dir dabei den Finger nicht verbrennst.

FAUST   Gewagt, gewonnen! Ewigkeiten weg
Für Augenblicke! Lieber bare Münze
Als zweifelhafte Schuldanweisung für
Die Zukunft! Du bist m e i n in diesem Leben,
Ich d e i n im Tode! –
                        Dafür aber fordre ich
Die ganze Kraft, die dir als Cherub einwohnt,
Fordr ich, daß du mit deinen mächtgen Flügeln
Mich von des Wissens Grenzen zu dem Reich
Des Glaubens, von dem Anfang zu dem Ende,
Hinüber suchst zu tragen, – daß du Welt und
                                Menschen,
Ihr Dasein, ihren Zweck mir hilfst enträtseln, –
Daß du (der Theorie nur halber, denn
Die Praxis geb ich auf, seit ich mich dir
Ergeben) mir, und wärs beim Schein der Flammen,
Den Weg zu zeigen suchst, auf dem ich Ruh
Und Glück hätt finden k ö n n e n!

DER RITTER   – Kleinigkeit!
Sehr g r o ß e Kleinigkeit!

FAUST   *für sich*   Zweideutler!
'Ne Kleinigkeit – doch warum eine g r o ß e?

DER RITTER   Doch erst ersuch ich d i c h (wir stehn ja
nun auf du und du) um ein paar Tropfen Bluts,
Das Pakt zu unterschreiben. Hier Feder,
Hier Papier!

FAUST   Alles bei der Hand? Viel Vorsicht!

DER RITTER *für sich*   Und desto wen'ger N a c h s i c h t!

FAUST *verwundet sich an der Hand, und unterschreibt das
  Papier mit seinem Blute. Dann gibt er es dem Ritter zurück.*
                                Nimm sie hin
Die alberne Formalie.

DER RITTER *für sich* Er ist m e i n!

(Vierter Akt, 4. Szene):
                    *Rom. Saal im Hause des Don Juan.
Faust, bleich, entstellten Gesichts, tritt ein: der im Hinter-
        grunde verweilende Ritter will auf ihn losstürzen*

FAUST *zu dem Ritter*
                              Du! Zurück! Wart bis es Zeit ist! –
Mit jenem da, muß ich erst reden! –

DON JUAN   Mit wem spricht man hier außer mir?
– – Ha, Faust! – Wie sieht er aus – Man sollte
                                        grausen!
Zerschlagner Welten Trümmer schimmern so
Im Licht des Abends, wenn es sich vor Schmerz
Darüber bricht! –

FAUST   Weh mir, von Stund zu Stunde
Wächst meine Liebe! wächst mein Schmerz!
                                   Zu Don Juan
                         – Mann,
Hast du sie auch geliebt?

DON JUAN   Meinst du die Anna?

FAUST   Die Anna!

DON JUAN   Fragst du? Ist sie denn nicht schön?

FAUST   Tot ist sie, tot! Hörs und verzweifle du
Mit mir!

DON JUAN   Verzweifeln? Da wo Weh und Jammer,
Des Unglücks und des Herzbluts hohe Wogen
Auf uns einstürmen, – gilts die Flagge auf-
Zuziehn, die an des Lebens Masten flattert,
Gilt es für ihre Ehr, für ihren Rum
Zu streiten bis zum Abgrund des Verderbens!
– Ja, mich erschüttert Donna Annas Tod!
Die tiefste Brust bewegt er! – Doch ich spann
Die Segel wieder, fahr mit neuem Winde!
– Gibts nicht der schönen Mädchen tausend andre?
Wie sollt ich mich um Eine grämen? – Hab
Ich sie geliebt, so zeig ichs dadurch, daß
Ich nicht den Tod scheu, sie zu rächen!
– Du bists gewiß, der sie erwürgte! Ähnlich
Sieht dirs, der immer selber seine Himmel
Zertrümmerte! – Zum Zweikampf! Ein paar Gänge
Versuch einmal!

FAUST   »Der seine Himmel selber
Zertrümmerte.« – Er wagts mir vorzuwerfen,
Und er hat Recht. Ich schlug das Herrlichste
Zu Trümmern, weil ichs nicht begriff! –
                              – – Du bist

Dahin für mich, o Donna Anna! Nie
Erblick ich deiner Augen Schimmer, nie
Bad ich in deiner Schönheit Glanz mich wieder,
Und niemals wird ein Wörtchen nur, verschönt
Durch deiner Stimme Zauber, zu mir klingen –
Doch ewig werd ich dein gedenken, und
Schon der Gedanke wird die Wirklichkeit
Der Höll zuschande machen!

Zum Ritter, der sich dem Faust wieder genähert hat
                                    Trotzend
Stürz ich in deine Arme – Wisse aber:
Wenn ich ein ewges Wesen bin, so ring
Ich auch mit dir von Ewigkeit,
Zu Ewigkeit, und möglich, daß ich siege,
Dich nochmals tretend, wie ich schon getan!

DER RITTER *den Faust packend und sofort erdrosselnd*
Erwarten wollen wirs! – Mit ihm zum tiefsten Pfuhl!
Häuft über seine Seel! – Den Körper laßt
Von Zions Stadt darunter, Feuerberge
Häuft über seine Seel! – Den Körper laßt
Nur liegen! – Macht es gut, ihr Geister – Bald
Komm ich mit Don Juan ihm nach!

Nikolaus Lenau   DER MORGENGANG

Ein hoher Berg, vom Morgen angeglüht,
Der hell und froh herauf im Osten sprüht;
Ein Wandrer kühn, der dort zum Gipfel strebt,
Von Fels zu Fels im raschen Fluge schwebt.
Was willst du, Faust, auf diesen Bergeszinnen?
Den Nebeln und den Zweifeln dort entrinnen?
Des Abgrunds Nebel werden nach dir schleichen,
Auch dort dir Zweifel an die Stirne streichen.
O freue dich am hellen Sonnenglanze,
Freu dich an seinem Kind, der stillen Pflanze,
Der Alpenlerche, die sich einsam schwingt,
Am Schneegebirg, das durch den Himmel dringt!
Laß Bergeslüfte froh dein Herz durchschauern
Und sie verwehn dein ungerechtes Trauern;
Laß nicht den Flammenwunsch im Herzen lodern,
Der Schöpfung ihr Geheimnis abzufordern;
O wolle nicht mit Gott zusammenfallen,
Solang dein Los auf Erden ist zu wallen.
Das Land der Sehnsucht ist die Erde nur;
Was Gott dir liebend in die Seele schwur,
Empfängst du erst im Lande der Verheißung,
Nach deiner Hülle fröhlicher Zerreißung! –
Umsonst, umsonst! Die ungestümen Fragen
Ihn ohne Rast von Fels zu Felsen jagen.
Viel Pflanzen hat er schon entpflückt dem Grund
Und, kaum besehn, geworfen in den Schlund;
Viel Steine schon hat dringend aufgerafft,
Am Fels zerschmettert seine Leidenschaft;
Und manch Insekt zerknickt des Forschers Hand,
Weils ihm von seiner Schöpfung nichts gestand.
Nun bleibt er stehn und lauscht dem Glockenklang
Vom Tal herauf, und fernem Kirchensang;
Der Glockenruf – die Lieder – mit den Winden
Dem Ohr des Wandrers schwellen und verschwinden.
Und wechselnd horcht er auf der Töne Flucht
Und spricht hinab in eine tiefe Schlucht:
»Wie wird mir nun zu Mut mit einem Mal!
Wie faßt mich plötzlich ungekannte Qual!
Ich fühls: des Glaubens letzter Faden reißt,

Anweht mein Herz ein kalter, finstrer Geist.
O, daß die Töne, die vom Tal sich schwingen,
Mich wie ein Aufschrei bittrer Not durchdringen!
Da unten Wandrer durch die Wüste ziehn
Und jetzt im Notgezelt, dem Kirchlein, knien,
Und die Verlaßnen rufen sehnsuchtsvoll
Dem Führer, daß er endlich kommen soll.
Ob eure Sehnsucht betet, fluchet, weint,
Der Führer nirgends, nirgends euch erscheint!«
Und weiter, höher, steiler treibt die Hast,
Der Unmut fort der Berge trüben Gast,
Auf Klippen, wo den Pfad die Furcht verschlingt,
Wohin verzweifelnd nur die Gemse springt.
Schon kann der Klang vom Tal ihn nicht erreichen;
Doch fernher tönts von dumpfen Donnerstreichen.
Zu Füßen jetzt dem ungestümen Frager
Erbraust ein sturmversammelt Wolkenlager,
Und wilder stets das Wetter blitzt und kracht;
Er ruft hinab frohlockend in die Nacht:
»Die Wetterwolken hab ich übersprungen,
Daß sie vergebens mir zu Füßen klaffen,
Nach mir ausstreckend ihre Feuerzungen:
So will ich mich der Geistesnacht entraffen!«
Da plötzlich wankt und weicht von seinem Tritt
Ein Stein und reißt ihn jach zum Abgrund mit;
Doch faßt ihn rettend eine starke Hand
Und stellt ihn ruhig auf den Felsenrand;
Ein finstrer Jäger blickt ins Aug ihm stumm
Und schwindet um das Felseneck hinum.

Ludolf Wienbarg

»Faust« ist der »Hiob« und das »Hohe Lied« der Deutschen, er ist, wie ich diese
Worte Heines schon einmal angeführt, das deutsche Volk selbst, das, geplagt und
durchgemartert vom Wissen, Glauben und Entsagung, an die Rechte des Fleisches appelliert, aus einem Schatten der Geschichte ein lebendiges Wesen, aus
einem Träumer ein wachender, genießender Mensch werden will. Faust, der seine
Studierstube und seine Studien historischer Pergamente verläßt, um sich der Welt
zu nähern und der Welt Lust und Schmerzen in seiner Brust zu häufen, er ist
der Deutsche, der den Staub des Mittelalters von seinen Füßen schüttelt, um sich
im Tau der neuen Zeit zu baden. Faust ist das nach Befreiung ringende Deutschland, ja, das befreite, das sich des Siegs seiner Freiheit im voraus bewußte
Deutschland, Faust ist der erste Verkünder dieses Siegs und zugleich die Bürgschaft dafür.

Heinrich Heine DER DOKTOR FAUST.
Ein Tanzpoem.

Erster Akt.

Studierzimmer, groß, gewölbt, in gotischem Stil. Spärliche Beleuchtung. An den Wänden Bücherschränke, astrologische und alchimistische Gerätschaften (Welt- und Himmelskugel, Planetenbilder, Retorten und seltsame Gläser), anatomische Präparate (Skelette von Menschen und Tieren) und sonstige Requisiten der Nekromantie.
Es schlägt Mitternacht. Neben einem mit aufgestapelten Büchern und physikalischen Instrumenten bedeckten Tische, in einem hohen Lehnstuhl, sitzt nachdenklich der Doktor Faust. Seine Kleidung ist die altdeutsche Gelehrtentracht des sechzehnten Jahrhunderts. Er erhebt sich endlich und schwankt mit unsichern Schritten einem Bücherschranke zu, wo ein großer Foliant mit einer Kette angeschlossen; er öffnet das Schloß und schleppt das entfesselte Buch (den sogenannten »Höllenzwang«) nach seinem Tische*. In seiner Haltung und seinem ganzen Wesen beurkundet sich eine Mischung von Unbeholfenheit und Mut, von linkischer Magisterhaftigkeit und trotzigem Doktorstolz. Nachdem er einige Lichter angezündet und mit einem Schwerte verschiedene magische Kreise auf dem Boden gezeichnet, öffnet er das große Buch, und in seinen Gebärden offenbaren sich die geheimen Schauer der Beschwörung. Das Gemach verdunkelt sich; es blitzt und donnert; aus dem Boden, der sich prasselnd öffnet, steigt empor ein flammend roter Tiger. Faust zeigt sich bei diesem Anblick nicht im mindesten erschreckt, er tritt der feurigen Bestie mit Verhöhnung entgegen und scheint ihr zu befehlen, sogleich zu entweichen. Sie versinkt auch alsbald in die Erde. Faust beginnt aufs neue seine Beschwörungen, wieder blitzt und donnert es entsetzlich, und aus dem sich öffnenden Boden schießt empor eine ungeheure Schlange, die, in den bedrohlichsten Windungen sich ringelnd, Feuer und Flammen zischt. Auch ihr begegnet der Doktor mit Verachtung, er zuckt die Achsel, er lacht, er spottet darüber, daß der Höllengeist nicht in einer weit gefährlichern

---

* Unter diesem Titel erschienen mehrere Zauberbücher mit Beschwörungsformeln, als deren Verfasser oder zumindest eifrigster Benutzer vorzugsweise Faust angegeben wurde, von dem sie aber nachweislich nicht stammen.

Gestalt zu erscheinen vermochte, und auch die Schlange kriecht in die Erde zurück. Faust erhebt sogleich mit gesteigertem Eifer seine Beschwörungen, aber diesmal schwindet plötzlich die Dunkelheit, das Zimmer erhellt sich mit unzähligen Lichtern, statt des Donnerwetters ertönt die lieblichste Tanzmusik, und aus dem geöffneten Boden, wie aus einem Blumenkorb, steigt hervor eine Ballettänzerin, gekleidet im gewöhnlichen Gaze- und Trikotkostüme und umhergaukelnd in den banalsten Pirouetten.

Faust ist anfänglich darob befremdet, daß der beschworene Teufel Mephistopheles keine unheilvollere Gestalt annehmen konnte als die einer Ballettänzerin, doch zuletzt gefällt ihm diese lächelnd anmutige Erscheinung, und er macht ihr ein gravitätisches Kompliment. Mephistopheles oder vielmehr Mephistophela, wie wir nunmehr die in die Weiblichkeit übergegangene Teufelei zu nennen haben, erwidert parodierend das Kompliment des Doktors und umtänzelt ihn in der bekannten koketten Weise. Sie hält einen Zauberstab in der Hand, und alles, was sie im Zimmer damit berührt, wird aufs ergötzlichste umgewandelt, doch dergestalt, daß die ursprüngliche Formation der Gegenstände nicht ganz vertilgt wird, z. B. die dunklen Planetenbilder erleuchten sich buntfarbig von innen, aus den Pokalen mit Mißgeburten blicken die schönsten Vögel hervor, die Eulen tragen Girandolen im Schnabel, prachtvoll sprießen an den Wänden hervor die kostbarsten güldenen Geräte, venezianische Spiegel, antike Basreliefs, Kunstwerke, alles chaotisch gespenstisch und dennoch glänzend schön: eine ungeheuerliche Arabeske. Die Schöne scheint mit Faust ein Freundschaftsbündnis zu schließen, doch das Pergament, das sie ihm vorhält, die furchtbare Beschreibung, will er noch nicht unterzeichnen. Er verlangt von ihr die übrigen höllischen Mächte zu sehen, und diese, die Fürsten der Finsternis, treten alsbald aus dem Boden hervor. Es sind Ungetüme mit Tierfratzen, fabelhafte Mischlinge des Skurrilen und Furchtbaren, die meisten mit Kronen auf den Köpfen und Sceptern in den Tatzen. Faust wird denselben von der Mephistophela vorgestellt, eine Präsentation, wobei die strengste Hofetikette vorwaltet. Zeremoniös einherwackelnd, beginnen die unterweltlichen Majestäten ihren plumpen Reigen, doch indem Mephistophela sie mit dem Zauberstabe berührt, fallen die häßlichen Hüllen von ihnen, und sie verwandeln sich ebenfalls in lauter zierliche Ballettänzerinnen, die in Gaze und Trikot und mit Blumengirlanden dahinflattern. Faust ergötzt sich an dieser Metamorphose, doch scheint er unter allen jenen hübschen Teufelinnen keine zu finden, die seinen Geschmack gänzlich befriedige; dieses bemerkend, schwingt Mephistophela wieder ihren Stab, und in einem schon vorher an die Wand hingezauberten Spiegel erscheint das Bildnis eines wunderschönen Weibes in Hoftracht und mit einer Herzogskrone auf dem Haupte. Sobald Faust sie erblickt, ist er wie hingerissen von Verwunderung und Entzücken, und er naht dem holden Bildnis mit allen Zeichen der Sehnsucht und Zärtlichkeit. Doch das Weib im Spiegel, welches sich jetzt wie lebend bewegt, wehrt ihn von sich ab mit hochmütigstem Naserümpfen; er kniet flehend vor ihr nieder, und sie wiederholt nur noch beleidigender ihre Gesten der Verachtung.

Der arme Doktor wendet sich hierauf mit bittenden Blicken an Mephistophela, doch diese erwidert sie mit schalkhaftem Achselzucken, und sie bewegt ihren Zauberstab. Aus dem Boden taucht sogleich bis zur Hüfte ein häßlicher Affe hervor, der aber auf ein Zeichen der Mephistophela, die ärgerlich den Kopf schüttelt, schleunigst wieder hinabsinkt in den Boden, woraus im nächsten Augenblicke ein schöner, schlanker Balletttänzer hervorspringt, welcher die banalsten Pas exekutiert. Der Tänzer naht sich dem Spiegelbilde, und indem er demselben mit der fadesten Suffisance seine buhlerischen Huldigungen darbringt, lächelt ihm das schöne Weib aufs holdseligste entgegen, sie streckt die Arme nach ihm aus mit schmachtender Sehnsucht und erschöpft sich in den zärtlichsten Demonstrationen. Bei diesem Anblick gerät Faust in rasende Verzweiflung, doch Mephistophela erbarmt sich seiner, und mit ihrem Zauberstab berührt sie den glücklichen Tänzer, der auf der Stelle in die Erde zurücksinkt, nachdem er sich zuvor in einen Affen verwandelt und seine abgestreifte Tänzerkleidung auf dem Boden zurückgelassen hat. Jetzt reicht Mephistophela wieder das Pergamentblatt dem Faust dar, und dieser, ohne langes Besinnen, öffnet sich eine Ader am Arme, und mit seinem Blute unterzeichnet er den Kontrakt, wodurch er für zeitliche irdische Genüsse seiner himmlischen Seligkeit entsagt. Er wirft die ernste, ehrsame Doktortracht von sich und zieht den sündig bunten Flitterstaat an, den der verschwundene Tänzer am Boden zurückgelassen; bei dieser Umkleidung, die sehr ungeschickt von statten geht, hilft ihm das leichtfertige Corps de ballet der Hölle.

Mephistophela gibt dem Faust jetzt Tanzunterricht und zeigt ihm alle Kunststücke und Handgriffe oder vielmehr Fußgriffe des Metiers. Die Unbeholfenheit und Steifheit des Gelehrten, der die zierlichen leichten Pas nachahmen will, bilden die ergötzlichsten Effekte und Kontraste. Die teuflischen Tänzerinnen wollen auch hier nachhelfen, jede sucht auf eigne Weise die Lehre durch Beispiel zu erklären, eine wirft den armen Doktor in die Arme der andern, die mit ihm herumwirbelt; er wird hin- und hergezerrt, doch durch die Macht der Liebe und des Zauberstabs, der die unfolgsamen Glieder allmählich gelenkig schlägt, erreicht der Lehrling der Choreographie zuletzt die höchste Fertigkeit: er tanzt ein brillantes *Pas de deux* mit Mephistophela, und zur Freude seiner Kunstgenossinnen fliegt er auch mit ihnen umher in den wunderlichsten Figuren. Nachdem er es zu dieser Virtuosität gebracht, wagt er als Tänzer auch vor dem schönen Frauenbilde des Zauberspiegels zu erscheinen, und dieses beantwortet seine tanzende Leidenschaft mit den Gebärden der glühendsten Gegenliebe. Faust tanzt mit immer sich steigernder Seelentrunkenheit; Mephistophela aber reißt ihn fort von dem Spiegelbilde, das durch die Berührung des Zauberstabes wieder verschwindet, und fortgesetzt wird der höhere Tanzunterricht der altklassischen Schule.

Zweiter Akt

Großer Platz vor einem Schlosse, welches zur rechten Seite sichtbar. Auf der Rampe, umgeben von ihrem Hofgesinde, Rittern und Damen, sitzen in hohen Thronsesseln der Herzog und die Herzogin, ersterer ein steifältlicher Herr, letztere ein junges, üppiges Weib, ganz das Konterfei des Frauenbilds, welches der Zauberspiegel des ersten Akts dargestellt hat. Bemerklich ist, daß sie am linken Fuße einen güldenen Schuh trägt.

Die Szene ist prachtvoll geschmückt zu einem Hoffeste. Es wird ein Schäferspiel aufgeführt im ältesten Rokokogeschmacke: graziöse Fadheit und galante Unschuld. Diese süßlich gezierte Arkadiäntänzelei wird plötzlich unterbrochen und verscheucht durch die Ankunft des Faust und der Mephistophela, die in ihrem Tanzkostüm und mit ihrem Gefolge von

133

dämonischen Balletttänzerinnen unter jauchzenden Fanfaren ihren Siegeseinzug halten. Faust und Mephistophela machen ihre springenden Reverenzen vor dem Fürstenpaar, doch ersterer und die Herzogin, indem sie sich näher betrachten, sind betroffen wie von freudigster Erinnerung: sie erkennen sich und wechseln zärtliche Blicke. Der Herzog scheint mit besonders gnädigem Wohlwollen die Huldigung Mephistophelas entgegenzunehmen. In einem ungestümen *Pas de deux*, welches letztere jetzt mit Faust tanzt, haben beide fürnehmlich das Fürstenpaar im Auge, und während die teuflischen Tänzerinnen sie ablösen, kost Mephistophela mit dem Herzog und Faust mit der Herzogin; die überschwengliche Passion der beiden letztern wird gleichsam parodiert, indem Mephistophela den eckigen und steifleinenen Graziösitäten des Herzogs eine ironische Zimperlichkeit entgegensetzt.

Der Herzog wendet sich endlich gegen Faust und verlangt als eine Probe seiner Schwarzkunst den verstorbenen König David zu sehen, wie er vor der Bundeslade tanzte. Auf solches allerhöchste Verlangen nimmt Faust den Zauberstab aus den Händen Mephistophelas, schwingt ihn in beschwörender Weise, und aus der Erde, welche sich öffnet, tritt die begehrte Gruppe hervor: auf einem Wagen, der von Leviten gezogen wird, steht die Bundeslade, vor ihr tanzt König David, possenhaft vergnügt und abenteuerlich geputzt gleich einem Kartenkönig, und hinter der heiligen Lade, mit Spießen in den Händen, hüpfen schaukelnd einher die königlichen Leibgarden, gekleidet wie polnische Juden in lang herabschlotternd schwarzseidenen Kaftans und mit hohen Pelzmützen auf den spitzbärtigen Wakkelköpfen. Nachdem diese Karikaturen ihren Umzug gehalten, verschwinden sie wieder in den Boden unter rauschenden Beifallsbezeugungen.

Aufs neue springen Faust und Mephistophela hervor zu einem glänzenden *Pas de deux*, wo der eine wieder die Herzogin und die andre wieder den Herzog mit verliebten Gebärden anlockt, so daß das erlauchte Fürstenpaar endlich nicht mehr widersteht und, seinen Sitz verlassend, sich den Tänzen jener beiden anschließt. Dramatische Quadrille, wo Faust die Herzogin noch inniger zu bestricken sucht. Er hat ein Teufelsmal an ihrem Halse bemerkt, und indem er dadurch entdeckt, daß sie eine Zauberin sei, gibt er ihr ein Rendezvous für den nächsten Hexensabbat. Sie ist erschrocken und will leugnen, doch Faust zeigt hin auf ihren güldenen Schuh, welcher das Wahrzeichen ist, woran man die Domina, die fürnehmste Satansbraut, erkennt. Verschämt gestattet sie das Rendezvous. Parodistisch gebärden sich wieder gleichzeitig der Herzog und Mephistophela, und die dämonischen Tänzerinnen setzen den Tanz fort, nachdem die vier Hauptpersonen sich in Zwiegesprächen zurückgezogen.

Auf ein erneutes Begehr des Herzogs, ihm eine Probe seiner Zauberkunst zu geben, ergreift Faust den magischen Stab und berührt damit die eben dahinwirbelnden Tänzerinnen. Diese verwandeln sich im Nu wieder in Ungetüme, wie wir sie im ersten Akt gesehen, und aus dem graziösesten Ringelreihen in die täppischste und barockste Ronde überplumpsend, versinken sie zuletzt unter sprühenden Flammen in dem sich öffnenden Boden. – Rauschend enthusiastischer Beifall, und Faust und Mephistophela verbeugen sich dankbar vor den hohen Herrschaften und einem verehrungswürdigen Publico.

Aber nach jedem Zauberstück steigert sich die tolle Lust; die vier Hauptpersonen stürzen rücksichtslos wieder auf den Tanzplatz, und in der Quadrille, die sich erneuet, gebärdet sich die Leidenschaft immer dreister: Faust kniet nieder vor der Herzogin, die in nicht minder kompromittierenden Pantomimen ihre Gegenliebe kundgibt: vor der schäkernd hingerissenen Mephistophela kniet wie ein lüsterner Faun der alte Herzog; – doch indem er sich zufällig umwendet und seine Gattin nebst Faust in den erwähnten Posituren erblickt, springt er wütend empor, zieht sein Schwert und will den frechen Schwarzkünstler erstechen. Dieser ergreift rasch seinen Zauberstab, berührt damit den Herzog, und auf dem Haupte desselben schießt ein ungeheures Hirschgeweih empor, an dessen Enden ihn die Herzogin zurückhält. Allgemeine Bestürzung der Höflinge, die ihre Schwerter ergreifen und auf Faust und Mephistophela eindringen. Faust aber bewegt wieder seinen Stab, und im Hintergrunde der Szene erklingen plötzlich kriegerische Trompetenstöße, und man erblickt in Reih und Glied eine ganze Schar von Kopf bis zu Füßen geharnischter Ritter. Indem die Höflinge sich gegen diese zu ihrer Verteidigung umwenden, fliegen Faust und Mephistophela durch die Luft davon auf zwei schwarzen Rossen, die aus dem Boden hervorgekommen. Im selben Augenblick zerrinnt wie eine Phantasmagorie auch die bewaffnete Ritterschar.

Nächtlicher Schauplatz des Hexensabbats: Eine breite Berg-
koppe; zu beiden Seiten Bäume, an deren Zweigen seltsame
Lampen hängen, welche die Szene erleuchten; in der Mitte ein
steinernes Postament, wie ein Altar, und darauf steht ein großer
schwarzer Bock mit einem schwarzen Menschenantlitz und einer brennenden Kerze zwischen den Hörnern. Im Hintergrunde Gebirgshöhen, die, einander überragend, gleichsam ein
Amphitheater bilden, auf dessen kolossalen Stufen als Zuschauer die Notabilitäten der Unterwelt sitzen, nämlich jene
Höllenfürsten, die wir in den vorigen Akten gesehen, und die
hier noch riesenhafter erscheinen. Auf den erwähnten Bäumen
hocken Musikanten mit Vogelgesichtern und wunderlichen
Saiten- und Blasinstrumenten. Die Szene ist bereits ziemlich
belebt von tanzenden Gruppen, deren Trachten an die verschiedensten Länder und Zeitalter erinnern, so daß die ganze
Versammlung einem Maskenball gleicht, um so mehr, da wirklich viele darunter verlarvt und vermummt sind. Wie barock,
bizarr und abenteuerlich auch manche dieser Gestalten, so dürfen sie dennoch den Schönheitssinn nicht verletzen, und der
häßliche Eindruck des Fratzenwesens wird gemildert oder ver-
wischt durch märchenhafte Pracht und positives Grauen. Vor
dem Bocksaltar tritt ab und zu ein Paar, ein Mann und ein Weib,
jeder mit einer schwarzen Fackel in der Hand, sie verbeugen
sich vor der Rückseite des Bocks, knieen davor nieder und leisten das Homagium des Kusses. Unterdessen kommen neue
Gäste durch die Luft geritten auf Besenstielen, Mistgabeln,
Kochlöffeln, auch auf Wölfen und Katzen. Diese Ankömm-
linge finden hier die Buhlen, die bereits ihrer harrten. Nach
freudigster Willkommbegrüßung mischen sie sich unter die
tanzenden Gruppen. Auch Ihre Durchlaucht die Herzogin
kommt auf einer ungeheuren Fledermaus herangeflogen; sie ist
so entblößt als möglich gekleidet und trägt am rechten Fuß den
güldenen Schuh. Sie scheint jemanden mit Ungeduld zu suchen. Endlich erblickt sie den Ersehnten, nämlich Faust, welcher mit Mephistophela auf schwarzen Rossen zum Feste her-
anfliegt; er trägt ein glänzendes Rittergewand, und seine
Gefährtin schmückt das züchtig enganliegende Amazonenkleid
eines deutschen Edelfräuleins. Faust und die Herzogin stürzen
einander in die Arme, und ihre überschwellende Inbrunst of-

fenbart sich in den verzücktesten Tänzen. Mephistophela hat
unterdessen ebenfalls einen erwarteten Gespons gefunden, einen dürren Junker in schwarzer, spanischer Manteltracht und
mit einer blutroten Hahnenfeder auf dem Barett; doch während
Faust und die Herzogin die ganze Stufenleiter einer wahren
Leidenschaft, einer wilden Liebe durchtanzen, ist der Zweitanz
der Mephistophela und ihres Partners als Gegensatz nur der
buhlerische Ausdruck der Galanterie, der zärtlichen Lüge, der
sich selbst persiflierenden Lüsternheit. Alle vier ergreifen endlich schwarze Fackeln, bringen in der oben erwähnten Weise
dem Bocke ihre Huldigung und schließen sich zuletzt der
Ronde an, womit die ganze vermischte Gesellschaft den Altar
umwirbelt. Das Eigentümliche dieser Ronde besteht darin, daß
die Tänzer einander den Rücken zudrehen und nicht das Gesicht, welches nach außen gewendet bleibt.

Faust und die Herzogin, welche dem Ringelreihen entschlüp-
fen, erreichen die Höhe ihres Liebestaumels und verlieren sich
hinter den Bäumen zur rechten Seite der Szene. Die Ronde ist
beendet, und neue Gäste treten vor den Altar und begehen dort
die Adoration des Bocks; es sind gekrönte Häupter darunter,
sogar Großwürdenträger der Kirche in ihren geistlichen Orna-
ten.

Im Vordergrunde zeigen sich mittlerweile viele Mönche und
Nonnen, und an ihren extravaganten Polkasprüngen erquicken
sich die dämonischen Zuschauer auf den Bergspitzen, und sie
applaudieren mit lang hervorgestreckten Tatzen. Faust und die
Herzogin kommen wieder zum Vorschein, doch sein Antlitz
ist verstört, und verdrossen wendet er sich ab von dem Weibe,
das ihn mit den wollüstigsten Karessen verfolgt. Er gibt ihr seinen Überdruß und Widerwillen in unzweideutiger Weise zu
erkennen. Vergebens stürzt flehentlich die Herzogin vor ihm
nieder; er stößt sie mit Abscheu zurück. In diesem Augenblicke
erscheinen drei Mohren in goldnen Wappenröcken, worauf
lauter schwarze Böcke gestickt sind; sie bringen der Herzogin
den Befehl, sich unverzüglich zu ihrem Herrn und Meister Sa-
tanas zu begeben, und die Zögernde wird mit Gewalt fortge-
schleppt. Man sieht im Hintergrunde, wie der Bock von seinem
Postamente herabsteigt und nach einigen sonderbaren Kompli-
mentierungen mit der Herzogin ein Menuett tanzt. Langsam
gemessene zeremoniöse Pas. Auf dem Antlitz des Bockes liegt
der Trübsinn eines gefallenen Engels und der tiefe Ennui eines

blasierten Fürsten; in allen Zügen der Herzogin verrät sich die trostloseste Verzweiflung. Nach Beendigung des Tanzes steigt der Bock wieder auf sein Postament; die Damen, welche diesem Schauspiel zugesehen, nahen sich der Herzogin mit Knicks und Huldigung und ziehen dieselbe mit sich fort. Faust ist im Vordergrunde stehen geblieben, und während er jenem Menuett zuschaut, erscheint wieder an seiner Seite Mephistophela. Mit Widerwillen und Ekel zeigt Faust auf die Herzogin und scheint in betreff derselben etwas Entsetzliches zu erzählen; er bezeugt überhaupt seinen Ekel ob all dem Fratzentreiben, das er vor sich sehe, ob all dem gotischen Wuste, der nur eine plump schnöde Verhöhnung der kirchlichen Asketik, ihm aber ebenso unerquicklich sei wie letztere. Er empfindet eine unendliche Sehnsucht nach dem Reinschönen, nach griechischer Harmonie, nach den uneigennützig edlen Gestalten der Homerischen Frühlingswelt! Mephistophela versteht ihn, und mit ihrem Zauberstab den Boden berührend, läßt sie das Bild der berühmten Helena von Sparta daraus hervorsteigen und sogleich wieder verschwinden. Das ist es, was das gelehrte, nach antikem Ideal dürstende Herz des Doktors begehrte; er gibt seine volle Begeisterung zu erkennen, und durch einen Wink der Mephistophela erscheinen wieder die magischen Rosse, worauf beide davonfliegen. In demselben Momente erscheint die Herzogin wieder auf der Szene; sie bemerkt die Flucht des Geliebten, gerät in die unsinnigste Verzweiflung und fällt ohnmächtig zu Boden. In diesem Zustande wird sie von einigen wüsten Gestalten aufgehoben und mit Scherz und Possen wie im Triumphe umhergetragen. Wieder Hexenronde, die plötzlich unterbrochen wird von dem gellenden Klang eines Glöckchens und einem Orgelchoral, der eine verruchte Parodie der Kirchenmusik ist. Alles drängt sich zum Altar, wo der schwarze Bock in Flammen aufgeht und prasselnd verbrennt. Nachdem der Vorhang schon gefallen, hört man noch die grausenhaft burlesken Freveltöne der Satansmesse.

Vierter Akt

Eine Insel im Archipel. Ein Stück Meer, smaragdfarbig glänzend, ist links sichtbar und scheidet sich lieblich ab von dem Turkoisenblau des Himmels, dessen sonniges Tageslicht eine ideale Landschaft überstrahlt: Vegetation und Architekturen sind hier so griechisch schön, wie sie der Dichter der »Odyssee« einst geträumt. Pinien, Lorbeerbüsche, in deren Schatten weiße Bildwerke ruhen; große Marmorvasen mit fabelhaften Pflanzen; die Bäume von Blumengirlanden umwunden; kristallene Wasserfälle; zur rechten Seite der Szene ein Tempel der Venus Aphrodite, deren Statue aus den Säulengängen hervorschimmert; und das alles belebt von blühenden Menschen, die Jünglinge in weißen Festgewanden, die Jungfrauen in leichtgeschürzter Nymphentracht, ihre Häupter geschmückt mit Rosen oder Myrten, und teils in einzelnen Gruppen sich erlustigend, teils auch in zeremoniösen Reigen vor dem Tempel der Göttin mit dem Freudendienste derselben beschäftigt. Alles atmet hier griechische Heiterkeit, ambrosischen Götterfrieden, klassische Ruhe. Nichts erinnert an ein neblichtes Jenseits, an mystische Wollust- und Angstschauer, an überirdische Ekstase eines Geistes, der sich von der Körperlichkeit emanzipiert: hier ist alles reale plastische Seligkeit ohne retrospektive Wehmut, ohne ahnende leere Sehnsucht. Die Königin dieser Insel ist Helena von Sparta, die schönste Frau der Poesie, und sie tanzt an der Spitze ihrer Hofmägde vor dem Venus-Tempel: Tanz und Posituren, im Einklang mit der Umgebung, gemessen, keusch und feierlich.

In diese Welt brechen plötzlich herein Faust und Mephistophela, auf ihren schwarzen Rossen durch die Lüfte herabfliegend. Sie sind wie befreit von einem düstern Alpdruck, von einer schnöden Krankheit, von einem tristen Wahnsinn und erquicken sich beide an diesem Anblick des Urschönen und des wahrhaft Edlen. Die Königin und ihr Gefolge tanzen ihnen gastlich entgegen, bieten ihnen Speise und Trank in kostbar ziselierten Geräten und laden sie ein, bei ihnen zu wohnen auf der stillen Insel des Glücks. Faust und seine Gefährtin antworten durch freudige Tänze, und alle, einen Festzug bildend, begeben sich zuletzt nach dem Tempel der Venus, wo der Doktor und Mephistophela ihre mittelalterlich romantische Kleidung gegen einfach herrliche griechische Gewänder vertauschen; in solcher Umwandlung wieder mit Helena auf die Vorderszene tretend, tragieren sie irgend einen mythologischen Dreitanz. Faust und Helena lassen sich endlich nieder auf einen Thron zur rechten Seite der Szene, während Mephistophela, einen Thyrfus und eine Handtrommel ergreifend, als Bacchantin in den ausgelassensten Posituren einherspringt. Die Jungfrauen der Helena erfaßt das Beispiel dieser Lust, sie reißen die Rosen und Myrten von ihren Häuptern, winden Weinlaub in die entfesselten Locken, und mit flatternden Haaren und geschwungenen Thyrsen taumeln sie ebenfalls dahin als Bacchanten. Die Jünglinge bewaffnen sich alsbald mit Schild und Speer, vertreiben die göttlich rasenden Mädchen und tanzen in Scheinkämpfen eine jener kriegerischen Pantomimen, welche von den alten Autoren so wohlgefällig beschrieben sind.

In dieser heroischen Pastorale mag auch eine antike Humoreske eingeschaltet werden, nämlich eine Schar Amoretten, die auf Schwänen herangeritten kommen und mit Spießen und Bogen ebenfalls einen Kampftanz beginnen. Dieses artige Spiel wird aber plötzlich gestört: die erschreckten Liebesbübchen werfen sich rasch auf ihre Reitschwäne und flattern von dannen bei der Ankunft der Herzogin, die auf einer ungeheuren Fledermaus durch die Luft herbeigeflogen kommt und wie eine Furie vor den Thron tritt, wo Faust und Helena ruhig sitzen. Sie scheint jenem die wahnsinnigsten Vorwürfe zu machen und diese zu bedrohen. Mephistophela, die den ganzen Auftritt mit Schadenfreude betrachtet, beginnt wieder ihren Bacchantentanz, dem die Jungfrauen der Helena sich ebenfalls wieder tanzend beigesellen, so daß diese Freuden-Chöre mit dem Zorn der Herzogin gleichsam verhöhnend kontrastieren. Letztere kann sich zuletzt vor Wut nicht mehr lassen, sie schwingt den Zauberstab, den sie in der Hand hält, und scheint diese Bewegung mit den entsetzlichsten Beschwörungssprüchen zu begleiten. Alsbald verfinstert sich der Himmel, Blitz und Donnerschlag, das Meer flutet stürmisch empor, und auf der ganzen Insel geschieht an Gegenständen und Personen die schauderhafteste Umwandlung. Alles ist wie getroffen von Wetter und Tod: die Bäume stehen laublos und verdorrt; der Tempel ist zu einer Ruine zusammengesunken; die Bildsäulen liegen gebrochen am Boden; die Königin Helena sitzt als eine fast zum Gerippe entfleischte Leiche in einem weißen Laken zur Seite des Faust; die tanzenden Frauenzimmer sind ebenfalls nur noch knöcherne Gespenster, gehüllt in weiße Tücher, die, über den Kopf hängend, nur bis auf die dürren Lenden reichen, wie man die Lamien darstellt, und in dieser Gestalt setzen sie ihre heitern Tanzposituren und Ronden fort, als wäre gar nichts passiert, und sie scheinen die ganze Umwandlung durchaus nicht bemerkt zu haben. Faust ist aber bei diesem Begebnis, wo all sein

Glück zertrümmert ward durch die Rache einer eifersüchtigen Hexe, aufs höchste gegen dieselbe erbost; er springt vom Thron herab mit gezogenem Schwerte und bohrt es in die Brust der Herzogin.

Mephistophela hat die beiden Zauberrappen wieder herbeigeführt, sie treibt den Faust angstvoll an, sich schnell aufzuschwingen, und reitet mit ihm davon durch die Luft. Das Meer brandet unterdessen immer höher, es überschwemmt allmählich Menschen und Monumente, nur die tanzenden Lamien scheinen nichts davon zu merken, und bei heiteren Tamburinklängen tanzen sie bis zum letzten Augenblick, wo die Wellen ihre Köpfe erreichen und die ganze Insel gleichsam im Wasser versinkt. Über das sturmgepeitschte Meer, hoch oben in der Luft, sieht man Faust und Mephistophela auf ihren schwarzen Gäulen dahinjagen.

Fünfter Akt

Ein großer freier Platz vor einer Kathedrale, deren gotisches Portal im Hintergrunde sichtbar. Zu beiden Seiten zierlich geschnittene Lindenbäume; unter denselben links sitzen zechende und schmausende Bürgersleute, gekleidet in der niederländischen Tracht des sechzehnten Jahrhunderts. Unfern sieht man auch mit Armbrüsten bewaffnete Schützen, die nach einem auf einen hohen Pfahl gepflanzten Vogel schießen. Überall Kirmesjubel: Schaubuden, Musikanten, Puppenspiel, umherspringende Pickelhäringe und fröhliche Gruppen. In der Mitte der Szene ein Rasenplatz, wo die Honoratioren tanzen. –

Der Vogel ist herabgeschossen, und der Sieger hält als Schützenkönig seinen Triumphzug. Eine feiste Bierbrauerfigur, auf dem Haupte eine enorme Krone, woran eine Menge Glöckchen, Bauch und Rücken behängt mit großen Schilden von Goldblech; und solchermaßen mit Geklingel und Gerassel einherstolzierend. Vor ihm marschieren Trommler und Pfeifer, auch der Fahnenträger, ein kurzbeinichter Knirps, der mit einer ungeheuern Fahne die drolligsten Schwenkungen verrichtet; die ganze Schützengilde folgt gravitätisch hinterher. Vor dem dicken Bürgermeister und seiner nicht minder korpulenten Gattin, die nebst ihrem Töchterlein unter den Linden sitzen, wird die Fahne geschwenkt und neigen sich respektvoll die Vorüberziehenden. Jene erwidern die Salutation, und ihr

Töchterlein, ein blondlockiges Jungfrauenbild aus der niederländischen Schule, kredenzt dem Schützenkönig den Ehrenbecher.

Trompetenstöße ertönen, und auf einem hohen mit Laubwerk geschmückten Karren, der von zwei schwarzen Gäulen gezogen wird, erscheint der hochgelehrte Doktor Faust in scharlachrotem und goldbetreßtem Quacksalberkostüme; dem Wagen voran, die Pferde lenkend, schreitet Mephistophela, ebenfalls in grell marktschreierischem Aufputz, reich bebändert und befiedert und in der Hand eine große Trompete, worauf sie zuweilen Fanfaren bläst, während sie eine das Volk heranlockende Reklame tanzt. Die Menge drängt sich alsbald um den Wagen, wo der fahrende Wunderdoktor allerlei Tränklein und Mixturen gegen bare Bezahlung austeilt. Einige Personen bringen ihm in großen Flaschen ihren Urin zur Besichtigung. Andern reißt er die Zähne aus. Er tut sichtbare Mirakelkuren an verkrüppelten Kranken, die ihn geheilt verlassen und vor Freude tanzen. Er steigt endlich herab vom Wagen, der davonfährt, und verteilt unter die Menge seine Phiolen, aus welchen man nur einige Tropfen zu genießen braucht, um von jedem Leibesübel geheilt und von der unbändigsten Tanzlust ergriffen zu werden. Der Schützenkönig, welcher den Inhalt einer Phiole verschluckt, empfindet dessen Zaubermacht, er ergreift Mephistophela und hopst mit ihr ein *Pas de deux.* Auch auf den bejahrten Bürgermeister und seine Gattin übt der Trank seine beinbewegende Wirkung, und beide humpeln den alten Großvatertanz.

Während aber das sämtliche Publikum im tollsten Wirbel sich umherdreht, hat Faust sich der Bürgermeisterstochter genaht, und bezaubert von ihrer reinen Natürlichkeit, Zucht und Schöne, erklärt er ihr seine Liebe, und mit wehmütigen, fast schüchternen Gebärden nach der Kirche deutend, wirbt er um ihre Hand. Auch bei den Eltern, die sich keuchend wieder auf ihre Bank niederlassen, wiederholt er seine Werbung; jene sind mit dem Antrag zufrieden, und auch die naive Schöne gibt endlich ihre verschämte Zustimmung. Letztere und Faust werden jetzt mit Blumensträußen geschmückt und tanzen als Braut und Bräutigam ihre sittsam bürgerlichen Hymeneen. Der Doktor hat endlich im bescheiden süßen Stilleben das Hausglück gefunden, welches die Seele befriedigt. Vergessen sind die Zweifel und die schwärmerischen Schmerzgenüsse des Hochmutgeistes, und er strahlt vor innerer Beseligung wie der vergoldete Hahn eines Kirchturms.

Es bildet sich der Brautzug mit hochzeitlichem Gepränge, und derselbe ist schon auf dem Wege zur Kirche, als Mephistophela plötzlich mit hohnlachenden Gebärden vor den Bräutigam tritt und ihn seinen idyllischen Gefühlen entreißt; sie scheint ihm zu befehlen, ihr unverzüglich von hinnen zu folgen. Faust widersetzt sich mit hervorbrechendem Zorn, und die Zuschauer sind bestürzt über diese Szene. Doch noch größerer Schrecken erfaßt sie, als plötzlich auf Mephistophelas Beschwörung ein nächtliches Dunkel und das schrecklichste Gewitter hereinbricht. Sie fliehen angstvoll und flüchten sich in die nahe Kirche, wo eine Glocke zu läuten und eine Orgel zu rauschen beginnen, ein frommes Gedröhne, welches mit dem blitzenden und donnernden Höllenspektakel auf der Szene kontrastiert. Auch Faust hat sich wie die andern in den Schoß der Kirche flüchten wollen, aber eine große schwarze Hand, die aus dem Boden hervorgriff, hat ihn zurückgehalten, während Mephistophela mit boshaft trumphierender Miene aus ihrem Mieder das Pergamentblatt hervorzieht, das der Doktor einst mit seinem Blute unterzeichnet hat; sie zeigt ihm, daß die Zeit des Kontraktes verflossen sei und Leib und Seele jetzt der Hölle gehöre. Vergebens macht Faust allerlei Einwendungen, vergebens legt er sich zuletzt aufs Jammern und Bitten – das Teufelsweib umtänzelt ihn mit allen Grimassen der Verhöhnung. Es öffnet sich der Boden, und es treten hervor die greuelhaften Höllenfürsten, die gekrönten und sceptertragenden Ungetüme. In jubelnder Ronde verspotten sie ebenfalls den armen Doktor, den Mephistophela, die endlich sich in eine gräßliche Schlange verwandelt hat, mit wilder Umschlingung erdrosselt. Die ganze Gruppe versinkt unter Flammengeprassel in die Erde, während das Glockengeläute und die Orgelklänge, die vom Dome her ertönen, zu frommen, christlichen Gebeten auffordern.

Ostern 1848
Nach Seibertz gestochen von Adrian Schleich

6. Kapitel

Faust, ein politischer Kämpfer?

So laß uns eilen! Fort von dieser Freistätte der Beutelschneider und Heuchler! Laß uns fliegen von Planeten zu Planeten, von Landschaft zu Landschaft, ergründen die Tiefen der Schöpfung; trocknen allenthalben die Tränen der Unschuld und niederstürzen die Idole der Tyrannei und des Lasters!

Julius Soden, Doktor Faust

Friedrich Engels An seinen Jugendfreund Wilhelm Graeber

Den 13. Nov. 1839. Liebster Guilielme, warum schreibst Du nicht? Ihr gehört sämtlich in die Kategorie der Faulenzer und Bärenhäuter. Aber ich bin ein andrer Kerl! Nicht nur, daß ich Euch mehr schreibe als Ihr verdient, daß ich mir eine ausnehmende Bekanntschaft mit allen Literaturen der Welt verschaffe; ich arbeite mir auch im stillen in Novellen und Gedichten ein Denkmal des Ruhmes aus, welches, wenn nämlich die Zensur den blitzenden Stahlschimmer nicht zu häßlichem Rost anhaucht, mit hellem Jugendglanz durch alle deutschen Lande, Österreich ausgenommen, hinscheinen wird. Es gärt und kocht in meiner Brust, es glüht in meinem bisweilen besoffenen Kopfe ganz ausnehmend; ich sehne mich, einen großen Gedanken zu finden, der die Gärung aufklärt und die Glut zur lichten Flamme anhaucht. Ein großartiger Stoff, gegen den alle meine bisherigen nur Kindereien sind, ringt sich in meinem Geist empor. Ich will in einer »Märchen-Novelle« oder einem derartigen Ding die modernen Ahnungen, die sich im Mittelalter zeigten, zur Anschauung bringen, ich will die Geister aufdecken, die unter der harten Erdrinde nach Erlösung pochten, vergraben unter den Fundamenten der Kirchen und Verliese. Ich will wenigstens einen Teil jener Aufgabe Gutzkows zu lösen versuchen: der wahre zweite Teil des »Faust«, Faust nicht mehr Egoist, sondern sich aufopfernd für die Menschheit, soll noch erst geschrieben werden. Da ist »Faust«, da ist »Der ewige Jude«, da ist »Der wilde Jäger«, drei Typen der geahnten Geistesfreiheit, die leicht in eine Verbindung und eine Beziehung zu Johann Huß zu setzen sind. Welch ein poetischer Hintergrund, vor dem diese drei Dämonen schalten und walten, ist mir da gegeben!

Friedrich Theodor Vischer Zum zweiten Teil von Goethes »Faust«

Friedrich Theodor Vischer (1807–1887) habilitierte sich 1836 in Tübingen und lehrte hier Ästhetik und deutsche Literaturgeschichte. 1844 wurde er zum ordentlichen Professor ernannt, wegen seiner freimütigen Antrittsrede aber dann auf Betreiben

kirchlicher Stellen bis 1847 suspendiert. 1848 Wahl in die Deutsche Nationalversammlung, wo er zur gemäßigten Linken gehörte. Den Resten des Parlaments folgte er 1849 nach Stuttgart, lehnte aber den Gedanken der Majorität ab, von Württemberg aus Deutschland zu revolutionieren. Später nahm er seine akademische Lehrtätigkeit wieder auf.
Sein Leben lang beschäftigte sich Vischer mit Goethes »Faust«. In Tübingen hielt er »Faust«-Vorlesungen, 1839 schrieb er für die »Hallischen Jahrbücher« einen größeren kritischen Artikel zur Literatur über den »Faust«, 1857 erschienen in der Monatsschrift des Wissenschaftlichen Vereins in Zürich seine »Kritischen Bemerkungen über den ersten Teil von Goethes ›Faust‹«, 1862 veröffentlichte er die Parodie »Faust. Der Tragödie III. Teil«. Der hier auszugsweise abgedruckte Aufsatz, eine ausführliche Auseinandersetzung mit dem Zweiten Teil des Faust, erschien 1861 in der neuen Folge der von ihm herausgegebenen »Kritischen Gänge«.

Es sei doch einmal gewagt, das Bild eines zweiten Teils der Tragödie Faust, wie ich es schon lang in mir umtrage und in den Vorlesungen öfters entwickelt habe, in die Öffentlichkeit hinauszugeben ... Also wirklich ein bloßer Entwurf und doch, so behaupte ich, kein Unding. Es soll eine positive Kritik des zweiten Teils Faust von Goethe sein und nichts weiter. Goethe hat im ersten Teil das Fragment eines wunderbaren, unnachahmlichen Baues aufgeführt, einen Flügel mit sichtbaren Ansätzen und Fugen, die auf einen zweiten Flügel weisen. Im Greisenalter vollendet er den zweiten Flügel mit ermatteter Hand, ein Werk nicht ohne einzelne tiefe und große Gedanken, aber hier flach und matt, dort verschnörkelt, selbst in Grundverhältnissen und Struktur vielfach verfehlt und lückenhaft ... Goethes Faust ist ins Unendliche fortsetzbar. Es kommt darauf an, aus dem ersten Teile richtig zu schließen, was, welche Gebiete, welche Aufgaben in einer Fortsetzung vorkommen müssen, für die Ausführung lassen sich die verschiedensten Formen, Situationen erfinden, um dem Thema, das sich aus diesen Schlüssen ergibt, gerecht zu werden. Nur das ist gewiß, daß niemand es Goethe gleich tun kann, der ja im Alter sich selbst es nicht gleich tun konnte ...
Daß die höhere Region, in welche Faust geführt werden soll, vor allem die politische sei, dies bedarf, da ja Goethe selbst in

den bekannten Briefstellen es ausgesprochen hat, keines neuen Nachweises. . . Die Zeit, in welcher die Faustsage spielt, ist die Reformation. Faust muß in Zusammenhang mit dieser großen Krisis der Zeit gebracht werden, dazu fordert doch wahrlich das sechzehnte Jahrhundert von selbst auf, dessen tiefe, allgemeine Geistergärung ja eben die Sage von Faust geschaffen hat... Ich hatte vorgeschlagen, für den zweiten Teil Faust den Bauernkrieg zu benützen. Köstlin bemerkte darauf: in ein historisch so klar vorliegendes Kriegstheater können zwei so mythische Ritter wie Faust und Mephistopheles nicht eingeführt werden. Aber warum lobt er gleich darauf Goethe's treffend ironische Schilderung der Lage des gespaltenen deutschen Reichs im vierten Akte? Diese Zeit ist von Goethe nicht genau begrenzt, wird er antworten, es sind keine Namen, keine Zahlen genannt, das Historische ist in eine unbestimmtere, typische Allgemeinheit erhoben. Gut, und ebenso können auch die politischen Bewegungen des sechzehnten Jahrhunderts behandelt werden: man soll die bestimmten geschichtlichen Vorgänge erkennen und doch soll eine gewisse generalisierende Behandlung sie ausweiten, die Enge des einzelnen, benannten, datierten Ereignisses lüften, die Gröbe und Schärfe, womit die Geschichte ihre Umrisse zeichnet, mildern und vergeistigen . . .

Die Bühne zeige uns zuerst das bekannte Studierzimmer; Faust stürze herein, er komme von Gretchens frischem Grabe, ein furchtbarer Monolog, worin er wie im wilden Fiebertraum Gretchens Hinrichtung malt, als sähe er sie mit eigenen Augen an, jede Gebärde, Verzweiflung, Händeringen und Wälzen am Boden sage uns, wie es im Innern eines Menschen aussieht, der solche Folgen seiner Schuld so eben erlebt hat. Die Ermannung aus diesem Elende ließe sich zweckmäßiger nicht motivieren, als durch den Eintritt des Mephistopheles. Anfangs müßte Faust in seiner Zerschlagenheit ihn zum Worte kommen lassen und wie wäre er in seiner Rolle, wenn er nun die Wahrheit, daß zu lange Reue unfruchtbar ist, das oben im guten Sinn erwähnte Wort, daß »unsere einzige Reue eine bessere Tat sein soll«, mit dämonischen Sophismen ins Frivole verkehrte! Wie sehr fordert es die Tragödie, ihn einmal in einer solchen Situation als Hinwegprediger der Reue zu vernehmen! Nun aber besinnt sich Faust, daß er noch Mann ist; am Gegensatze zu Mephistopheles erwacht ihm das Bewußtsein, daß er noch er selbst ist, noch leben kann, leben muß, um durch Taten seine

148

tiefe Schuld zu sühnen. Er jagt den Verführer hinweg und das muß deutlich, drastisch geschehen, nur daß natürlich der Abziehende noch einen Wink wird fallen lassen, daß er den Rückweg schon werde zu finden wissen.

Wagner tritt ein und fragt den Doktor, ob er auch in die neuen Bücher schon gesehen habe, die er ihm während seiner »langen Ferienreise« auf den Tisch gelegt habe. Faust schlägt sie auf, es sind Schriften der Reformatoren und Humanisten. Faust beginnt aufmerksam zu werden, liest mit dem Ausdruck überraschten Zusammentreffens eigener, längst gehegter Gedanken einige schlagende, energische Sätze laut heraus, er beschließt, Heilung seiner Seele wieder im Forschen, diesmal aber in einem geduldigen und gemessenen Forschen zu suchen, und in einem solchen, das zu Überzeugungen, zu Gesinnungen reift, in einen Willen übergeht, auf die Welt zu wirken. Er erkennt die ethische Lücke seines naturalistisch pantheistischen Denkens, er wirft sich vor, daß er früher die Wahrheit nur für sich gewollt, daß sein Herz nicht der Menschheit und vor allem dem nächsten, großen Kreise, der Nation geschlagen habe. Jetzt findet er eine weitere Schrift; der Titel, den er liest, muß an Huttens »Aufwecker deutscher Nation« erinnern. Wie er zu blättern anfängt, klopft es. Faust, unwillig gestört zu werden, ruft zögernd Herein. Ein jugendlicher Mann tritt ins Zimmer, man gebe ihm irgend einen symbolischen, poetischen Namen, sein Wesen aber erinnere durchaus an Huttens Feuergeist. Mit glühenden Worten schildert er dem erstaunten Faust, wie anders es in Deutschland geworden, wie allerorten ein neues Geistesleben sich rege, wie der erstaunten Welt das Bild des Altertums, das gesund und gediegen im Wirklichen lebte und treu der Natur seine Kräfte dem realen Zweck zuwandte, wie ihr zugleich das Bewußtsein der freien Selbstbestimmung und Prüfung in Sachen des Glaubens aufgegangen sei und wie die beiden großen Strömungen zusammentreffen. Der Gast muß auf demjenigen Standpunkte stehen, auf dem sich Hutten befand, als er noch mit Adel und Fürsten den Kaiser für die neue Lehre und für eine Einigung Deutschlands mit einer vom Papst unabhängigen, reformierten Kirche zu gewinnen hoffte; er fordert Faust auf, ihm an einen Hof zu folgen, wie ihn Hutten im Hofe des Albrecht von Mainz gefunden zu haben glaubte. Faust, voll Begeisterung und Hoffnung, folgt ihm.

Wir finden ihn dann an einem deutschen Hofe wieder, im Gespräche mit einem Fürsten, welcher nicht ablehnend, aber kühl, halb lau gegen ihn, der allerdings nun an einen Marquis Posa erinnern mag, sich ausspricht. Dem Niedergeschlagenen, fast Entmutigten, der bereits vom Reichstage zu Worms, von Luthers Flucht vernommen hat, nähert sich ein Hofmann, der ihn mit feinen Worten belehrt, daß, was Begeisterung und direktes Losgehen auf das Ziel nicht vermocht habe, der Kunst, der List gelingen werde. Daß Mephistopheles sich gelegentlich als Freund der Reformation stellen kann, liegt nicht zu sehr im Weiten; der Dichter dürfte nur an sein naives Schimpfen auf die Pfaffen nach der Wegnahme des Schmuckes anknüpfen. Ihn erkennt Faust unter der Maske, will gegen ihn ausbrechen, wird aber durch seinen Humor, seine Dialektik endlich bestochen, gefangen, umgestimmt. Nachdem er es bis dahin gebracht, wagt es Mephistopheles, mit einem Rat herauszurücken, in welchem für den vorschauenden Zuschauer eine gründliche Ironie liegt: Faust soll am päpstlichen Hofe selbst für seine Zwecke wirken; man sei dort gar nicht so blind, als es scheine; er schildert die humanistische Bildung der Römer, reizend malt er die neu erschlossene schöne Welt des klassischen Altertums, welche Faust wohl kennt, aber noch nicht von ihrer ästhetischen Seite, er malt ihm die Blüte der Kunst in Rom, weiß nebenher lokkende Bilder eines phantasiereichen Genußlebens im Umgang mit schönen Frauen einzustreuen: das könne man, ohne Opfer des großen Zwecks, so mitnehmen; und übrigens, sagt er, wenn es zu kühn sei, den gebildeten Papst für eine Läuterung des Glaubens und eine Deutschland erwünschte Ordnung der Kirchenverhältnisse zu gewinnen, so lasse sich ja unter der Hand gegen den päpstlichen Thron selbst wühlen, die Römer gerade seien dem abgeschmackten Pfaffenjoch am meisten entwachsen usw.

Faust läßt sich verführen. Wir finden ihn in Rom wieder. Im Umgang mit feinen Kardinälen, Rittern, Gelehrten, Künstlern, edlen, anmutigen Frauen wird er vom Wirbel der Zerstreuung fortgerissen. Entzückt steht er vor den neu entdeckten Antiken; man lasse ihn im Anblick einer mediceischen Venus erglühen, den reinen Genuß der Form unvermerkt in einen heißen Sinnenreiz übergehen; ich erinnere mich einer geistreichen dramatischen Studie von Gustav Pfizer, welche Faust in ähnlicher Situation darstellte; man führe ihn auch zu Raphael, der eben in der Farnesina seine Psyche, seine Galatea malt; ein Rausch, eine Trunkenheit der Phantasie komme über ihn. Man entrolle das Bild einer ebenso verdorbenen, als fein gebildeten Welt; es ist ganz erlaubt, in die Tage der Borgia zurückzugreifen, obwohl man nach der Seite der ästhetischen Genüsse und des herrschenden Humanismus die Zeit Leo's X. festhalten muß. Ränke, Wollust, Gift, Dolch sollen an der Tagesordnung sein. Nun hat die Stunde für Mephistopheles geschlagen und nun ist es Zeit, an die Helena zu denken.

Mephistopheles hat sich inzwischen in der Rolle eines Hofmanns trefflich ausgenommen. Sie muß ihm ja gar so gut anstehen; die ganze Anlage seines Charakters fordert es mit tausend Zungen, daß wir ihn als feinen Intriganten an einem leichtfertigen Hofe sich bewegen sehen. Nicht ganz hat Faust seinen ursprünglichen Plan vergessen, aber er ist an der Hand des frivolen Führers ein Ränkeschmied, ein Meister der List, ein Sophist geworden, der die Mittel durch den Zweck zu heiligen glaubt. Dieser Faden muß mit dem andern, der üppigen Stimmung Fausts, hernach zusammengefaßt werden.

Es ist Nacht; Mephistopheles vor einem Zauberkreise macht sein Hokuspokus und aus einer Nebelmasse, die aus der Erde steigt, entwickelt sich ein Weib von der Schönheit einer Aphrodite. Das ist Helena, der Succubus, der weibliche Buhlteufel; Mephistopheles weist dem Trugbilde seine Rolle an. Sie trete Faust etwa auf einem Hoffest, einem Maskenball in antikem Gewand mit verführerischer Entblößung ihrer Reize entgegen. Glühende Leidenschaft ergreift ihn; die Erscheinung ist ihm ein Inbegriff aller Herrlichkeit der Antike; sie zeige sich innig vertraut mit klassischer Kunst und Poesie, sie wisse mit Homer, mit Sappho, mit Anakreon, mit Ovid von Liebe zu sprechen und zu singen und sei Meisterin der Saiten.

Nun aber muß sich die Eifersucht einmengen und hier lassen sich die unterschiedenen Fäden verknüpfen. Ein Mann am Hofe, den Faust als Gegner seiner Plane auf den Tod haßt, irgend ein vornehmer, durchtriebener Pfaffe und Wollüstling, werde sein Nebenbuhler. Die Teufelin, angeleitet von Mephistopheles, wisse mit dem abgefeimtesten Spiele der Koketterie die Eifersucht zu nähren bis zu der Höhe der Wut, wo Faust reif ist, aus der Hand des Mephistopheles den Dolch zu empfangen, den er dem tödlich gehaßten Gegner ins Herz stößt. Jetzt besitzt er die Geliebte allein, in wildem Entzücken will er sie umarmen und er umarmt ein Totengerippe. Dies hat Sinn;

aber nicht in der Weise der Allegorie, denn es ist ein Motiv, das in alten, geglaubten Sagen vorkommt.

Faust hat jetzt ein Verbrechen begangen, so schwer, wie er es an Gretchen nicht verübt hat. Und ich behaupte, daß das Drama es fordert. Eine ganze, volle Schuld, eine Blutschuld, das Verbrechen eines vorbedachten, wiewohl im Affekt vorbedachten Mords muß auf sein Haupt fallen. Wir verlangten stärkere Reaktion gegen Mephistopheles, wir verlangen auch tiefere Schuld, Schuld wie sie im Irrgange des handelnden Lebens ein Menschenkind sich aufs Gewissen laden kann.

Nach der dramatischen Zwischenpause finden wir den Helden wieder, in armseliger Kleidung auf einem Acker mit Feldarbeit beschäftigt. Er ist Bauer geworden. Ermüdet hält er inne und erzählt uns von Tagen der wilden Verzweiflung, da er nach seiner Untat wie Kain durch die Länder floh. Er hat erkannt, daß er damals, als er sich bestimmen ließ, mit seinem guten und hohen Zweck es an Höfen, mit Fürsten zu versuchen, schwer irrend in die Bahn geriet, die ihn abwärts bis zu diesem Äußersten führte. Er hat vor allem beschlossen, zu büßen: arm zu werden und mit eigner Hand die mütterliche Erde zu bauen. Er hatte vergessen, daß er für das Volk kämpfen wollte, das Herz fürs Volk hatte er auf dem schlüpfrigen Pfade verloren; nun will er mit dem Volke entbehren, leiden, arbeiten. Ich behaupte, daß Faust durch diese Lebensform geführt werden muß: soll er der Menschheit Wohl und Weh auf seinen Busen häufen, so muß er auch arm, ein armer Arbeiter, ein Proletarier werden, er muß auch das durchwandern, er muß auch das kosten, wie es tut: sein Brot im Schweiß des Angesichts essen. Einst hat er gesagt: *das bin ich nicht gewohnt, den Spaten in die Hand zu nehmen*; mir schien es immer, dieses Wort sei ein Wink, daß auch das an ihn kommen müsse. – Den höllischen Begleiter hat er unter Flüchen abermals von sich gejagt. – Die Buße aber dieses harten Lebens hat er sich nicht bloß für sein zweites Vergehen auferlegt, sondern auch für das erste: Gretchens Geist ruft er an, fleht er an, daß dies, dies Leiden und Arbeiten mit dem Volk als Sühne hingenommen werde für die alte, schwere Schuld, an einer Tochter des Volks begangen. Aber er hofft noch eine andere Sühne bieten zu können: er hofft, daß auch der Tag komme, wo er mit dem Volk und für das Volk handeln könne. Nun erfahren wir, daß ringsum Leibeigenschaft ist; er selbst ist Besitzer eines kleinen, freien Bodens, aber umsponnen von den Ränken eines nahen Klosters oder andern kleinen Herrn, der auf irgendwelchen Vorwand Ansprüche gründet, die auch ihn zum Leibeigenen machen sollen. Man kennt das, man weiß aus der Geschichte, durch welche Mittel Klöster, Ritter, Lehensherren jedes Namens Freie als Hörige anzusprechen, zu Leibeigenen herabzudrücken verstanden. Wie er nun eben seiner Empörung über diese Zustände und die eigene Erfahrung Worte gibt, tritt hastig eine Schar von Landleuten des Gaues auf; sie berichten ihm, daß der Bauer beschlossen habe, seine Menschenrechte zu fordern und für den Fall, daß er sie nicht auf friedlichem Wege erringen könne, zu den Waffen zu greifen. Es müssen Männer sein, die vernünftig sprechen; es ist bekannt, daß die Bauern nur Gerechtes verlangten und die bürgerliche Freiheit rein und einfach aus der Bibel, aus der innern Freiheit des Christen ableiteten. Die Aufgeregten wollen Faust zum Führer, und er schlägt ein.

Bei dieser Wendung im Gang unseres Helden sind nur gewiß alle ordinär demokratischen Begriffe fern zu halten. Die Form des Staats als eines Ganzen kommt zunächst nicht zur Sprache; Faust muß zwar seiner Zeit voraus sein an Geist, er muß die Idee des Rechts tiefer begreifen als seine Umgebung und Zeitgenossen, er muß mit klarem Bewußtsein die Bedeutung der Persönlichkeit fassen und nach dem Rechtsstaate aus denselben Gründen streben, aus denen er Mitkämpfer der Reformatoren wurde, aber nur um Gotteswillen nichts von dem phrasenhaften Gebrauche des Wortes Volk, wie er 1848 bei den Demokraten im Schwunge war, da es nur noch fehlte, daß man verlangte, es solle sich jeder seinen Vater frei wählen dürfen! Ich wollte nicht versäumen, dies beizusetzen, da ich Worte wie: Herz fürs Volk, Tochter des Volks, die vielmißbrauchten, gebrauchen mußte.

Wir werden Faust zuerst bemüht sehen, die Bauernschar, die er führt, auf dem Wege des Rechtes zu bewahren; die Forderungen sind ohne Übersturz klar ausgesprochen (wie es in den zwölf Artikeln der Fall war), Unterhandlungen eingeleitet, für den Fall ihres Fehlschlagens soll durch Ordnung und Zucht ein schlagfähiges Heer gebildet werden. Allein bald zeigt sich, daß Ritterschaft und Städte nur zum Schein unterhandeln, um desto zulänglicher zum vernichtenden Schlage zu rüsten, einzelne blutige Taten verraten den wahren Sinn der Gewalthaber, der gereizte, empörte Haufe ist jetzt von Mord und Brand nicht mehr abzuhalten. Einmal nun, etwa eben nach Ankunft einer Botschaft von irgend einer grausamen Tat, welche von Rittern gegen einen überfallenen Haufen der Bauern begangen ist, lasse man den Führer selbst die Geduld verlieren; er gebe die Erlaubnis, das Schloß eines verräterischen Feindes oder auch ein Kloster oder die Prachtwohnung eines üppigen Prälaten niederzubrennen und auszurauben, Blutvergießen aber muß er bei dieser Übereilung streng verbieten.

Aus der Mitte der wilden Rotte, wie sie zum Zerstörungswerke fortgestürzt ist, bleibt eine Gestalt auf der Bühne zurück, die sich als Mephistopheles zu erkennen gibt. Aus W. Zimmermanns Geschichte des Bauernkriegs ist bekannt, welche malerisch phantastische, maskenhafte Figuren sich unter den aufrührerischen Bauern befanden; eine solche Maske muß dem humoristischen Dämon gar prächtig sitzen. Er spreche seine Freude aus über diesen einen Schritt der Rache und Gewalttat, den Faust sich hat beigehen lassen; er soll werden, was Faust nicht bezweckte, aber auch nicht bedachte: die Losung zu unendlichen Greueln. Wir erfahren, daß er seines Teils längst geschäftig ist, Unkraut unter den Weizen zu säen, mystisch sozialistischen Wahn zu predigen (die Wiedertäufer mischten diese wilden Phantasien in die ursprünglich vernünftigen und gemäßigten Forderungen der Bauern) und zum Sengen und Morden zu stacheln. Nun beschließt er aber, zu diesem Zweck eine noch tauglichere Larve anzulegen. Unter der schwäbischen Bauernschar befand sich, wie man aus dem Werke von W. Zimmermann weiß, ein wildes, racheglühendes Weib, die man die schwarze Hofmännin nannte, sie war die beredte Furie, welche die rohen Gemüter zu Greuel über Greuel anhetzte. Mephistopheles zieht aus seinem Bündel unter Beutestücken einen schwarzen Weiberanzug hervor, schlüpft in denselben unter Witzreden in seinem Geschmack, probiert seine Rolle, possenhaft, gespenstisch komisch, studiert eine Volksrede, ein Meisterstück im bekannten Wühlerstil, ein und läuft in seinen flatternden schwarzen Fetzen hinweg zu der Bauernrotte, um zu schüren, daß bei der von Faust zugelassenen Gewalttat auch Menschenblut vergossen wird.

Die nächste Szene zeigt im Hintergrund eine brennende Burg. Bauernversammlung; Faust ist abwesend, was mit irgend einem Führergeschäfte leicht zu motivieren ist. Die Herrn in der Burg haben, während sie mit den Bauern unterhandelten, den Waf-

fenstillstand nicht gehalten, einzelne überfallen und niederge-
macht, Parlamentäre erschossen, die Bauern haben daher die
Burg erstürmt und angezündet; die Verteidiger sind gefangen.
Man berät, was ihr Schicksal sein solle. Jetzt stürzt die schwarze
Megäre herein und bringt die Nachricht von der Niederlage
eines andern Bauernheers, von den scheußlichen Hinrichtun-
gen, Verstümmelungen, dem Augenausstechen, Gliederab-
hauen und was alles von unmenschlichen Strafen über die Gefangenen verhängt wurde (Andeutung des ersten Siegs, den
Truchseß Georg von Waldburg in Oberschwaben erfocht, und
der barbarischen Ausbeutung desselben); die höllische Redne-
rin, wie sie die Zuhörer auf dem Gipfel der Wut hat, gibt den
Rat, die gefangenen Ritter zur Rache durch die Spieße zu jagen.
Die Blutszene von Weinsberg ist wahrlich ein Ereignis, das zu
einer furchtbaren tragischen Wirkung recht wohl einmal ver-
wandt werden darf. Man braucht auch hier keinen Namen zu
nennen, dem Zuschauer mag die historische Tatsache vor-
schweben, während er gewiß gern einräumt, daß sie hier in all-
gemein poetischer Weise nach ihrer typischen Bedeutung zu
behandeln ist. Der Angesehenste der Gefangenen wird vorge-
führt (geschichtlich Graf Helfenstein), seine Gemahlin mit einem Kind auf dem Arme fleht fußfällig um sein Leben; daß
die Gräfin Helfenstein Kaiserstochter war (die natürliche
Tochter Maximilians) mag als ein Zug, der den Kontrast erhöht,
immer benützt werden. Der Anführer der Bauern, der die Stelle
des abwesenden Faust einnimmt, wird durch ihr Flehen gerührt
(was geschichtlich bei Jäcklein Rohrbach nicht der Fall war),
schon ist er nahe daran, sich erweichen zu lassen, da hetzt und
stachelt die schwarze Erinnye wieder, der Graf, mit ihm die
andern Ritter werden zum gräßlichen Tode weggeführt, der
bekannte Pfeifer geht vorauf und bläst eine Tanzmelodie dazu,
man hört das Ächzen der Sterbenden, während die Gräfin mit
ihrem Kind unter rohem Hohne mit Spießschäften hinausge-
stoßen wird.
Jetzt eilt Faust auf die Bühne; es ist zu spät. Sein Werk, sein
reines Wollen ist mit Blut und Schande besudelt, zugleich erkennt er, daß jene große Niederlage der Bauern der Vorbote
des Schiffbruchs dieser ganzen Bewegung ist. Unter furchtbaren Vorwürfen gegen die Unmenschen verlangt er, daß ihm der
Anstifter der Bluttat genannt werde. Die Bauern führen das
finstere Weib vor. Ein Schauer, noch ehe er die Züge wirklich

erkennt, überläuft ihn bei dem Augenblick der dämonischen Erscheinung, er blickt ihr schärfer ins Gesicht und erkennt Mephistopheles, der ihn höhnisch angrinst. Stumme Pause; Faust steht zuerst schlaff, mit hängenden Armen, erloschenem Blick. Dann sieht man, wie er sich faßt, einen Entschluß in sich bewegt, er rafft sich auf, wendet sich zu der Schar und erklärt ihr, daß er aufgehört habe, ihr Führer zu sein; die Bauern, des »Sittenpredigers« überdrüssig, ziehen ab, Mephistopheles bleibt. Das habe ich nicht getan, ruft Faust, das ist *dein* Werk! Mephistopheles aber erinnert ihn an jene eine Übereilung, wo er eine Gewalttat erlaubte, die zu Blutvergießen führte; der Urheber einer Revolution, sagt er, sei für das Ganze verantwortlich, auch für das, was er nicht gewollt habe, da gebe eben eins das andere, das sei eine Kette von Ursachen und Wirkungen, an deren erstem Gliede Fausts Gewissen hänge. Dann geht er in einen andern, in den alten Ton über und will ihn zu leichtem Trost in neuem Genußleben verführen; er hofft, die Zerknirschung, die Last der neuen Schuld, stumpfe Reue werde ihn nun innerlich so aushöhlen, daß die Schwungfeder seines Geistes erlahme und er ihn jetzt dahin bringen könne, wo er ihn von Anfang an haben wollte: zur Zufriedenheit in passivem Genuß.

Faust aber hat seinen Entschluß gefaßt. Welchen sagt er nicht; mit den Worten: zieh' hin, du wirst von mir vernehmen! schreitet er hinweg und läßt den Verblüfften stehen, der sich jedoch mit der Hoffnung betröstet, seinem Zögling schon anders wieder beizukommen.

Wir finden Faust wieder als Anführer einer andern Bauernschar; er hat die Hauptleute versammelt und teilt ihnen Befehle aus, die auf den Schlachtplan einer zur letzten verzweifelten Gegenwehr entschlossenen Truppe schließen lassen. Haltung und Bewaffnung der Männer zeigt, daß dies kein undisziplinirter, wilder und roher Haufen ist wie jener, von welchem Faust sich losgesagt hat. Die Hauptleute gehen ab und in einem Monologe spricht Faust aus, was er in jener schrecklichen Stunde der Entscheidung verschwiegen hat. Er ist entschlossen, zu sterben. Der Bauernaufstand ist in der Zwischenzeit gescheitert; eine kleine, tapfere Schar ist noch übrig, ein Kern der Besten, der in einer Reihe von blutigen Kämpfen mit überlegenem Feinde noch nie besiegt werden konnte. Jetzt ist die Überzahl der Letzteren so angewachsen, daß nur zwischen Ergebung oder Tod die Wahl ist, und die brave Schar hat mit ihrem Führer den Tod gewählt …

Ein Hauptmann meldet das Anrücken des Feindes, Faust gürtet das Schwert um, setzt sich den Helm auf und nun erst, aus seinen letzten Worten, erfahren wir die ganze Bedeutung seines Entschlusses. Ich schicke noch voran, daß mir bei der Einführung des ganzen Motivs jener Florian Geyer von Geyersberg vorschwebt, der edelste unter den Bauernführern, der in Franken mit seiner »schwarzen Schar« noch zuletzt in mehreren Schlachten verzweifelten Widerstand leistete, sich mit einem mehr und mehr schmelzenden Häuflein immer wieder durchschlug, bis er mit dem kleinen Reste von Getreuen endlich bei Schwäbisch Hall kämpfend fiel. Er war ein Mann, der wußte, was er wollte, ein Ritter, der sich aus reinem Rechtsbewußtsein zu den Bauern schlug. Man wiche natürlich darin von der Geschichte ab, daß man den größeren Kampf, wie er in der alten Kirche von Ingolstadt vorfiel, als den letzten annähme, worin die ganze Schar mit ihrem Führer untergeht. Allein hier am wenigsten darf eine solche einzelne Handlung, eine historische Person, die alles Ruhmes wert ist, aber welthistorische Bedeutung nicht besitzt, anders denn als ein Motiv durchschimmern, das nur den Anstoß zur Findung der Situation gegeben hat. Faust muß den Kampf, den er als Führer im Bauernkrieg angetreten hat, mit großem historischem Blick auffassen. Die ursprünglichen, noch unbefleckten, ausführbaren Prinzipien, wie sie der französischen Revolution zu Grunde lagen, muß er mit klarem modernem Denken hineinlegen. Um dies nicht unnatürlich zu finden, bedenke man die ungemein große Ausdehnung, welche der Bauernkrieg doch gehabt hat und welche einen durchgreifenden allgemeinen Neubau der politischen Ordnung allerdings nicht unwahrscheinlich machte. Jetzt, da diese Bewegung in den letzten Zügen liegt, erkennt er sie mit prophetischem Blick als einen jener ersten Versuche, große neue Ideen in die Wirklichkeit einzuführen, welche tragisch endigen, nicht ohne Schuld, aber so, daß sie, untergehend, Keime zu künftiger Auferstehung im Boden zurücklassen. Er gedenkt der tragischen Leiden der Vorläufer der Reformation; diese aber hat in der Zwischenzeit gesiegt, das ist ihm eine Bürgschaft für den künftigen Sieg dessen, was er, für diesmal erfolglos, mit den Seinigen gewollt hat. Man darf ihm wohl den seherischen Geist leihen, daß er wirklich eine Ahnung der modernen Revolution ausspricht. Auch das mag er ahnen, daß sie noch entsetzlicher, als dieser Bauernkrieg, ihre reinen Grundgedanken beflecken wird, aber zugleich mag er vorausschauen, wie ihre Früchte dennoch unverloren bleiben und im steten Gang der Geschichte in freien Verfassungen reifen. Ob er sich das Ziel konstitutionell wie Goethe oder republikanisch denkt, das ist eine Frage, die unbeschadet der Schönheit dieses Schauens und der innern Wahrheit in dieser Schönheit ganz offen gelassen werden kann. Zugleich aber sieht er nun in seinem Tod eine volle Sühne für die Flecken, die auch sein letztes, reines Streben entstellt haben. Er hat nur ganz entfernt, nur durch eine kleine Übereilung Teil daran, aber er rechnet nicht ab, sondern nimmt das Ganze der Schuld auf sich. Mephistopheles hat ihm hämisch und teuflisch diese Schuld zugeschoben, freiwillig erkennt er sie jetzt an und will mit seinem Blute sie abwaschen. Aber auch die alten, dunkeln Flecken seines Lebens stehen in ihrer Schwärze wieder vor ihm und auch für sie soll dieser Tod ein letztes, höchstes, freies Sühnopfer sein. Da gedenkt er Gretchens wieder, die Rührungen der ersten Liebe erweichen in süßer Erinnerung sein gestähltes Herz. In diesem Momente schwebt Gretchens Gestalt heran. Ihr Geistermund grüßt ihn mit der Botschaft der Verzeihung, grüßt ihn als Märtyrer der ringenden Menschheit und weiht ihn zum Todeskampf. Als Geistererscheinung ist sie nicht mehr dies einzelne Wesen, sie ist Fausts Genius, der Genius seines Volkes ...

Faust ist niedergekniet, entzückt hat er diesen Gruß der ewigen Liebe, diesen Segen hingenommen, entzückt schaut er in die ferne Zukunft, wo aus Märtyrerblut die Eiche der Freiheit und der rein humanen Religion stolz und hoch wird gewachsen sein, entzückt schaut er auch den Sieg jenes hohen Zwecks, den er in seinem zweiten Weltgang aufgenommen hat, der Einheit und Größe seines Volks voraus. So steht er auf, geweiht, geheiligt und nun spricht er die Worte, die Goethe in seinem zweiten Teil ihm in den Mund legt:

> Im Vorgefühl von solchem hohen Glück
> Genieß' ich jetzt den höchsten Augenblick.

Es ist einer der tiefsten und herrlichsten Gedanken Goethes, diese Schlußwendung, diese Lösung der Frage, die von der Stunde des Bündnisschlusses zwischen Faust und Mephistopheles über der Tragödie schwebt. Faust wird verloren sein, wenn er zum Augenblicke sagt: verweile doch, du bist zu schön! wenn er mit Einzelnem zufrieden ist, über ein Beschränktes nicht mehr übergreift, nicht mehr weiterstrebt. Mit bloßem Genusse, wie Mephistopheles möchte, kann er nie zufrieden sein, und ein Schluß, eine letzte Katastrophe nach den einzelnen Katastrophen muß doch eintreten. Da findet nun Goethe das unvergleichliche Mittel: Faust ist zufrieden mit einem Gute idealer Art, glücklich im Glücke vieler, im Glück eines Volks, und dieses Glück ist nicht Genuß im Genießen, sondern Genuß im Tun, Tätigkeit, freie Tätigkeit, Freiheit. Weil aber auch an der reinsten Form menschlichen Daseins die Gebrechen der Endlichkeit haften und Faust von Anfang an das täuschungslose Auge hat für diese Gebrechen, für die Unzulänglichkeit jedes Bestimmten, Einzelnen, jedes Zustands und jeder Tätigkeitsform, so entstand eine weitere Schwierigkeit, die der Dichter dadurch beseitigt, daß es ein Bild der *Zukunft* ist, worauf er Fausts Geist mit Entzücken stillstehen und ruhen läßt. Es ist eine als zukünftig vorgestellte Wirklichkeit, aber diese Wirklichkeit ist ja wesentlich Tätigkeit, Entwicklung, Fortschritt, enthält also immer weitere Zukunft in sich; Faust ruht, aber er ruht im Bilde des nicht Ruhenden, des kraftvoll Bewegten, über sich selbst stetig Hinausgehenden, des Willens. Faust beschränkt sich, eine bestimmte Form des Daseins und Tuns erscheint ihm als die höchste, aber diese Form ist der freie Staat, worin jedes geistige Leben blüht, sie ist also in der Beschränkung unbeschränkt. Verworfen hat er nur den wilden Unendlichkeitsdrang, behalten den Drang des Strebens in steter, geregelter Tätigkeit …

Mir scheint es, daß dieser herrlichen Idee kein Abbruch geschieht, vielmehr noch Licht und Kraft zuwächst, wenn Faust als freiwilliges Opfer in den Heldentod geht. Wer *sterbend* glücklich ist, der am allerwenigsten kann verloren sein; wer seinen schönsten Augenblick den nennt, wo er zum Tode geht, der kann nicht Knecht und Beute des Dämons der Endlichkeit sein. Ganz gewiß eines aber würde bei unserer Wendung gewonnen: es will sich immer etwas komisch ausnehmen, daß Faust bei Goethe so auf einmal abstrakt umfällt und tot ist; es ist doch wahrlich besser, ihn motiviert fallen zu lassen, in der Schlacht. Das ist zugleich eine wahre Ironie im scheinbaren Gewinnen des Mephistopheles: Faust wäre ihm unfrei verfallen und er kommt ihm zuvor, eben auch der Form nach zuvor, indem er tätig, kämpfend von freien Stücken fällt, wodurch er ihm vielmehr nicht verfällt.

Es entsteht nun, theatralisch gedacht, eine kleine Schwierigkeit: wir müssen Fausts Leiche allein auf der Bühne haben und er soll doch in einem Schlachtgetümmel fallen, das man bei einem so geistigen, durchsichtigen Stoffe doppelt ungern sichtbar darstellt. Inzwischen gibt es eine Auskunft, welche offenbar die ganze Handlung um einen der Grundidee tief entsprechenden weiteren Zug bereichert. Man hört, nachdem Faust abgegangen, das Getöse des Kampfes, dann erscheint er vom allgemeinen Handgemeng zur Seite gedrängt, mit einem einzelnen Feinde fechtend, und dieser Feind sei Mephistopheles, der sich unter die feindlichen Massen geschlichen; Faust erkennt ihn noch nicht, aber weil er in ihm den überlegensten unter den feindlichen Kriegern sieht, hat er sich ihn zum besondern Gegner ausersehen. Mephistopheles hält inne im Kampf und öffnet das Visier. Wie Faust ihn erkennt, will er mit verdoppelter Kampfbegier auf ihn eindringen. Der Feind lähmt ihm mit einem leichten Schlage seines Schwertes die Hand und macht nun einen letzten Versuch, ihn zu verführen. Er verspricht ihm alle Herrlichkeit der Welt; was Faust bisher genossen, soll ein Schatten sein gegen das, was jetzt ihn erwartet. Ein Herrscher, ein König, ein Kaiser soll er werden, dessen Willkür keine Schranken gesetzt sind. Umsonst, Faust fällt ihn aufs Neue mit dem Degen an, und jetzt wird Mephistopheles zum dummen Teufel. Nicht bedenkend, daß der Tod durch seine Hand ein moralischer Sieg für Faust ist, stößt er ihn nieder. Wie Shylok sich stets auf seinen »Schein« beruft, so hält er sich an die pure Form des Wortes von der höchsten Befriedigung, das Faust gesprochen hat.

Er stellt sich triumphierend mit gespreizten Beinen über den Sterbenden und legt die Hand an seine Kehle. Die seltsame, unheimliche Gruppe mag etwas vor unserem Auge verweilen. Dann ruft er frohlockend: er ist mein! In diesem Augenblick öffnet sich der lastende, graue, wolkige Himmel, der über dem düstern Bilde ruhte, ein Chor von Stimmen ruft: ist unser! und in einer Glorie von Licht werden die Gestalten sichtbar, von denen der Ruf kam.

Fr. Th. Vischer fordert Fausts Teilnahme am Bauernkrieg, und
zwar als Liberaler, der alle »Greuel« der Revolution vermeiden
will; Mephistopheles jedoch, der mit dem Faust schon früher
gebrochen hat, soll sich in die aufständische Bewegung ein-
schleichen, sie als »Radikaler« auf die Spitze treiben, »Exzesse«
verursachen, die Faust zwar nicht will, für die er aber verantwortlich ist. Die Reue darüber soll die Läuterung Fausts hervorrufen. Abgesehen von der subjektivistisch moralisierenden
Enge dieser Auffassung – wir haben gesehen, daß Goethe für
den zweiten Teil solche Kategorien der bloß individuellen Moral, wie Reue, von vornherein ablehnt –, kommt darin eine libe-
rale Geschichtsphilosophie zum Ausdruck, nach der die wirklichen Vertreter des mephistophelischen Prinzips die plebeji-
schen Revolutionäre, die Münzer und Robespierre, gewesen
wären. Bei allem Unverständnis für die Bestrebungen der kon-
sequent revolutionären Demokratie steht Goethe turmhoch
über einer solchen Auffassung ... Goethe konnte unmöglich
den Weg der demokratischen Revolution suchen, aber man findet in seinen entscheidenden Werken auch niemals einen reak-
tionären oder liberalen Kampf gegen sie. Der geniale Ausweg,
den er findet und der selbstverständlich unmöglich von utopischen Elementen frei sein kann, ist eben der der Entwicklung
der Produktivkräfte durch den Kapitalismus ... Aus dieser Perspektive entsteht bei Goethe die Illusion, daß die politische Revolution bei einem so ungehemmten und großartigen Auf-
schwung der Produktivkräfte überflüssig werden könnte.
Die christlich-himmlische Transzendenz des letzten Abschlus-
ses folgt gedanklich und ästhetisch notwendig aus diesen End-
resultaten der Goetheschen Geschichtsphilosophie, aus der
prinzipiellen Unlösbarkeit der Widersprüche des Lebens auf
jenem realen Boden, der dem Denker und Dichter Goethe bekannt ist. Alle Kritiker also, die einen bloß irdischen Schluß
verlangen, sind nur scheinbar radikaler, als Goethe es war; im
wesentlichen steht hinter ihnen eine flachliberale Weltauffassung: die Forderung, alle Widersprüche des kapitalistischen
Lebens in der kapitalistischen Gesellschaft selbst zur »Versöhnung« zu bringen. Goethes Ansicht ist unvergleichlich tiefer:
er glaubt an einen unverderblichen Kern im Menschen, in der

Menschheit und ihrer Entwicklung; er glaubt an die Rettung dieses Kerns auch in (und vor allem trotz) der kapitalistischen Entwicklungsform.

Goethe in Oel. Um 1765

Hat der »Faust« nicht Geschichte gemacht in den letzten hundert Jahren und vielleicht gerade die Schrecken beschworen, die uns erschüttern?

Reinhold Schneider

Das Titanische sowohl als auch das Prometheische, das Empörerische aus Neid wie aus Sympathie gehört mit zum abendländischen Menschen, aber es ist nur ein Ingrediens, das spontan oder langsam als Unrecht, ja als Sünde erkannt wird, dessen Träger … bestraft wird. Das ist zu beachten, insbesondere von Deutschen, die das Prometheische sowohl wie das Titanische erneuert haben im Faustischen.

Theodor Haecker

Deutschland, die Wangen hektisch gerötet, taumelte dazumal auf der Höhe wüster Triumphe, im Begriffe, die Welt zu gewinnen kraft des einen Vertrages, den es zu halten gesonnen war, und den es mit seinem Blute gezeichnet hatte. Heute stürzt es, von Dämonen umschlungen, über einem Auge die Hand und mit dem andern ins Grauen starrend, hinab von Verzweiflung zu Verzweiflung. Wann wird es des Schlundes Grund erreichen? Wann wird aus letzter Hoffnungslosigkeit, ein Wunder, das über den Glauben geht, das Licht der Hoffnung tagen?

Thomas Mann, Doktor Faustus

Insofern die Sage von Faust Notwendigkeit und Freiheit im grellsten Zwiespalte, im bittersten Kampfe, insofern Faust selbst das vergebliche Murren und Ankämpfen der Menschheit gegen die unabänderliche Notwendigkeit ausdrückt, auch insofern ist jeder Mensch mehr oder weniger ein Faust.
Carl Friedrich Göschel, 1824

*

Ist ein Typus, wie der Faustische, einmal geschaffen, so verbindet man mit dem Wort auch schon eine Idee.
Karl Rosenkranz, 1835

*

Der Faust sitzt dem Deutschen wie Blei auf den Schultern, hat sich ihm ins Herz genistet, in sein Blut eingesogen; wir sitzen und dichten und dämmern über das Schicksal, das wir in uns selbst tragen, wir käuen und käuen daran und können uns selbst nicht verdauen …
Faust aufgeben, hieße die ganze moderne Welt aufgeben, denn Faust sind wir alle selber, und so war es Goethes Vermächtnis, diesen Vertreter der modernen Menschheit nach überwundenem Leben in den Schoß der ewigen Seligkeit zu betten. Wollt ihr noch immer an der alten Sage dichten, so zeigt uns den Faust im Völkerleben und in weltgeschichtlicher Bewegung. Dies hat der Patriarch von Weimar nur mit schwächlicher, mit schwankender Hand in seinem zweiten Faustteile gezeichnet.
Ferdinand Gustav Kühne, 1835

*

Das ganze Streben der modernen Philosophie war in seinem innersten Wesen ein Faustisches.
Hans Lassen Martensen, 1836

*

Faust hat unseres Erachtens für die neuere, mit der Reformation anhebende Epoche der deutschen Bildungsgeschichte eben dieselbe Bedeutung, welche Siegfried, der Held des Nibelungenliedes, für eine frühere Periode derselben in Anspruch nehmen darf. Der eine wie der andere ist ein treuer und scharfer

Ausdruck des spezifisch deutschen Volksgeistes; in beiden ist das ihn beseelende Prinzip der freien, unendlichen Persönlichkeit in verschiedenen Formen ausgeprägt worden. Faust ist im Wesentlichen nichts als eine höhere Potenz des Siegfried; was dieser für die Sphäre der sinnlichen Unmittelbarkeit, ist jener für die des denkenden Geistes; der tiefere Grund, die eigentliche Wurzel des deutschen Wesens, das Gemüt mit seinem unendlichen Inhalte und dem nimmer rastenden Schöpfungsdrange, ist beiden gemeinsam.
Ferdinand Brockerhoff, 1853

FAUST ALS PREUSSISCHER FREIHEITSKÄMPFER

Die bange Frage, ob es denn wirklich aus sei mit dem alten Deutschland, lag auf aller Lippen; und nun, mitten im Niedergange der Nation, plötzlich dies Werk – ohne jeden Vergleich die Krone der gesamten modernen Dichtung Europas – und die beglückende Gewißheit, daß nur ein Deutscher so schreiben konnte, daß dieser Dichter unser war und seine Gestalten von unserem Fleisch und Blut! Es war wie ein Wink des Schicksals, daß die Gesittung der Welt unser doch nicht entbehren könne, und Gott noch Großes vorhabe mit diesem Volke ... Das Gedicht (Goethes) erschien wie ein symbolisches Bild der vaterländischen Geschichte. Wer sich darin vertiefte, übersah den ganzen weiten Weg, den die Germanen durchmessen hatten seit den dunklen Tagen, da sie noch mit den Göttern des Waldes und des Feldes in traulicher Gemeinschaft lebten, bis zu dem lebensfrohen Volksgetümmel, das aus unseren alten Städten ... ins Freie drängte.
Heinrich von Treitschke, 1874

*

So führt der Dichter seinen Helden in der letzten Phase auf die erhabenste Stufe des Menschendaseins: Faust wird Souverän.
Franz Dingelstedt, 1876

*

Fausts Person erscheint uns heute als ein natürliches, unentbehrliches Produkt des deutschen Lebens.
Hermann Grimm, 1876

*

Das Streben nach dem Höchsten ist von Gott und nicht vom Satan, es findet durch den Wald der Verirrungen den Weg zum Licht: darin erfüllt eine erhabene Menschennatur, wie die faustische, das Gesetz ihrer Entwicklung.
Kuno Fischer, 1878

*

Der germanische Geist schließt mit der heroischen Schönheit Griechenlands einen Bund und geht aus dieser Ehe nicht als ein elegisch rückwärts schauender Epimetheus, sondern gleich Prometheus davon durchdrungen, des echten Mannes wahre Feier sei die Tat, dem neuen werkkräftigen Leben entgegen.
Erich Schmidt, 1906

FAUST, DER MILITARIST

Militarismus ist der zum kriegerischen Geist hinaufgesteigerte heldische Geist. Er ist Potsdam und Weimar in höchster Vereinigung. Er ist »Faust« und »Zarathustra« und Beethoven-Partitur in den Schützengräben.
Werner Sombart, 1915

*

Die abendländisch-germanische Menschheit ist faustischen Geschlechts ... weil in ihr im Sinne von Goethes zweitem Teil der nie erlöschende Drang lebt, die Wirklichkeit zum Göttlichen umzugestalten. Der Goethesche Faust namentlich in seinem zweiten Teil ist das große Grundbuch des germanischen Menschen.
Th. A. Meyer, 1927

*

SEHSCHÄRFE

Goethe läßt durch den Verlust des physischen Augenlichtes Faust geistig um so heller sehend werden. Auch Adolf Hitler ist nach zeitweiligem Verlust der körperlichen Sehkraft mit um so stärkerer Sehschärfe begnadet worden. Und gerade im Moment der äußeren Erblindung läßt Goethe den geistig um so klarer blickender gewordenen Faust das ewige Leitwort des Führerprinzips prägen: »Daß ich das größte Werk vollende, genügt ein Geist für tausend Hände.« *Arthur Dix*, 1934

GÖTTERDÄMMERUNG

Vor den Augen des faustischen Menschen, in seiner Welt ist alles Bewegtheit einem Ziele zu. Es selbst lebt unter dieser Bedingung. Leben heißt für ihn kämpfen, sich durchsetzen.

Das faustische Schicksal ist Fügung. Es stellt den Charakter vor Entscheidungen. Die Seele antwortet durch eine Ethik, deren Elemente Tat, Person und Wollen sind, die sich nicht auf die Gebärde des Augenblicks, sondern auf das Leben als Ganzes bezieht.

So ruft der Faust des ersten Teils der Tragödie, der leidenschaftliche Forscher in einsamen Mitternächten, folgerichtig den des zweiten Teils und des neuen Jahrhunderts hervor, den Typus einer rein praktischen, weitschauenden, nach außen gerichteten Tätigkeit. Hier hat Goethe psychologisch die ganze Zukunft Westeuropas vorweggenommen. Das ist Zivilisation an Stelle von Kultur, der äußere Mechanismus statt des innern Organismus, der Intellekt als das seelische Petrefakt an Stelle der erloschenen Seele selbst.

Die Kraft, der Wille hat ein Ziel, und wo es ein Ziel gibt, gibt es auch ein Ende … Der Faust des zweiten Teils der Tragödie stirbt, weil er sein Ziel erreicht hat. Mag aus den älteren Kulturen noch so viel mythologische Substanz herübergenommen sein, lebendig wurde sie erst durch Umprägung in einem neuen, im dynamischen Sinne. Das Weltende als Vollendung einer innerlich notwendigen Entwicklung – das ist die Götterdämmerung.

Auch das, die Voraussicht des unabwendbaren Schicksals, gehört zur Mitgift des historischen Blickes, den nur der faustische

Geist besitzt. Auch die Antike starb, aber sie wußte nichts davon. Sie glaubte an ein ewiges Sein. Sie hat noch ihre letzten
Tage mit rückhaltlosem Glück, jeden für sich, als Geschenk
der Götter durchlebt. Wir kennen unsere Geschichte. Wir werden mit Bewußtsein sterben und alle Stadien der eignen Auflösung mit dem Scharfblick des erfahrenen Arztes verfolgen.   *Oswald Spengler*, 1919

Thomas Mann FAUST, DER EINSAME DENKER UND FORSCHER
(Aus »Deutschland und die Deutschen«, Rede von 1945)

Unser größtes Gedicht, Goethes »Faust«, hat zum Helden den
Menschen an der Grenzscheide von Mittelalter und Humanismus, den Gottesmenschen, der sich aus vermessenem Erkennt-
nistriebe der Magie, dem Teufel ergibt. Wo der Hochmut des
Intellektes sich mit seelischer Altertümlichkeit und Gebundenheit gattet, da ist der Teufel. Und der Teufel, Luthers Teufel,
Faustens Teufel, will mir als eine sehr deutsche Figur erscheinen, das Bündnis mit ihm, die Teufelsverschreibung, um unter
Drangabe des Seelenheils für eine Frist alle Schätze und Macht
der Welt zu gewinnen, als etwas dem deutschen Wesen eigen-
tümlich Naheliegendes. Ein einsamer Denker und Forscher, ein
Theolog und Philosoph in seiner Klause, der aus Verlangen
nach Weltgenuß und Weltherrschaft seine Seele dem Teufel
verschreibt, – ist es nicht ganz der rechte Augenblick, Deutschland in diesem Bilde zu sehen, heute, wo Deutschland buch-
stäblich der Teufel holt?
Es ist ein großer Fehler der Sage und des Gedichts, daß sie Faust
nicht mit der *Musik* in Verbindung bringen. Er müßte musikalisch, müßte Musiker sein. Die Musik ist dämonisches Gebiet,
– Sören Kierkegaard, ein großer Christ, hat das am überzeu-
gendsten ausgeführt in seinem schmerzlich-enthusiastischen
Aufsatz über Mozarts Don Juan. Sie ist christliche Kunst mit
negativem Vorzeichen. Sie ist berechnetste Ordnung und chaos-
trächtige Wider-Vernunft zugleich, an beschwörenden, in-
kantativen Gesten reich, Zahlenzauber, die der Wirklichkeit
fernste und zugleich die passionierteste der Künste, abstrakt
und mystisch. Soll Faust der Repräsentant der deutschen Seele
sein, so müßte er musikalisch sein; denn abstrakt und mystisch,

d. h. musikalisch, ist das Verhältnis des Deutschen zur Welt,
– das Verhältnis eines dämonisch angehauchten Professors, ungeschickt und dabei von dem hochmütigen Bewußtsein bestimmt, der Welt an »Tiefe« überlegen zu sein.
Worin besteht diese Tiefe? Eben in der Musikalität der deutschen Seele, dem, was man ihre Innerlichkeit nennt, das heißt:
dem Auseinanderfallen des spekulativen und des gesellschaft-
lich-politischen Elements menschlicher Energie und der völli-
gen Prävalenz des ersten vor dem zweiten. Europa hat das immer gefühlt und auch das Monströse und Unglückliche davon
empfunden. 1839 schrieb Balzac: »Les Allemands, s'ils ne savent pas jouer des grands instruments de la Liberté, savent jouer
naturellement de tous les instruments de musique.« Das ist klar
beobachtet und unterschieden, und es ist nicht die einzige tref-
fende Bemerkung dieser Art, die der große Romancier gemacht
hat. In »Cousin Pons« sagt er von dem deutschen Musiker
Schmuckke, einer wundervollen Figur: »Schmuckke, der wie
alle Deutschen in der Harmonie sehr stark war, instrumentierte
die Partituren, deren Singstimme Pons lieferte.« Richtig; die
Deutschen sind ganz vorwiegend Musiker der Vertikale, nicht
der Horizontale, größere Meister der Harmonie, in die Balzac
die Kontrapunktik einschließt, als der Melodik, Instrumentali-
sten mehr, als Verherrlicher der menschlichen Stimme, dem
Gelehrten und Spirituellen in der Musik weit mehr zugewandt,
als dem Gesanghaft-Volksbeglückenden. Sie haben dem
Abendland – ich will nicht sagen: seine schönste, gesellig ver-
bindendste, aber seine tiefste, bedeutendste Musik gegeben,
und es hat ihnen Dank und Ruhm dafür nicht vorenthalten.
Zugleich hat es gespürt und spürt es heute stärker als je, daß
solche Musikalität der Seele sich in anderer Sphäre teuer be-
zahlt, – in der politischen, der Sphäre des menschlichen Zusam-
menlebens.
Martin Luther, eine riesenhafte Inkarnation deutschen Wesens,
war außerordentlich musikalisch. Ich liebe ihn nicht, das gestehe ich offen. Das Deutsche in Reinkultur, das Separati-
stisch-Antirömische, Anti-Europäische befremdet und ängstigt
mich, auch wenn es als evangelische Freiheit und geistliche
Emanzipation erscheint, und das spezifisch Lutherische, das
Cholerisch-Grobianische, das Schimpfen, Speien und Wüten,
das fürchterlich Robuste, verbunden mit zarter Gemütstiefe
und dem massivsten Aberglauben an Dämonen, Incubi und

Kielkröpfe, erregt meine instinktive Abneigung. Ich hätte nicht Luthers Tischgast sein mögen, ich hätte mich wahrscheinlich bei ihm wie im trauten Heim eines Ogers gefühlt und bin überzeugt, daß ich mit Leo X., Giovanni de Medici, dem freundlichen Humanisten, den Luther »des Teufels Sau, der Babst« nannte, viel besser ausgekommen wäre. Auch erkenne ich den Gegensatz von Volkskraft und Gesittung, die Antithese von Luther und dem feinen Pedanten Erasmus gar nicht als notwendig an. Goethe ist über diesen Gegensatz hinaus und versöhnt ihn. Er ist die *gesittete* Voll- und Volkskraft, urbane Dämonie, Geist und Blut auf einmal, nämlich Kunst … Mit ihm hat Deutschland in der menschlichen Kultur einen gewaltigen Schritt vorwärts getan – oder sollte ihn getan haben; denn in Wirklichkeit hat es sich immer näher zu Luther als zu Goethe gehalten. Und wer wollte leugnen, daß Luther ein ungeheuer großer Mann war, groß im deutschesten Stil, groß und deutsch auch in seiner Doppeldeutigkeit als befreiende und zugleich rückschlägige Kraft, ein konservativer Revolutionär. Er stellte ja nicht nur die Kirche wieder her; er rettete das Christentum. Man ist in Europa gewohnt, der deutschen Natur den Vorwurf der Unchristlichkeit, des Heidentums zu machen. Das ist sehr anfechtbar. Deutschland hat es mit dem Christentum am allerernstesten genommen. In dem Deutschen Luther nahm das Christentum sich kindlich und bäuerlich tiefernst zu einer Zeit, als es sich anderwärts nicht mehr ernst nahm. Luthers Revolution konservierte das Christentum – ungefähr wie der New Deal die kapitalistische Wirtschaftsform zu konservieren gemeint ist, – wenn auch der Kapitalismus das nicht verstehen will.

Nichts gegen die Größe Martin Luthers! Er hat nicht nur durch seine gewaltige Bibelübersetzung die deutsche Sprache erst recht geschaffen, die Goethe und Nietzsche dann zur Vollendung führten, er hat auch durch die Sprengung der scholastischen Fesseln und die Erneuerung des Gewissens der Freiheit der Forschung, der Kritik, der philosophischen Spekulation gewaltigen Vorschub geleistet. Indem er die Unmittelbarkeit des Verhältnisses des Menschen zu seinem Gott herstellte, hat er die europäische Demokratie befördert, denn »Jedermann sein eigener Priester«, das ist Demokratie. Die deutsche idealistische Philosophie, die Verfeinerung der Psychologie durch die pietistische Gewissensprüfung, endlich die Selbstüberwindung

der christlichen Moral aus Moral, aus äußerster Wahrheits-
strenge – denn das war die Tat (oder Untat) Nietzsches –, dies
alles kommt von Luther. Er war ein Freiheitsheld, – aber in
deutschem Stil, denn er verstand nichts von Freiheit. Ich meine
jetzt nicht die Freiheit des Christenmenschen, sondern die politische Freiheit, die Freiheit des Staatsbürgers – die ließ ihn
nicht nur kalt, sondern ihre Regungen und Ansprüche waren
ihm in tiefster Seele zuwider. Vierhundert Jahre nach ihm
sprach der erste Präsident der Deutschen Republik, ein Sozial-
demokrat, das Wort: »Ich hasse die Revolution wie die Sünde.«
Das war echt lutherisch, echt deutsch. So haßte Luther den
Bauernaufstand, der, evangelisch inspiriert, wie er war, wenn
er gesiegt hätte, der ganzen deutschen Geschichte eine glück-
lichere Wendung, die Wendung zur Freiheit hätte geben können, in dem aber Luther nichts als eine wüste Kompromittie-
rung seines Werkes, der geistlichen Befreiung sah, und den er
darum bespie und verfluchte, wie nur er es konnte. Wie tolle
Hunde hieß er die Bauern totschlagen und rief den Fürsten zu,
jetzt könne man mit Schlachten und Würgen von Bauernvieh
sich das Himmelreich erwerben. Für den traurigen Ausgang
dieses ersten Versuchs einer deutschen Revolution, den Sieg der
Fürsten nebst allen seinen Konsequenzen, trägt Luther, der
deutsche Volksmann, ein gut Teil Verantwortung.
Damals lebte in Deutschland ein Mann, dem meine ganze Sympathie gehört, Tilman Riemenschneider, ein frommer Kunst-
meister, ein Bildhauer und Holzschnitzer, hochberühmt für die
treue und ausdrucksvolle Gediegenheit seiner Werke, dieser fi-
gurenreichen Altarbilder und keuschen Plastiken, die, viel begehrt, über ganz Deutschland hin die Andachtsstätten
schmückten. Ein hohes menschliches und bürgerliches Ansehen hatte der Meister sich in seinem engeren Lebenskreise, der
Stadt Würzburg, auch erworben und gehörte ihrem Rate an.
Nie hatte er gedacht, sich in die hohe Politik, die Welthändel
zu mischen, – es lag das seiner natürlichen Bescheidenheit, seiner Liebe zum freien und friedfertigen Schaffen ursprünglich
ganz fern. Er hatte nichts vom Demagogen. Aber sein Herz,
das für die Armen und Unterdrückten schlug, zwang ihn, für
die Sache der Bauern, die er für die gerechte und gottgefällige
erkannte, Partei zu nehmen gegen die Herren, die Bischöfe und
Fürsten, deren humanistisches Wohlwollen er sich leicht hätte
bewahren können; es zwang ihn, ergriffen von den großen und

grundsätzlichen Gegensätzen der Zeit, herauszutreten aus seiner Sphäre rein geistiger und ästhetischer Kunstbürgerlichkeit und zum Kämpfer zu werden für Freiheit und Recht. Seine eigene Freiheit, die würdige Ruhe seiner Existenz gab er daran für diese Sache, die ihm über Kunst und Seelenfrieden ging. Sein Einfluß war es hauptsächlich, der die Stadt Würzburg bestimmte, der »Burg«, dem Fürst-Bischof die Heeresfolge gegen die Bauern zu verweigern und überhaupt eine revolutionäre Haltung gegen ihn einzunehmen. Er hatte furchtbar dafür zu büßen. Denn nach der Niederwerfung des Bauernaufstandes nahmen die siegreichen historischen Mächte, gegen die er sich gestellt, grausamste Rache an ihm; Gefängnis und Folter taten sie ihm an, und als gebrochener Mann, unfähig hinfort, aus Holz und Stein das Schöne zu erwecken, ging er daraus hervor.

Auch das gab es in Deutschland, auch das hat es immer gegeben. Aber das spezifisch und monumental Deutsche ist es nicht. Dieses stellt Luther dar, der musikalische Theolog. Er brachte es im Politischen nicht weiter, als daß er beiden Parteien, den Fürsten und den Bauern, unrecht gab, was nicht verfehlen konnte, ihn bald dahin zu führen, daß er nur noch und bis zur berserkerhaften Wut den Bauern unrecht gab. Seine Innerlichkeit hielt es ganz und gar mit dem Paulinischen »Sei untertan der Obrigkeit, die Gewalt über dich hat!« Aber das hatte sich ja auf die Autorität des römischen Weltreiches bezogen, das die Voraussetzung und der politische Raum war für die christliche Weltreligion, während es sich im Falle Luthers um die reaktionäre Winkelautorität der deutschen Fürsten handelte. Seine antipolitische Devotheit, dies Produkt musikalisch-deutscher Innerlichkeit und Unweltlichkeit, hat nicht nur für die Jahrhunderte die unterwürfige Haltung der Deutschen vor den Fürsten und aller staatlichen Obrigkeit geprägt; sie hat nicht nur den deutschen Dualismus von kühnster Spekulation und politischer Unmündigkeit teils begünstigt und teils geschaffen. Sie ist vor allem repräsentativ auf eine monumentale und trotzige Weise für das kerndeutsche Auseinanderfallen von *nationalem* Impuls und dem Ideal politischer *Freiheit*. Denn die Reformation, wie später die Erhebung gegen Napoleon, war eine *nationalistische* Freiheitsbewegung.

Lassen Sie uns doch einen Augenblick von der Freiheit reden: die eigentümliche Verkehrung, die dieser Begriff unter einem so bedeutenden Volk wie dem deutschen gefunden hat und bis zum heutigen Tage findet, gibt allen Grund zum Nachdenken. Wie war es möglich, daß sogar der nun in Schanden verendende Nationalsozialismus sich den Namen einer »deutschen Freiheitsbewegung« beilegen konnte, – da doch nach allgemeinem Empfinden ein solcher Greuel unmöglich etwas mit Freiheit zu tun haben kann? Es kam in dieser Benennung nicht nur herausfordernde Frechheit, es kam eine von Grund aus unglückselige Konzeption des Freiheitsbegriffes darin zum Ausdruck, ein psychologisches Gesetz, das sich in der deutschen Geschichte immer wieder geltend gemacht hat. Freiheit, politisch verstanden, ist vor allem ein moralisch-innerpolitischer Begriff. Ein Volk, das nicht innerlich frei und sich selbst verantwortlich ist, verdient nicht die äußere Freiheit; es kann über Freiheit nicht mitreden, und wenn es die klangvolle Vokabel gebraucht, so gebraucht es sie falsch. Der deutsche Freiheitsbegriff war immer nur nach außen gerichtet; er meinte das Recht, deutsch zu sein, nur deutsch und nichts anderes, nichts darüber hinaus, er war ein protestierender Begriff selbstzentrierter Abwehr gegen alles, was den völkischen Egoismus bedingen und einschränken, ihn zähmen und zum Dienst an der Gemeinschaft, zum Menschheitsdienst anhalten wollte. Ein vertrotzter Individualismus nach außen, im Verhältnis zur Welt, zu Europa, zur Zivilisation, vertrug er sich im Inneren mit einem befremdenden Maß von Unfreiheit, Unmündigkeit, dumpfer Untertänigkeit. Er war militanter Knechtssinn, und der Nationalsozialismus nun gar übersteigerte dies Mißverhältnis von äußerem und innerem Freiheitsbedürfnis zu dem Gedanken der Weltversklavung durch ein Volk, das zuhause so unfrei war wie das deutsche.

Warum muß immer der deutsche Freiheitsdrang auf innere Unfreiheit hinauslaufen? Warum mußte er endlich gar zum Attentat auf die Freiheit aller anderen, auf die Freiheit selbst werden? Der Grund ist, daß Deutschland nie eine Revolution gehabt und gelernt hat, den Begriff der Nation mit dem der Freiheit zu vereinigen. Die »Nation« wurde in der Französischen Revolution geboren, sie ist ein revolutionärer und freiheitlicher Begriff, der das Menschheitliche einschließt und innerpolitisch Freiheit, außenpolitisch Europa meint. Alles Gewinnende des französischen politischen Geistes beruht auf dieser glücklichen Einheit; alles Verengende und Deprimierende des deutschen patriotischen Enthusiasmus beruht darauf, daß diese Einheit sich niemals bilden konnte. Man kann sagen, daß der Begriff der »Nation« selbst, in seiner geschichtlichen Verbundenheit mit dem der Freiheit, in Deutschland landfremd ist. Man kann es fehlerhaft finden, die Deutschen eine Nation zu nennen, mögen nun sie selbst es tun oder andere. Es ist verfehlt, auf ihre vaterländische Leidenschaft das Wort »Nationalismus« anzuwenden, – es heißt französieren und Mißverständnisse schaffen. Man soll nicht zwei verschiedene Dinge mit demselben Namen zu treffen suchen. Die deutsche Freiheitsidee ist völkisch-antieuropäisch, dem Barbarischen immer sehr nahe, wenn sie nicht geradezu in offene und erklärte Barbarei ausbricht wie in unseren Tagen. Aber das Ästhetisch-Abstoßende und Rüde, das schon ihren Trägern und Vorkämpfern zur Zeit der Freiheitskriege anhaftet, dem studentischen Burschenschaftswesen und solchen Typen wie Jahn und Maßmann, zeugt von ihrem unglücklichen Charakter. Goethe war wahrhaftig nicht fremd der Volkskultur und hatte nicht nur die klassizistische »Iphigenie« sondern auch so kerndeutsche Dinge wie »Faust« I, »Götz« und die »Sprüche in Reimen« geschrieben. Dennoch war zur Erbitterung aller Patrioten sein Verhalten zum Kriege gegen Napoleon von vollkommener Kälte, – nicht nur aus Loyalität gegen seinen Pair, den großen Kaiser, sondern auch weil er das barbarisch-völkische Element in dieser Erhebung widerwärtig empfinden mußte. Die Vereinsamung dieses Großen, der jede Weite und Größe bejahte: das Übernationale, das Weltdeutschtum, die Weltliteratur, in dem patriotisch-»freiheitlich« aufgeregten Deutschland seiner Tage ist nicht peinvoll genug nachzuempfinden. Die entscheidenden und dominierenden Begriffe, um die sich für ihn alles drehte, waren Kultur und Barbarei, – und es war sein Los, einem Volk anzugehören, dem die Freiheitsidee, weil sie nur nach außen, gegen Europa und gegen die Kultur gerichtet ist, zur Barbarei wird.

Hier waltet ein Unsegen, ein Fluch, etwas fortwirkend Tragisches, das sich noch darin äußert, daß selbst die abweisende Haltung Goethes gegen das politische Protestantentum, die völkische Rüpel-Demokratie, – daß selbst diese Haltung auf die Nation und besonders auf ihren geistig maßgebenden Teil, das deutsche Bürgertum, hauptsächlich die Wirkung einer Bestätigung und Vertiefung des lutherischen Dualismus von geistiger und politischer Freiheit geübt, daß sie den deutschen Bildungsbegriff gehindert hat, das politische Element in sich aufzunehmen. Es ist sehr schwer, zu bestimmen und zu unterscheiden, wie weit die großen Männer einem Volkscharakter ihr Gepräge aufdrücken, ihn vorbildlich formen – und wie weit sie selbst bereits seine Personifikation, sein Ausdruck sind. Gewiß ist, daß das Verhältnis des deutschen Gemütes zur Politik ein Unverhältnis, ein Verhältnis der Unberufenheit ist. Es äußert sich das historisch darin, daß alle deutschen Revolutionen fehlschlugen: die von 1525, die von 1813, die 48er Revolution, die an der politischen Hilflosigkeit des deutschen Bürgertums scheiterte, und endlich die von 1918. Es äußert sich aber auch in dem plumpen und sinistren Mißverständnis, dem die Idee der Politik bei den Deutschen so leicht verfällt, wenn der Ehrgeiz sie antreibt, sich ihrer zu bemächtigen.

Die Deutschen sind übrigens wunderliche Leute! Sie machen sich durch ihre tiefen Gedanken und Ideen, die sie überall suchen und überall hineinlegen, das Leben schwerer als billig. – Ei, so habt doch endlich einmal die Courage, euch den Eindrücken hinzugeben, euch ergetzen zu lassen, euch rühren zu lassen, euch erheben zu lassen, ja euch belehren und zu etwas Großem entflammen und ermutigen zu lassen; aber denkt nur nicht immer, es wäre alles eitel, wenn es nicht irgend abstrakter Gedanke und Idee wäre!
Goethe zu *Eckermann*, 6. Mai 1827

Epilog

Hanns Eisler   JOHANN FAUSTUS

Faust vor dem Vorhang
FAUST: Ich dachte, sie werden mich verfolgen. Schlimmres
ist geschehn: Sie kamen, mich zu ehren. Ich will alles gestehn.

Confessio

Bin der Sohn eines Bauern gwest,
Konnt es nicht ertragen,
Daß meine Mutter für eine gering Nuß
Mich viermal hat geschlagen.

Ins Kloster bin ich gelaufen,
In die Pfaffenlehr.
Da hört ich ein Wehklagen
Und sagte: da klagt doch wer.

Es klagte das Evangelium,
Daß es durch Wucher und Tyrannei,
Zins und Ablaß kaufen
Nur der Schande Deckel sei.

»Ich war ein gute Lehr,
Von ihm mit Gold einschrieben;
Wie ward die Wahrheit mir
So schändlich austrieben.

Stieg Jesus heute wieder
Auf die geplagte Erd,
Sie würden ihn wieder fangen,
Daß er nochmals gemartert werd.«

Da hat mich das Kloster verdrossen,
Bin gelaufen
In die Luther Lehr,
Daß ich die Wahrheit hör.

Denn Luther tät schreiben
Wider den päpstlichen Mißbrauch,
Rein und klar in deutscher Sprach.
Die Bauern verstanden es auch.

Als ich bin gesessen
In der Luther Lehr,
Da hört ich ein Wehklagen
Und sagte: da klagt doch wer.

Es klagt das Kind im Mutterleib;
Wenn es das Licht der Welt erblickt,
Muß es jammern,
Daß man dahin es geschickt.

An die Kirchtor von Wittenberg
Tät Luther seine Thesen schlagen.
Die Bauern haben gehört
Sein groß Anklagen.

In ihrer eignen Weis
Nutzten sie sein Lehren.
Sind aufgestanden
Gegen ihre Herren.

Das tät dem Luther leid,
Daß er so verstanden werd,
Aus der Bibel hat er bewiesen,
Daß der Knecht dem Herrn gehört.

Das wollt ich nicht hören.
Ich bin gelaufen
In Thomas Münzers Lehr,
Daß ich die Wahrheit hör.

»Die Grundsippe des Wuchers,
Der Dieb und Räuberei«,
Tät Münzer schreiben,
»Unsre Herrschaft sei.«

»Drum müßt ihrs wagen,
Sie zu schlagen,
Setzt alles drein;
Die Welt muß ohne Herren sein.«

In Altstedt fingen die Bauern an,
Schloß und Kapelle zu plündern.
Münzer hat zugesehn,
Tät sie nicht hindern.

Da bin ich erschrocken.
Ich bin zurückgelaufen,
Zurück zu Martin Luther.
Kam nur vom Regen in die Traufen.

Denn als die Fürsten drohten,
Hat Münzer zum Schwert gegriffen.
Er war tapfer und rein;
Zu spät hab ichs begriffen.

Münzers neue Ordnung
In Mühlhausen wird gelehrt:
Wer nicht arbeit, soll nicht essen;
Wer den Pflug zieht, ziehe das Schwert!

Luther keift gegen Münzer,
Die Schand war groß;
Denn gegen die Bauern
Ließ er die Henker los.

»Drum soll würgen und henken,
Wer da kann, und bedenken,
Nichts ist teuflischer in der Welt,
Als wenn der Knecht sein Herrn anfällt.«

O Frankenhausen,
Du finster Stadt,
Die soviel Jammer
Gesehn hat.

In deinen Gossen
Ist das Blut geronnen;
In deinen Mauern
Hat Deutschlands Schand begonnen.

Man sagt, wer seinen Lehrer nicht ehrt,
Ist schlechter als ein Hund.
Des Martin Luther Gesicht
Ich nicht mehr sehen kunnt.

Thomas Münzer geschlagen,
Furchtbar wurde die Not.
Mit Brennen und Würgen
Tobt der Bauerntod.

Als sie im Elend schrien,
Bin ich gelaufen,
Versuchte die Medizin,
Kam nur vom Regen in die Traufen.

Denn gegen den Hunger
Tät ich kein Kräutlein finden;
Gegen die Kälte
Half kein Salben und Binden.

Als ich nicht helfen kunnt,
Bin ich übergelaufen;
Versuchte die Juristerei;
Kam nur vom Regen in die Traufen.

Denn gegen die großen Herren
Wie sollt Recht ich finden?
Und gegen ihre Richter
Half kein Drehn und Winden.

Hat mich wieder verdrossen.
Ich bin übergelaufen.
Versuchte die Philosophie,
Kam nur vom Regen in die Traufen.

Denn die Philosophie,
Mit allem, was sie da lehrt,
Hat nur die Herrschaft der Herren
Jämmerlich verklärt.

Als ich das begriffen,
Bin ich übergelaufen.
Versuchte die Schwarzkunst;
Ach, kam ich da vom Regen in die Traufen.

Der eignen Kraft mißtrauend,
Hab den Herren ich die Hand gegeben.
Gesunken bin ich tiefer als tief,
Verspielt hab ich mein Leben.

Denn wer den Herren die Hand gibt,
Dem wird sie verdorren.
Dem ersten Schritt folgte der zweite;
Beim dritten war ich verloren.

Nun geh ich elend zu Grund,
Und so soll jeder gehn,
Der nicht den Mut hat,
Zu seiner Sach zu stehn.

*Eine riesige Hand, es ist die Hand Mephistos, greift durch den
Vorhang und reißt Faust in die Bühne. Noch muß er weiterspie-
len.*

Klaus Völker
Die Geburt einer Legende und ihr Fortleben in den Köpfen

> Mythus? Meinst du etwas, so alt, daß es nicht mehr
> langweilig ist?
> *Elias Canetti*

Der Magier und Teufelsbündner

Johann oder Georg Faust aus Knittlingen in Württemberg
sorgte schon zu Lebzeiten für die Legendenbildung. Er führte
ein unstetes Wanderleben, war ein »fahrender Schüler«, der
sich sein Geld für ein Studium, für das es allerdings keine Belege
gibt, zusammenbettelte. Als Meister der Magie, die er auf der
Hohen Schule zu Krakau erlernt haben will, zog er durch
Deutschland und erwarb sich einen Ruf als Zauberer und Gei-
sterbeschwörer. Er liebte den Trunk und nannte den Teufel seinen Schwager. Wegen seiner Künste, die von der Art jener
Streiche und Zaubertricks waren, wie sie in den Schwänken von
Hans Sachs vorkommen, wurde Faust gleichermaßen gefürch-
tet und bewundert. Wahrscheinlich war er ein begabter Fabu-
lierer und phantastischer Erzähler, der seine Zuhörer begeistern konnte: eine Art Münchhausen zur Zeit der Reformation
und der Bauernkriege.
Die Gelehrten der Zeit sahen in Faust, über den sie sich empörten, nur einen Scharlatan, während das Volk seine Streiche als
philosophische Eulenspiegeleien auffaßte, an denen man sich
ergötzen konnte. Die geschlagenen Bauern fanden in ihm eine
neue Symbolfigur, nachdem Luther sie zu »räuberischen und
mörderischen Rotten« erklärt und der Protestantismus begonnen hatte, zu einer Stütze des Feudalsystems zu werden. Die
Kunst der Magie war zu einer geistigen Gegenkraft geworden,
an die man noch Hoffnungen knüpfen konnte. Alle bedeutenden Wissenschaftler im 16. Jahrhundert, deren Wirken die so-
zialen und geistigen Fesseln zu sprengen drohte, wurden von
den kirchlichen und staatlichen Institutionen als Ketzer verfolgt, ihre Forschungen nicht selten als schlimmes Teufelswerk
abgelehnt. Wie Agrippa und Paracelsus wurde auch die schil-
lernde Gestalt des Faust zum Teufelsbündner gemacht, wobei
sich in die neuen Geschichten der Drohung und der Hoffnung
die älteren Zauberer- und Teufelspaktsagen mischten, wie sie

über Simon, den Magier der Apostelgeschichte aus Samaria, oder Albertus Magnus, den mittelalterlichen Priestergelehrten und Naturwissenschaftler, in Umlauf waren.

Als »abscheuliches Exempel und treuherzige Warnung« erschien 1587 die »Historia von Doktor Johann Fausten«, das von einem anonymen protestantischen Verfasser stammende Volksbuch, ein Dokument auf der Schwelle von Mittelalter und Neuzeit, dessen Witz, ganz entgegen der Absicht des Verfassers, von dem Widerspruch lebt zwischen dem unersättlichen Wissensdurst des Einzelnen und den Erkenntnisschranken des Zeitalters. Eine umfangreiche Teufelsliteratur hatte der »Historia« den Boden bereitet. Der rebellische Charakter der Kunst der Magie mußte zum Schweigen gebracht werden. Sehr geschickt wurde deshalb der Erkenntnisdrang der großen Magier auf die Schwarzkünste eines Faust reduziert, die den Glauben an Teufel und Hexen noch förderten und den Obrigkeiten die Anlässe lieferten, verstärkt gegen Satan zu Felde zu ziehen. Luther und seine Anhänger bekämpften Johann Faustus als Mann des Teufels, und dieser wiederum verdankte Eiferern wie Luther seinen Ruhm als Rebell gegen bestehende Gesetze. Der maßlose Forscher Faust, den der Teufel holt, war fortan für die protestantischen Kreise das Gegenstück zum redlichen, bescheidenen Gottesmann Luther. Wenn das Volk darüber Thomas Münzer, den Revolutionär und wahren Anti-Luther, vergaß und sich an die ferne Symbolgestalt eines Faust hielt, kam das den Herrschenden nur gelegen.

Der aufklärerische Kern der einzelnen Geschichten des Volksbuchs, das in den ersten zwölf Jahren nach seinem Erscheinen zweiundzwanzig Auflagen erlebte und außerdem weitere Faustbücher sowie Fortsetzungen über den Famulus Christoph Wagner auslöste, setzte sich dennoch gegen die protestantische Moral des oder der Verfasser durch, die die Bewunderer Fausts entmutigen wollten, indem sie ihnen Angst vor der Hölle machten. Schon Christopher Marlowe, der um 1588 aufgrund einer englischen Bearbeitung des Volksbuchs die erste Dramatisierung des Stoffs vornahm (die wiederum von englischen Komödianten nach Deutschland gebracht wurde, wo sie ihrerseits eine Serie von Schauspielen und Puppentheaterfassungen nach sich zog), interessierte sich für die Unruhe, das Revolutionäre der Faustgestalt. Es ergab sich eine durchgehende Faust-Tradition vom 16. bis zum 18. Jahrhundert, die zumindest den

Stoff der Sage lebendig hielt und ihn zur »Nationallegende« der Deutschen werden ließ. Aber erst Goethe gelingt es, den durch die lutherische Betrachtungsweise verschütteten, ursprünglich aufrührerischen Ideengehalt der Faustsage überzeugend wieder zu Tage zu fördern.

Wer immer strebend sich bemüht

In den zahlreichen Faustdichtungen der zweiten Hälfte des 18. Jahrhunderts fand das Bürgertum in der Gestalt des wundertätigen Magus seine eigenen Emanzipationsbemühungen und sein Streben nach Wissen verkörpert. Fausts Drang nach dem Unbekannten und Unergründlichen entsprach dem geistigen Suchen der Generation des Sturm und Drang. Faust tritt als Empörer im Kampf gegen die elenden deutschen Zustände in Erscheinung, an denen er verzweifelt scheitert. Maler Müllers genialische Kraftgestalt begehrt als Mensch mehr »als Gott und Teufel geben kann«. Klingers Faust erkennt am Ende seiner Wahrheitssuche, daß die Welt bis ins Innere schlecht ist, er verzichtet auf die »Tat«, weil die Zeit ihm dafür nicht reif zu sein scheint. Höllisches Hohngelächter empfängt den geistigen Moralisten.

Lessing wiederum wollte einen beispielhaften Menschen zeigen, dessen aufklärerische Haltung am Schluß seine Errettung bewirkt. Diesen Gedanken griff Goethe entschiedener im zweiten Teil seines Faust wieder auf und entwarf ein utopisches Bild der Errettung durch die Selbstverwirklichung des Menschen, dessen höchster Lebenszweck die Tat bleibt, das Arbeiten für die Vision des »auf freiem Grund mit freiem Volke stehn«. Goethes große Leistung bestand ferner in der Verbindung des Fauststoffs mit der Geschichte von der Kindsmörderin Susanna Margaretha Brandt. Mit der Gretchentragödie verdeutlichte Goethe das Unproduktive des im Bund mit dem Teufel gewonnenen Lebensgenusses und bereitete auf diese Weise die Wandlung Fausts am Ende des zweiten Teils vor, durch die jener den Teufel besiegt und »zum Produktiven übergeht« (Brecht). Den »himmlischen« Abschluß des Schauspiels durch politisches Wirken und einen irdischen Heldentod Fausts zu ersetzen, wie das Friedrich Theodor Vischer vorschlug, wäre nur eine scheinbar radikalere Lösung. Goethes Ansicht war weitsichtiger und, wie Lukács betonte, ungleich tiefer als die flachliberale Weltauffassung, die die Widersprüche des Lebens in der kapitalistischen Gesellschaft zur Versöhnung bringen zu können glaubt.

Faust als Prototyp

Der Faust des Volksbuchs, das in viele europäische Sprachen übersetzt wurde, blieb immer eine deutsche Figur. Faust ähnliche Gestalten, wie Calderons »wundertätiger Magus«, beruhten auf anderen literarischen Quellen. Der Symbolcharakter des Faust wurde erst durch Goethe in andere Literaturen vermittelt. Jedes Land, jede Zeit schuf sich von nun an einen eigenen Faust. In der Übersetzung von Matthew Gregory Lewis, in dessen Roman »Der Mönch« die Titelfigur ebenfalls einen Pakt mit dem Teufel schließt, lernte Lord Byron Goethes Dichtung kennen, durch die die Weltschmerzgebärde seines »Manfred« faustische Dimensionen bekam. In Frankreich propagierten Madame de Staël und Benjamin Constant Faust als Schlüsselfigur einer geistigen Romantik. Der achtzehnjährige Poet Gérard de Nerval ließ 1827 eine klassisch gewordene Übersetzung des »Faust« erscheinen, für die sich Goethe mit dem Satz bedankte: »Ich habe mich niemals so gut verstanden wie beim Lesen Ihrer Übertragung.« In Rußland setzte sich Puschkin für den »Faust« ein, 1825 plante er ein Poem, das Faust in Begleitung Mephistos in der Hölle zeigen sollte, außerdem ein Drama mit einem Faust als Zweifler, den nichts mehr begeistern kann. Für seinen Zeitgenossen, den großen russischen Kritiker Belinski, war Faust im Gegenteil die Symbolfigur der Idee des Heldischen, und in Goethes Dichtung sah er »das Werk eines Mannes, der selbst der vollkommenste Ausdruck Deutschlands war und in seinem Werk das Symbol der Mentalität seines Vaterlandes in einer originellen, seinem Jahrhundert eigentümlichen Form geliefert hat«. Goethes Faustgestalt wurde über die deutschen Grenzen hinaus zum Prototyp dessen, der sich im Kampf mit dem Bösen zu messen und zu bewähren hat. Die bevorzugte Identifikation dieses Helden mit Deutschland aber sollte bald schlimme Folgen ergeben.

Faust und das Faustische

Grabbe, Lenau und letztlich auch Heine nahmen Goethes uto-
pischen Anspruch ausdrücklich zurück und beschränkten sich
wieder auf den deutschen Faust, dem weder Erfüllung noch
Befreiung zuteil wird. Jedem der drei Dichter ging es darum,
an Faust die eigenen Probleme und die ihrer Zeit abzuhandeln.
Sie alle lehnten Goethe ab, weil ihnen das Hoffnungsbild seiner
Dichtung, das noch vom Optimismus eines selbstbewußten
Bürgertums getragen war, fremd war. Von der Bourgeoisie der
Restaurationszeit, in der sie lebten, war gesellschaftliches
Glück nicht mehr zu erwarten. Nur Heine deutete noch einen
Moment von Erfüllung im Helena-Akt seines Tanzpoems an.
Bei den meisten nachklassischen Interpreten erschien Faust
wieder als der große Sünder, der wegen seiner Verstöße gegen
die Weltordnung verdammt wird und untergehen muß. Hielt
einer den höllischen Untergang für vermeidbar, dann schlug
er eine Rettung Fausts vor, die, wie bei Karl Rosenkranz, my-
stisch-religiös verbrämt war.
Er war ein Sünder zwar, doch ein Titan. Der Held Goethes,
ein Renaissance-Mensch, der sich die Welt produktiv erschlie-
ßen will, aber nicht unbedingt als deutscher Mann, wurde im
19. Jahrhundert von den Germanisten zur Mittelpunktfigur
der deutschen Bildungsgeschichte erklärt. Faust und Luther
wurden miteinander ausgesöhnt. Der preußische Historiker
Heinrich von Treitschke feierte die Dichtung »Faust« als
»symbolisches Bild der vaterländischen Geschichte« und der
Philologe Hermann Grimm sprach vom »großen Grundbuch
des germanischen Menschen«. Faust wurde eingeschrumpft auf
die Gedanken und Wunschträume deutscher Stubengelehrter
und Studienräte. Man sah in ihm den Repräsentanten der deutschen Seele, die freilich auf Welteroberung aus war. Die »Tat«
sollte nunmehr Potsdam und Weimar in höchster Vereinigung
sein, und schließlich schreckten Schreibtischtäter auch nicht
mehr davor zurück, in Adolf Hitler die Inkarnation des faustischen Menschen zu sehen. Erst Thomas Mann beendete mit
seinem Roman »Doktor Faustus« die nachgoethische, mit der
bürgerlichen Literaturepoche verbundene Faust-Tradition und
deutete die geliebte Identifikationsfigur der Deutschen kri-
tisch. Thomas Mann rückte Faust in die Nähe Nietzsches und
Oswald Spenglers, er wertete ihn als einen »dämonisch ange-

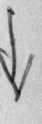

hauchten Professor«, der im Bewußtsein lebt, »der Welt an Tiefe überlegen zu sein«.*

Leitfigur oder Verbrecher?

Auch Hanns Eisler entschied sich 1952 mit seiner Oper »Johann Faustus« für eine negative Lesart. Er wollte das Wesen der Faustsage, ihren volkstümlichen, politisch aufrüttelnden Charakter neu entdecken. Ähnlich wie Brecht mit seinem Schauspiel »Leben des Galilei« schuf Eisler die Tragödie eines Wissenschaftlers, der sich im entscheidenden Moment dem gesellschaftlichen Auftrag, den er kraft seiner Herkunft, Ausbildung und geistigen Fähigkeiten erfüllen könnte, entzieht. Als die Bauern sich gegen ihre Herren erheben, läßt sie Faust im Stich, er nimmt seine revolutionären Gedanken zurück und schließt lieber einen Pakt mit dem Teufel. Und am Ende bekennt er sich wie Galilei schuldig. Auch Eislers Faust ist ein Forscher, der in den Reihen der Wissenschaft nicht mehr geduldet werden kann.

Die Kritiker Eislers, um dessen Opernlibretto ein heftiger Streit entbrannte, verteidigten, wenn man einmal von den damals üblichen törichten Einwänden gegen die Beschädigung des klassischen Erbes absieht, die Idee von einem Faust als Leitfigur menschlichen Strebens und Hoffens. Sie hielten verständlicherweise an Goethes »Faust« als der Dichtung mit der größeren, menschlicheren Perspektive fest und konnten sich außerdem auf die Urteile der Klassiker des Marxismus berufen, die in einem Mann wie Faust den Grenzüberschreiter schlechthin begrüßt hatten, einen Aufrührer gegen Gott und alle Schranken, die die Freiheit des Menschen behindern.

Allerdings befand sich Eisler mit seinem Mißtrauen gegen den Helden Faust, der schon vor den Wagen ganz verschiedener Ideologien gespannt worden war, immerhin noch viel näher an Goethe als etwa Anatoli Lunatscharski. Der bolschewistische Revolutionär und spätere Volkskommissar für Bildungswesen begrüßte nämlich Faust als »Willensmensch par excellence« und bezeichnete ihn als blind zwar für das Nahe, seine Umwelt,

---

* Erwähnt sei hier aber noch das zur gleichen Zeit im palästinensischen Exil entstandene Schauspiel »Ich und Ich« von Else Lasker-Schüler, in dem Faust tatenlos den Verbrechen der Nazis zusieht und das Weltende beklagt, während Mephisto als Höllenfürst abdankt.

jedoch als weitsichtig, weil frei von Todesangst. Die Leistung Fausts sollte im Schaffen einer herrlichen Menschheit aus dem »Marmorblock« Volk bestehen. Aber Einsamkeit ist der Preis, den Lunatscharskis Titan für die Fähigkeit bezahlen muß, »Tausende zu befehligen und zu begeistern«.

Ob er nun für den Sozialismus, für den Faschismus oder für Deutschland sich abmüht, jede dieser Möglichkeiten setzt einen politischen Faust voraus, der Großes vollbringen und Vorbild sein soll, dabei aber immer auf etwas verzichten muß. Hanns Eisler indessen ging von den Trümmern aus, die der faustische deutsche Mensch hinterlassen hatte. Und außerdem war es gar nicht seine Absicht, Goethes Dichtung zu widerlegen, sondern er erzählte einfach eine andere Geschichte von Faust. Und über diese Geschichte äußerte sich Brecht in seinen »Thesen zur Faustus-Diskussion« folgendermaßen: »So entsteht für mein Empfinden ein dunkler Zwilling des Faust [von Goethe], eine finstere, große Figur, die den helleren Bruder nicht ersetzen noch überschatten kann oder soll. Von dem dunklen Bruder hebt sich der helle vielmehr ab und wird sogar heller. So etwas zu machen, ist nicht Vandalentum.«

Der Titan, der verzweifelt wieder Mensch sein will

Eine Vielzahl von zeitgenössischen Faust-Lesarten ist um eine Vermenschlichung der Figur bemüht, bei der das rebellische Denken und der Wissensdurst des Magiers wie einst im Mittelalter als verhängnisvolles Teufelswerk dargestellt werden. Die Zeiten, als Faust verzweifelt Titan zu sein begehrte, sind unweigerlich vorbei, seit wir »mit der Bombe leben« müssen. So entwirft Paul Valéry während des Zweiten Weltkriegs einen Faust, der zuviel weiß, sein »Nein« gegenüber Mephisto und der Macht der Verführung bedeutet, sich von der Welt abzuwenden, sich auf eine sich selbst genügende Kraft des reinen Intellekts zu beschränken. Valéry fordert die geistige Selbstbehauptung des Menschen in einer vom Teufel beherrschten Welt. René Clairs berühmter Film »Die Schönheit des Teufels« (1949) geht von der gleichen negativen Weltsicht aus, bietet aber eine lebensfreundlichere Lösung an. Der Teufel steht bei Clair für Verbrechen, Krieg und Tyrannei. Auch die Wissenschaft ist ein Instrument der Herrschaft dieses Teufels. So muß Faust am Ende, um dem Teufel zu entgehen, sein Werk ver-

nichten. Indem er den Versuchungen der Wissenschaft ab-
schwört, gewinnt er Margarethe und den Beifall des Volkes.
(Der in der DDR lebende Dramatiker Volker Braun bietet in
seinem Stück »Hinze und Kunze« eine andere, ebenfalls dem
Volk zugewandte, aber doch der Produktivkraft Wissenschaft
vertrauende Lösung an: Sein Ingenieur Hans Faust verbindet
sich mit Mephisto in Gestalt des Parteisekretärs Kunze. Beide
werden Aktivisten.)
Die Verteufelung der Wissenschaft entspricht allzuleicht dem
Katzenjammer von Forschern, die das schlechte Gewissen, das
sie verständlicherweise haben, nicht der kapitalistischen Ver-
wurstung ihrer Erfindungen anlasten, sondern den unergründlichen Triebkräften der Natur. Da es die Menschen soweit gebracht haben, daß sie einander bis auf den letzten Mann
ausrotten können, ist die Figur Faust, wie Günther Anders
schreibt, »heute schon beinahe unnachvollziehbar geworden«:
»Zu fühlen, was der sogenannte ›faustische Mensch‹ meinte,
wenn er darüber klagte, ›nur endlich‹ sein zu müssen, das sind
wir kaum mehr imstande. Die unendliche Sehnsucht nach dem
Unendlichen, die fast ein Jahrtausend lang tiefstes Leiden verur-
sacht und höchste Leistungen befeuert hatte, verliert sich durch
das ›Unendliche‹, das wir in Händen halten, so rapide, daß wir
eigentlich nur noch von ihr ›wissen‹, nur noch wissen, daß es
sie gegeben hat.« Günther Anders macht gleichzeitig auf die
aus dieser Haltung resultierende, neue, gefährliche Sehnsucht
nach der guten Vergangenheit aufmerksam, »in der wir rechtschaffen endlich waren«. Die Sehnsucht der ohnmächtigen Ti-
tanen, die ihr Wissen vergessen möchten, um wieder Menschen
sein zu dürfen, bestärkt und kräftigt nur die Position jener, »die
die Allmacht effektiv in Händen halten«.
Stets hat die Faustgestalt die Funktion eines Katalysators der
Selbstverständigung über zentrale Probleme der jeweiligen Zeit
gehabt; Goethe unternahm es dann, das Schicksal von Faust
mit dem Schicksal der Menschheit zu verbinden. Die Aktualität
seiner Dichtung liegt in der Erkenntnis, daß das Schicksal des
Menschen der Mensch ist. Deshalb kann die Rettung des Menschen nur die geschichtliche Aufgabe der Menschheit selber
sein:

> Das ist der Weisheit letzter Schluß:
> Nur der verdient sich Freiheit wie das Leben,
> Der täglich sie erobern muß!

Bibliographie

Die nachfolgende Bibliographie nennt nur die vom Verfasser für dieses Buch benutzte Literatur. Die ausführlichste und beste Faust-Bibliographie stammt von Hans Henning: *Teil I* (Berlin 1966) erfaßt die gesamte Faustliteratur bis Goethe, *Teil II* (3 Bände. Berlin 1968–70) ist Goethes »Faust« gewidmet.

AGRIPPA, HEINRICH CORNELIUS, Die Cabbala. Stuttgart 1855

ANDERS, GÜNTHER, Die Antiquiertheit des Menschen. München 1956

ARNIM, LUDWIG ACHIM VON, Vorrede zu Marlowes Faust. In: Die Faustdichtung vor, neben und nach Goethe, Band 1. Darmstadt 1969. S. 151–169

ARNIM, LUDWIG ACHIM VON und CLEMENS BRENTANO, Des Knaben Wunderhorn. Hrsg. von Hans-Günther Thalheim. Berlin 1966. Band 1 (enthält: Doktor Faust. Fliegendes Blatt aus Köln. S. 183–186)

BASCHWITZ, KURT, Hexen und Hexenprozesse. München 1963

BELINSKI, W. G., Versuch eines Systems der Moralphilosophie. In: Ausgewählte philosophische Schriften. A. d. Russ. von Alfred Kurella. Moskau 1950

BLEI, FRANZ, Das große Bestiarium der modernen Literatur. Berlin 1922

BLOCH, ERNST, Das Prinzip Hoffnung. Band 3. Berlin 1959

BRAUN, VOLKER, Hinze und Kunze. In: Theater der Zeit. Heft 2. Berlin 1973

BRECHT, BERTOLT, Gesammelte Werke. Frankfurt 1967. Band 7 (enthält: Anmerkungen zum »Urfaust«, S. 1275 ff.) und Band 8 (enthält: Thesen zur Faustus-Diskussion, S. 533 ff.)

BROCKERHOFF, FERDINAND, Besprechung Franz Peter, Die Literatur der Faustsage. In: Archiv für das Studium der neueren Sprachen und Literaturen. Jhg. 7. Band 12. Zitiert nach Schwerte

BRUKNER, FRITZ und FRANZ HADAMOWSKY, Die Wiener Faust-Dichtungen von Stranitzky bis zu Goethes Tod. Wien 1932

BUSONI, FERUCCIO, Doktor Faust. Oper. Potsdam 1920

CAMERARIUS, PHILIPP, Operae subcisivarum centuria prima. Zit. n. Scheible

CANETTI, ELIAS, Die Provinz der Menschen. Aufz. 1942–1972. München 1973

CHAMISSO, ADELBERT VON, Faust. Ein Versuch. In: Die Faustdichtung vor, neben und nach Goethe. Band 3. Darmstadt 1969. S. 301–326

DABEZIES, ANDRÉ, Le Mythe de Faust. Paris 1972

DIX, ARTHUR, Politik als Staatslehre, Staatskunst und Staatswille. In: Zeitschrift für Politik. Berlin 1934

EISLER, HANNS, Johann Faustus. Oper. Berlin 1952

ENGELS, FRIEDRICH, Dialektik der Natur. In: MEW. Band 20. Berlin 1962

ENGELS, FRIEDRICH, Brief an Wilhelm Graeber. In: MEW. Ergänzungsband 2. Berlin 1967. S. 431

ENGELS, FRIEDRICH, Die deutschen Volksbücher. In: MEW. Ergänzungsband 2. Berlin 1967. S. 16/17

FISCHER, KUNO, Goethes Faust. Über die Entstehung und Composition des Gedichts. Stuttgart 1878

GAST, JOHANN, Tomus Secundus convivalium sermonum, partim ex probatissimis historiographis … Zitiert nach Scheible

GEISSLER, H. W., Gestaltungen des Faust. Die bedeutendsten Werke seit 1587. 3 Bände. München 1927

GÖSCHEL, CARL FRIEDRICH, Über Goethes Faust und dessen Fortsetzung. Leipzig 1824. Zitiert nach Schwerte

GOETHE, JOHANN WOLFGANG VON, Die Faustdichtungen. Gedenkausgabe. Band 5. Hrsg. v. Ernst Beutler. Zürich 1950

GRABBE, CHRISTIAN DIETRICH, Don Juan und Faust. In: Werke. Erster Band. Emsdetten 1960

GRILLPARZER, FRANZ, Faust. Ein Fragment. In: Sämtliche Werke, Band 2, München 1961

GÜNZEL, KLAUS, (Hrsg.), Alte deutsche Puppenspiele. Mit theatergeschichtlichen und literarischen Zeugnissen. Berlin 1970

GUTZKOW, KARL, Hamlet in Wittenberg. Dramatisches Schattenspiel. In: August Lewald, Allgemeine Theater-Revue. Stuttgart-Tübingen 1835

HAECKER, THEODOR, Vergil, Vater des Abendlandes. 5. Aufl. Mchn. 1947

HEINE, HEINRICH, Der Doktor Faust. Ein Tanzpoem. Sämtliche Werke. Hrsg. v. Ernst Elster. Band 6. Leipzig und Wien o. J.

HENNING, HANS, Einleitung zum Neudruck der Historia von Doktor Johann Fausten. Halle 1963. S. IX–LXXII

HISTORIA VON DOKTOR JOHANN FAUSTEN. Frankfurt 1587. In: Deutsche Volksbücher. Dritter Band. Berlin und Weimar 1968

HORN, FRANZ, Geschichte der deutschen Poesie und Beredsamkeit. Zitiert nach Scheible

KIESEWETTER, CARL, Faust in der Geschichte und Tradition. Mit besonderer Berücksichtigung des occulten Phänomenalismus und des mittelalterlichen Zauberwesens. Leipzig 1893

KIRSCH, RAINER, Heinrich Schlaghands Höllenfahrt. Komödie. In: Theater der Zeit. Heft 4. Berlin 1973

KLINGER, FRIEDRICH MAXIMILIAN, Fausts Leben, Taten und Höllenfahrt. In: Werke. Zweiter Band. Weimar 1958

KÜHNE, FERDINAND GUSTAV, Faust und kein Ende. In: Zeitung für die elegante Welt vom 14. 8. 1835. Zitiert nach Schwerte

LASKER-SCHÜLER, ELSE. Ich und Ich. Unveröffentlicht. Teilabdruck in: Verse und Prosa aus dem Nachlaß. München 1961

LENAU, NIKOLAUS, Faust. Ein Gedicht. In: Sämtliche Werke und Briefe. Erster Band. Leipzig 1970

LENZ, JAKOB MICHAEL R., Fragment aus einer Farce Die Höllenrichter genannt. In: Werke und Schriften. Band 1. Hrsg. von Britta Titel und Hellmut Haug. Darmstadt 1966

LERCHEIMER, AUGUSTIN, Christlich Bedencken und Erinnerung von Zauberey, 1585, zitiert nach Scheible

LESSING, GOTTHOLD EPHRAIM, Briefe, die neueste Literatur betreffend. Gesammelte Werke. Hrsg. v. Paul Rilla. Band 4. Berlin 1955 (siehe auch Band 2, S. 557–559)

LUKÁCS, GEORG, Faust-Studien. In: Probleme des Realismus III. Werke. Band 6. Neuwied und Berlin 1965

LUNATSCHARSKI, ANATOLI, Doktor Faust. In: Das Erbe. Essays, Reden, Notizen. Dresden 1965

MAHAL, GÜNTHER, (Hrsg.), Ansichten zu Faust. Karl Theens zum 70. Geburtstag. Stuttgart 1973

MANLIUS, JOHANN, Locorum Communium Collectanea: . . . ex lectionibus D. Philippi Melanchthonis. Basel 1563. Zitiert nach Scheible

MANN, THOMAS, Doktor Faustus. Das Leben des deutschen Tonsetzers Adrian Leverkühn, erzählt von einem Freunde. Berlin und Weimar 1955

MANN, THOMAS, Deutschland und die Deutschen. In: Neue Studien. Berlin und Frankfurt 1948

MARLOWE, CHRISTOPHER, Doktor Faustus. Übersetzt von Wilhelm Müller. In: Die Faustdichtung vor, neben u. nach Goethe Band 1. Dstd. 1969 S. 170–268

MARTENSEN, HANS LASSEN, Über Lenaus Faust. Stuttgart 1836. Zitiert nach Schwerte

MEYER, TH. A., Friedrich Th. Vischer und der zweite Teil von Goethes Faust. Stuttgart 1927

MOTSCHMANN, CHRISTOPH, Erfordia literata continuata. Zitiert nach Scheible

MÜLLER, FRIEDRICH (genannt Maler Müller), Situation aus Fausts Leben. In: Die Faustdichtung vor, neben und nach Goethe. Band 3. Darmstadt 1969. S. 121–142

MÜLLER, FRIEDRICH (genannt Maler Müller), Situation aus Fausts Leben. In: Die Faustdichtung vor, neben und nach Goethe. Band 3. Darmstadt 1969. S. 121–142

MÜLLER, FRIEDRICH, Fausts Leben dramatisirt. Mannheim 1778

NEUBERT, FRANZ, Vom Doktor Faustus zu Goethes Faust. Leipzig 1932

PARACELSUS, THEOPHRASTUS, Magia naturalis. In: Werke. Band 5. Hrsg. v. Will-Erich Peuckert. Darmstadt 1968

PICO DELLA MIRANDOLA, GIOVANNI, Aus der Apologie. In: Ausgewählte Schriften. Jena und Leipzig 1905

ROSENKRANZ, KARL, Über Calderons Tragödie vom wundertätigen Magus. Ein Beitrag zum Verständnis der Faustischen Fabel. Halle und Leipzig 1829

SIMROCK, KARL, Doktor Johannes Faust. Puppenspiel in vier Aufzügen. In: Die Faustdichtung vor, neben und nach Goethe. Band 1. Darmstadt 1969. S. 211–341

SODEN, JULIUS, Doktor Faust. Volksschauspiel in fünf Akten. In: Die Faustdichtung vor, neben und nach Goethe. Band 3. Darmstadt 1969. S. 151–298

SOMBART, WERNER, Händler und Helden. München 1915

SPENGLER, OSWALD, Der Untergang des Abendlandes. Band 2. München 1919

SCHEIBLE, JOHANN, Das Kloster. Fünfter Band. Die Sage vom Faust. Stuttgart 1847

SCHILLER, FRIEDRICH VON (und GOETHE), Xenien. In: Sämtliche Werke. Band 1. München 1965

SCHMIDT, ERICH, Vorrede zum 2. Teil des »Faust«. Cottasche Jubiläumsausgabe. Band 14. S. XXIX

SCHNEIDER, REINHOLD, Fausts Rettung. Baden-Baden 1946

SCHOLZ, GERHARD. Faust-Gespräche. Wissenschaftliche Mitarbeit Ursula Püschel. Berlin 1967

SCHWERTE, HANS, Faust und das Faustische. Stuttgart 1962

TREITSCHKE, HEINRICH VON, Deutsche Geschichte im 19. Jahrhundert. Band 1. Stuttgart 1874

TRITHEMIUS, Epistolae familiares. Hagenau 1536. Zitiert nach Henning

VISCHER, FRIEDRICH THEODOR, Kritische Gänge. N.F. 3. Heft. Stgt. 1861

VISCHER, FRIEDRICH THEODOR, Faust. Der Tragödie III. Teil. Tübingen 1862

WEGNER, WOLFGANG, Die Faustdarstellung vom 16. Jahrhundert bis zur Gegenwart. Amsterdam 1962

WEIDMANN, PAUL, Johann Faust. Ein allegorisches Drama. In: Die Faustdichtung vor, neben und nach Goethe. Band 3. Darmstadt 1969. S. 29–118

WIENBARG, LUDOLF, Ästhetische Feldzüge. Berlin und Weimar 1964

WIERUS, JOHANNES, Dieser Schurke Faust. Aus: De praestigiis daemonum et incantationibus ac veneficiis libri VI. Basel 1568. Zitiert nach Scheible

ZIMMERISCHE CHRONIK. Verfaßt vom Schreiber Johannes Müller für den Graf Froben Christoph von Zimmern. Zitiert nach Scheible

WAGENBACHS TASCHENBÜCHEREI

Franz Kafka. In der Strafkolonie
Eine Geschichte aus dem Jahre 1914. Mit Quellen, Abbildungen, Materialien aus der Arbeiter-Unfall-Versicherungsanstalt, Chronik und Anmerkungen von Klaus Wagenbach. *WaT 1. 96 Seiten. DM 4.–*

Faust. Ein deutscher Mann
Die Geburt einer Legende und ihr Fortleben in den Köpfen. Lesebuch von Klaus Völker. *WaT 2. 192 Seiten. DM 6.50*

1848/49: Bürgerkrieg in Baden
Chronik einer verlorenen Revolution. Zusammengestellt von Wolfgang Dreßen. *WaT 3. 160 Seiten. DM 6.–*

Länderkunde: Indonesien
Die Menschen, das Land, die Kultur und was die holländischen Räuber daraus gemacht haben. Von Einar Schlereth. *WaT 4. 128. Seiten. DM 5.50*

Schlaraffenland, nimms in die Hand!
Kochbuch für Kommunen und andere Menschenhaufen (Gesellschaften, Freunde usw.) sowie isolierte Fresser. *WaT 5. 192 Seiten. DM 7.50*

Peter Brückner, ». . . bewahre uns Gott in Deutschland vor irgendeiner Revolution!«
Die Ermordung des Staatsrats v. Kotzebue durch den Studenten Sand im Jahr 1819. Über Hochschulreformen. *WaT 6. 128 Seiten. DM 5.50*

Auf dem Langen Marsch
Die Wende in der chinesischen Revolution, von Teilnehmern erzählt, in einer Auswahl von D. Albrecht und D. Betke. *WaT 7. 160 Seiten. DM 7.–*

Die Geschichte des Docktor Frankenstein
und seines Mord-Monsters oder Die Allgewalt der Liebe. Von der Mensch-Maschine zur Gewalt-Maschine. Zusammengeschnitten und herausgegeben von Susanne Foerster. *WaT 8. 128 Seiten. DM 5.–*

Babeuf. Der Krieg zwischen Reich und Arm
Artikel, Reden, Briefe von Gracchus Babeuf. Herausgegeben und kommentiert von Peter Fischer. *WaT 9. 128 Seiten. DM 6.–*

William Beckford: Die Geschichte des Kalifen Vathek
Ein Schauerroman aus dem britischen Empire. Kommentare von Gisela Dischner. *WaT 10. 192 Seiten. DM 7.50*

1886, Haymarket
Die deutschen Anarchisten von Chicago. Lebensläufe und Reden. Herausgegeben von Horst Karasek. *WaT 11. 192 Seiten. DM 7.50*

Versuch, das Holstentor zu Lübeck im Geiste anzuheben
Zur Natur des Bürgertums. Von Jonas Geist. *WaT 12. 128 Seiten. DM 5.50*

Die Schlacht unter dem Regenbogen
Frankenhausen 1525, ein Lehrstück aus dem Bauernkrieg. Von Ludwig Fischer. *WaT 13. 192 Seiten. DM 7.50*

Zapata
Barbara Beck und Horst Kurnitzky: Bilder aus der mexikanischen Revolution. *WaT 14. 160 Seiten. DM 6.50*